"十二五"高职高专规划教材·精品系列

电子商务概论

主　编　陈孟建　朱静宜
副主编　李锋之　刘逸平　戴丽丝　郭丽芳
参　编　邹玉金　沈美莉

中国铁道出版社
CHINA RAILWAY PUBLISHING HOUSE

内 容 简 介

"电子商务概论"是高等职业技术学校电子商务专业的一门专业基础课程。本书从广义电子商务活动及其管理的角度，围绕电子商务活动的支撑环境、活动主体、活动对象等要素，较为全面、系统地阐述了电子商务的基本知识。每章内容由理论知识、能力训练、课后练习三部分组成。本书收集的内容和案例都是目前较为流行的，在编写手段上采取理论知识与实际案例相结合，由浅入深、循序渐进、易看懂、易操作的方式，易被广大读者接受。

本书主要包括电子商务概述、电子商务运作模式、电子商务安全技术、电子交易与支付、网络营销与策划、电子商务物流、电子商务客户服务等内容。

本书可作为高等学校电子商务专业、工商管理专业的教材或参考用书，也适合作为具有中等以上文化程度读者的自学用书。

图书在版编目(CIP)数据

电子商务概论/陈孟建，朱静宜主编．—北京：
中国铁道出版社，2012.8
"十二五"高职高专规划教材·精品系列
ISBN 978-7-113-15100-3

Ⅰ.①电… Ⅱ.①陈…②朱… Ⅲ.①电子商务—高等职业教育—教材 Ⅳ.①F713.36

中国版本图书馆 CIP 数据核字（2012）第 169586 号

书 名："十二五"高职高专规划教材·精品系列
电子商务概论
作 者：陈孟建 朱静宜 主 编

策 划：左婷婷 **读者热线：**400-668-0820
责任编辑：张丽娜 贾淑媛
封面设计：刘 颖
责任校对：胡明锋
责任印制：李 佳

出版发行：中国铁道出版社（100054，北京市西城区右安门西街8号）
网 址：http://www.51eds.com
印 刷：北京市昌平开拓印刷厂
版 次：2012年8月第1版 2012年8月第1次印刷
开 本：787 mm×1 092 mm 1/16 印张：13.75 字数：328千
印 数：1～4 000册
书 号：ISBN 978-7-113-15100-3
定 价：29.00元

前言 Preface

随着计算机网络的飞速发展，特别是 Internet 在全球的广泛应用，电子商务成为企业和组织进行各种商务活动的一种崭新的技术手段。它改变着人们的生活和工作方式，也带来了人们思维方式和行为准则的变化，其影响将会远远超过技术和商务本身。电子商务作为一种全新的商务模式，它冲击着传统的商务模式，影响着传统的商务流程，也使得企业和组织开始思考如何在组织结构、管理思想等方面加以改进，以适应电子商务领域的需要。

现在，一些人已经习惯于上网购物、拍卖旧物品等，企业也通过网络完成谈判、资源流转，政府开始利用网络开展电子化的管理模式，等等，这些构成了电子商务坚实的主体。电子商务正从一个概念慢慢变成我们生活中不可缺少的一部分，作为一个现代人，认识、了解和学习电子商务是非常必要的。

本教材主要内容包括：电子商务概述、电子商务运作模式、电子商务安全技术、电子交易与支付、网络营销与策划、电子商务物流、电子商务客户服务等。本书收集的内容和案例都是目前较为流行的，在编写手段上采取理论知识与实际案例相结合，由浅入深、循序渐进、易看懂、易操作的方式，易被广大读者接受。

本教材的特点在于观点新颖，论述深入浅出，内容丰富，可读性好，实践性强，特别适合作为高等职业技术学校电子商务专业、工商管理等专业基础教材，也可以作为电子商务和工商管理领域研究人员和专业技术人员的参考用书。

本书由浙江经贸职业技术学院陈孟建、浙江长征职业技术学院朱静宜任主编，李锋之、刘逸平、戴丽丝、郭丽芳任副主编，邹玉金、沈美莉参加编写。在编写过程中，得到了陈奕婷、张寅利、袁志刚、熊传光等专家、教授们的帮助，在此，表示衷心的感谢！

由于写作时间仓促和作者水平有限，书中疏漏和不妥之处敬请读者提出宝贵意见，批评指正。

编　者

2012 年 2 月于杭州

目录 Contents

第1章　电子商务概述

电子商务作为21世纪的时代特征,正成为全球性的具有战略意义的经营管理手段,为社会的发展带来全新的挑战和机遇。与信息时代相伴而生的电子商务,集信息技术、网络技术、多媒体技术、商务技术和管理技术于一体,已经迅速进入人们的生活、学习和工作中,推动着经济全球化、贸易自由化和信息现代化的发展步伐。电子商务正以强劲之势改变着企业的经营方式、个人消费方式以及政府的工作方式,进而影响到整个社会的经济发展。本章主要介绍电子商务的理论概念,通过本章的学习,要求:

- 掌握电子商务概念
- 了解电子商务的产生、发展与应用
- 掌握电子商务的特征、分类与功能
- 掌握电子商务框架构成与流程

1.1　电子商务概念

1.1.1　数字化生活

1. 什么是数字化生活

随着计算机与网络的普及,数字技术正在改变人类所赖以生存的社会环境,并因此使人类的生活和工作环境具备了更多的数字化特征,也带来了人类生活和工作方式的巨大变化。这种由数字技术和数字化产品带来的全新的更丰富多彩和具有更多自由度的生活方式称之为"数字化生活"。

在我们今天的生活中,数字支撑人类存在的现象已经初露端倪。我们身边所有稍稍复杂的电器设备和机械设备,哪一件不大量使用数字化逻辑电路芯片?生活中的日用必需品,从简单的电话、收音机、时钟、厨房设备,到复杂些的手机、计算机、电视机、洗衣机、电冰箱、空调……,生产活动中的各类运输工具,大中小所有先进的机械加工设备,先进的农业工具,还有医疗设备……目前我们的生活就是数字化生活,简单地说,打电话,浏览网页,聊天,发电子邮件,玩游戏,听音乐,看网络电视、有线电视,刻录光盘,建筑设计,广告设计,交通调度,播放录像录音……,无一不用数字电路。我们已经把非常多的控制权交给了数字,让流动的信息成为我们人类生存的重要组成部分和运行基础。

2. 小明一天的数字化生活

小明是某IT公司的一名职员,上班5年了,自己拥有家庭轿车、计算机,与同事合租了一套房子，生活一直很好。

早上，闹钟将小明从梦中惊醒，小明随手拿起手机看了看，时间已是早上6点钟了，洗漱完后就去吃早餐。昨天晚上因与同事一起喝了酒，车子停在单位里，今天只能坐公交车，到了公交站看到许多等车的人在玩手机，便拿出手机上网查看一下天气预报，又发了条短信给同事说今天没有开车，让同事不要再等他了。上了公交车小明刷了电子钱包，刚上车就看到公交车上的移动数字电视画面上传出公园花展广告，下周公园郁金香花展开始，每年的花展小明都会陪着女友去参观，于是小明立刻给远在英国留学的女友发了一条信息，问今年的花展她能否回来。

到了单位，小明首先在单位签到机上按下指纹（单位最近刚引进国外最新的签到机），到自己的办公室打开计算机连上网络后，看到一条用户求助信息，要求帮助指导安装ERP软件，小明打开QQ软件，在“远程协助”功能下，解决了用户的ERP软件安装。之后，又接到电话，公司因为老总在外地需要临时召开一个网络会议。小明打开公司网站进入网络会议对话系统后，会议马上就开始了。会议上经理和全体技术部员工商讨下一步公司技术研发创新的问题，鼓励每位职工充分发挥自己的才能，提出可行性的建议，并最好能画出电子图表，做出具体的方案，以电子文稿的形式发给公司经理秘书处。会议完毕，小明根据自己对技术研发领域的了解，并在网上查阅了相关资料，总结出相对合理的方案，然后将之发到了秘书处的电子邮箱。

中午休息期间，小明在“边锋”网站上与网友进行了国际象棋的对弈，然后，又在“小说阅读”网站上看了几篇短篇小说。下午一上班就接到一个客户安装硬件的求助电话，小明开着汽车去客户处，由于客户单位距离较远，小明不认识路，就打开前天刚买的全球定位系统GPS，定位好客户地理位置后，半小时就顺利地到达目的地了。解决了客户的问题之后，小明回到公司，到技术部交代了业务完成情况并将业务设备交还原处。到了下班的时间，小明开着车，伴随着车上MP4美妙的音乐，一路向家驶去。

回到家里，小明打开空调，将温度调到24℃，然后到冰箱里拿出一瓶冰镇的啤酒，一边喝着一边打开计算机在电子商务网站上找了一家快餐店并订了一份快餐，10分钟后服务生就送到家里了。边吃晚餐边打开数字电视看了晚间新闻和股市行情。晚餐后忽然想到家中的水电费要交了，就打开计算机登录中国工商银行网上银行运用转账功能支付了水电费。之后又取出数码相机，将上周和同事一起旅游出去拍的照片复制出来，在网上通过QQ在线传输功能传给女友，又在网上和女友聊了几句。此时才晚上7:50，小明给自己在老家生活的老爸老妈打了电话。想到今天单位同事推荐的一部新播的热门电影，就打开PPS软件搜索到影片，看完电影，已将近十点钟，小明有了困意，冲了澡回到卧室，打开CD唱片，躺在床上欣赏着舒缓的音乐，十分钟后逐渐进入了梦乡……

> **思考：**在你一天的生活中有多少个数字设备陪伴着你？请举例说明。

1.1.2 电子商务案例

1. 社会的网络化进程

在21世纪的今天，人们越来越离不开网络，离不开数字化生活，也离不开电子商务了，具体体现在以下几种情况中。

(1)每天早上出门需要从网络上或手机里了解天气预报。

(2)在公交汽车上观看移动数字电视新闻。

(3)到办公室打开计算机首先上网检查电子邮箱(E-mail)和语言信箱(Voice-mail)。

(4)中午可以通过电子商务网站从网上购买称心如意的午餐。

(5)午间休息时可以在网上听听音乐、看看影视、玩玩游戏,通过聊天工具(QQ、MSN)与网友聊聊天等。

(6)可以在网上炒股、做期货、经营房地产、集邮、收藏古董或字画等。

(7)购物,水费、电费、电话费的支付,理财和个人账户管理可通过网上银行和电子商务系统来完成。

(8)高考成绩查分、填报志愿、学校录取等都可以在网上进行。

(9)政府的政策、法规、法律与政府采购、服务等都可以在电子公务网上体现。电子公务网具有信息采集能力、信息处理能力、信息利用能力以及信息交流等能力。

(10)办公文件、商务单证的处理和传递都是通过网络来完成的。

(11)学生选课、查成绩、看学分、阅课表、交作业、与教师交流等都可以通过校园网络来进行。

(12)病人看病可以不去医院直接在网络上进行,对于疑难病例,可以通过网络让全世界最好的专家进行会诊。

(13)在电子商务时代中,人们可以足不出户对商品实现货比万家,一旦选中即可在网上进行电子交易。

(14)一天周游世界不是梦,可以通过网络点击世界著名的旅游网站,观光欣赏美丽的风景。

2. 现实生活中的电子商务

实际上电子商务并不神秘。作为经济全球化和计算机普及下的时代产物,全球电子商务发展得异常迅猛。随着电子商务的迅猛发展,网络购物在中国也得到迅速普及和发展。它在全球各地,已经有许多成功的实践,人们可以通过以下这些现实生活实践来了解和熟悉它。

(1)网上购物。最近几年相继在各地开展的“网上生存大赛”活动,就是不借助其他任何一种通信方式,衣食住行全部通过网络来搞定。近来,名为“网上生存”的极限运动受到了年轻人的青睐。“饿了就在网上订餐要外卖,需要什么生活用品就到网上商城上去购买,娱乐休闲足不出户通通靠网络来搞定。”这就是大赛的宗旨,以让更多的人来了解电子商务,了解网络的魅力。

网上购物实际上就是足不出门就可以享受逛街的乐趣。只要一台计算机、一根网线就可以实现,琳琅满目商品尽收眼底。轻轻点击鼠标,逛街—购物—付款,轻松搞定!只需静待商品上门。即,逛街、挑选、购买、议价、付款等,都通过网上实现,最终达成买卖交易,这就是快捷便利的网上购物。

图1.1所示为淘宝网上购物商城,网址是 http://www.taobao.com/。当你点击淘宝商城选项时就像进入了一个大型百货公司,商品是琳琅满目应有尽有,你可以在这个大型百货公司里挑选满意的商品,并将此商品放入购物车里,结束购物后直接进入结算中心进行电子交

易，可以通过网上银行用信用卡进行结算，也可以用电子钱包进行结算，结算后通过物流公司将物品送到你的手里。

当你不能确定是否购买所挑选的商品时，可以货比三家、百家、千家、万家，这只要用鼠标点击来完成，弹指间距离，极为方便。

图 1.1　淘宝网上商城主页

(2)网上银行。郑老师在某学院工作，学院每月将他的工资直接存入工商银行的账户上。郑老师只要登录工商银行的网站，就可以在网上查询本月工资的数额、余额数、在网上消费了多少、交易的明细账目等。

例如，单击“我的账户”模块，就可以注册账户列表查询、账务查询、电子回单、电子工资单、住房公积金、资金自动归集、账户管理等，如图 1.2 所示。

如果选择“账务查询”功能，就可以进行余额查询、明细查询、网上购物查询、网上售货明细查询、利息税汇总查询、缴费明细查询、预付账户查询、预付交易当日明细查询、预付交易历史明细查询、商务卡定向支付查询等。

目前，国内各大银行都开通了网上银行业务，办理各种信息服务、信息咨询、银行转账、个人理财等多种业务。特别是办理数额较大的资金存取与转账业务，既方便，又安全。

(3)预订旅游。暑假将至，李老师一家三口准备外出旅游，他希望了解一些旅游线路和旅行社的情况。为此，他访问了国内著名的旅游网站——携程旅行网（http://vacations.ctrip.com/），如图 1.3 所示。

李老师一家围坐在计算机旁，进行了认真的研究，最后选择了丝绸之路(从长安出发，经河西走廊最后到新疆)，并在网上向旅行社办理了预订手续。一家三口开始了快乐的旅行。

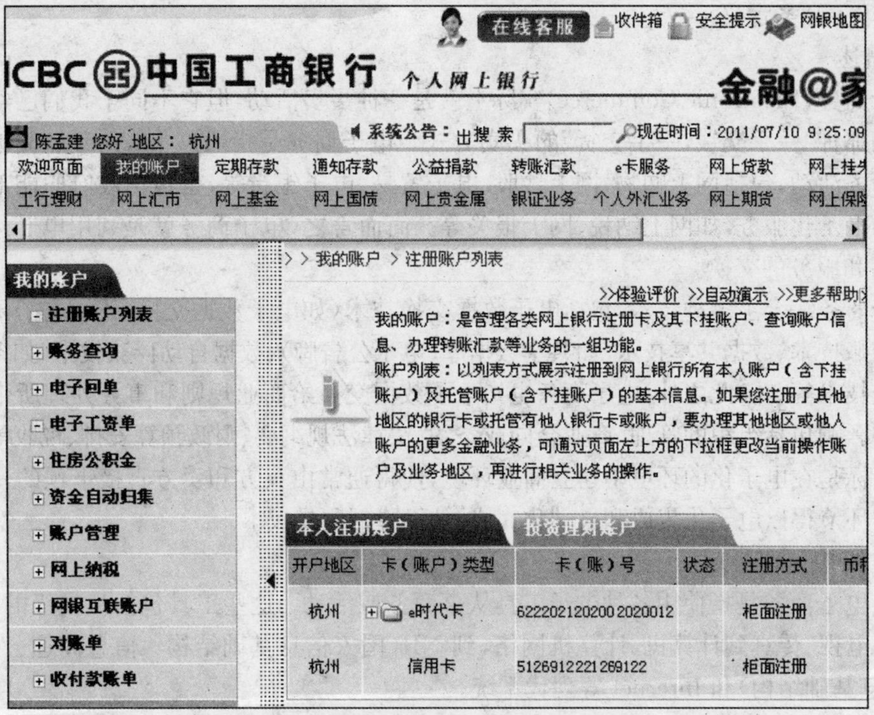

图1.2　中国工商银行个人网上银行主页

图1.3　携程旅游网站主页

思考：你在网上有过电子商务的经历吗？享受过电子商务带来的乐趣吗？请举例说明。

1.1.3 电子商务定义

1. 概述

电子商务(Electronic Commerce)实际上就是一种买卖活动,但它不同于我们已经沿袭了数千年的那种"一手交钱,一手交货"的买卖方式。电子商务是指通过 Internet 和其他通信网进行的商务活动,包括网上购物、网上炒股、电子贸易、电子银行等,也包括政府职能部门在网上提供的电子化服务,如网上纳税、网上报关等。简而言之,电子商务就是利用电子化的技术实现商品和服务的交换。

电子商务综合了多种技术,包括电子数据交换技术(如电子数据交换 EDI、电子函件)、电子资金转账技术、数据共享技术(如共享数据库、电子公告牌)、数据自动俘获技术(如条形码)、网络安全技术等。除此之外,电子商务也指电子数据交换给商业规则和事务处理所带来的影响。这些影响包括组织的管理、商业合同或条约、法律法规纲要、财政预算安排、税收等。电子商务的目标是在电子化的环境中建立商业环境,使得通常由买方和卖方直接干预的一个个孤立的贸易环节得以电子化集成和自动化完成,从而降低贸易成本。

2. 广义电子商务定义

广义电子商务是指使用各种电子工具从事商务或活动。这些工具包括从初级的电报、电话、广播、电视、传真到计算机、计算机网络,到 NII(国家信息基础结构—信息高速公路)、GII(全球信息基础结构)和 Internet 等现代系统。

3. 狭义电子商务定义

狭义电子商务是指利用 Internet 从事商务或活动。电子商务是在技术、经济高度发达的现代社会里,掌握信息技术和商务规则的人,系统化地运用电子工具,高效率、低成本地从事以商品交换为中心的各种活动的总称。

这个定义突出了电子商务的前提、中心、重点、目的和标准,指出它应达到的水平和效果,它是对电子商务更严格和体现时代要求的定义,它从系统的观点出发,强调人在系统中的中心地位,将环境与人、人与工具、人与劳动对象有机地联系起来,用系统的目标、系统的组成来定义电子商务,从而使它具有生产力的性质。

1.1.4 电子商务的特点

1. 网络角度的特点

从网络角度来看,电子商务具有数字化、交互性和高效率三个基本的特点。

(1)数字化。数字化是指当商务活动相关的各种信息都以数字形式被采集、保存、加工和传递的时候,商务模式就发生了质的变化,数字化生活、数字化商务、虚拟化企业等数字化形式就由此产生。

数字化具有方便存储、快速查询、可及时处理和修改信息等优越性,使人类将前进的方向与数字化牢牢地捆绑在一起,正是由于电子商务的数字化特点,使得商务活动中的商流、资金流和信息流都能够在网络中迅速传输,形成"三流合 e"的商务模式,这便使得现代商务活动朝着"无纸"商务、信息商务、快速商务的方向发展。

(2)交互性。交互性是指各种信息在传递过程中进行交互,使得商务信息在计算机网络中具有双向沟通的功能。因此,在电子商务过程中,可以轻松完成商务信息的交互沟通,实现商务交易主体之间的信息交互。这是电子商务与传统商务相区别的重要方面,它预示着电子商务可以采用网络重复营销、网络软营销、数据库营销、一对一营销等现代营销的方式和手段,从而提高营销的效率和效益。

(3)高效率。高效率是因为电子商务的信息传递基于的是电磁波的传输原理，主要采用互联网的传输信道，能够以每秒30万公里的速度(理想的理论值)将信息向前传递。在这种速度传递下，常规的时间和空间的规律已经被彻底打破，电子商务已经突破了传统物理世界的时间限制和空间限制，使商务交易的效率和商务服务的效率都得到了极大的提高。

2. 买方市场角度的特点

从买方市场角度来看，电子商务具有全球化、充分竞争性、节约性、方便性和买方市场等特点。

(1)全球化。全球化指的是一种概念，也就是一种人类社会发展的现象过程。互联网是普遍存在的，它的互联性决定了电子商务的跨国性，它的开放性决定了电子商务市场的全球性。电子商务的各种活动是在一种无国界的、开放的、全球的范围内，去寻求目标客户、供应商和合作伙伴。电子商务带来了更大范围成交的可能性，因而能使企业获得更大的效益，同时电子商务也提供了更广域的价格和质量的可比性，所谓在网上可以货比万家的说法是成立的，使客户有了更多的选择，买到更便宜的商品，而这种可比性，使市场竞争更加激烈。

(2)充分竞争性。充分竞争性是指经济全球化使企业的潜在客户扩大到了全球，同时，经济全球化也使企业的竞争对手扩大到全国甚至全球范围。也就是说，同一领域中的企业将面临全球化大市场中的几乎所有强大的竞争者，这样，商品市场中的充分竞争将是必不可少的，当然，这也可能是消费者所希望看到的。

(3)节约性。节约性是指电子商务的商品价格要比传统商品便宜。在电子商务环境下，作为商务服务主体的企业由于采用电子商务等相关先进技术和服务而使企业可以实施低成本战略，或者可以长期以较低的成本生产和销售商品，即企业可以以较低的价格将商品或者服务销售给消费者。在这样的情况下，无论是大宗的生产性和销售性的购买，还是小宗的消费性的购买，都可以进行低成本的运营。生产性和销售性购买的节约主要体现在极大地降低了原材料、半成品和成品的采购成本、物流成本等；消费性购买的节约主要体现在能使消费者获得高额的消费者剩余。

(4)方便性。方便性是指电子商务能给广大的顾客带来极大的方便，这种方便体现在购物环境、买卖理念、交流沟通等。电子商务的数字化特性和高效率特点使消费者的商务活动可以轻松突破时间和空间的限制，从理论上讲，地球上的消费者可以在任何时间、任何地点轻松地实现商务购买，这虽然只是一个愿景，但是随着各种方便的上网设备被发明出来，电子商务正在逐步将这个美好的愿望变成现实(至少数字化商品可以尽快实现)，这无疑给消费者的商务活动带来了极大的方便性。

(5)买方市场。所谓买方市场是指交易由买方左右的市场，即市场是在具有压倒优势的买方力量的控制下运行的。它的基本表现形式是，市场上商品丰裕，供应量超过了需求量，买方有着更大的挑选商品的余地和更多的购买商品机会，卖方处于次要地位，并要为促进商品的销售而彼此间展开竞争，这就形成"卖难"。

电子商务的市场环境给了我们一个什么是真正的买方市场的满意答复。在电子商务市场中，消费者有足够的能力和可能获得提供商务服务的企业的信息，另外，就算单个的消费者与提供商务服务的企业相比处于劣势，消费者也可以在虚拟网络中通过"团购"轻松实现对商务服务提供企业的劣势的扭转。

3. 卖方市场角度的特点

从卖方市场角度来看，电子商务具有低成本、个性化、专业化等特点。

(1)低成本。由于 Internet 提供了许多免费服务，电子商务可以通过网络营销活动，使企业提高营销效率和降低促销费用，据统计，在 Internet 上做广告可以将销售数量提高 10 倍，同时它的成本是传统广告的 1/10；电子商务可以降低采购成本，因为借助 Internet，企业可以在全球市场寻求最优惠价格的供应商，而且可以通过与供应商信息共享减少中间环节由于信息不准确带来的损失。有资料表明，使用 EDI 通常可以为企业节省 5%～10%的采购成本。

因此，在充分利用各种电子商务技术和手段的情况下，制造类企业能够有效地降低其运营成本，特别是其中的商品成本、仓储成本、物流成本等，而非制造类企业也能够有效地降低其运营过程中发生的各种费用，从而使企业能够以较低的价格向消费者提供服务的同时保持较高的利润。追求高额的利润是企业经营的终极目标，而企业运营发生的各种成本或者费用则是与利润额的高低相背离的主要因素，因而低成本是电子商务最不易被忽略的一个特点。

(2)个性化。个性化是指非一般大众化的东西。在大众化的基础上增加独特、另类、拥有自己特质的需要，独具一格，别开生面，并打造一种与众不同的效果。

电子商务个性化是指电子商务企业要向客户提供个性化的服务。主要包括以下 3 方面的内容。

①需求的个性化定制。由于自身条件的不同，客户对商品和服务的需求也不尽相同，因此如何及时了解客户的个性化需求是首要任务。

②信息的个性化定制。互联网为个性化定制信息提供了可能，也预示着巨大的商机。《华尔街时报》很早推出的个人电子报纸就是一例。互联网最大的特点是实时、互动，随着网络互动电视的发展，消费者不仅可以实现电视点播，而且还会促使个人参与节目的创意、制作过程。

③对个性化商品的需要。特别是技术含量高的大型商品，消费者不再只是被动地接受，商家也不仅仅是提供多样化的选择范围而已。消费者将把个人的偏好参与到商品的设计和制造过程中。

电子商务个性化是企业创造竞争优势的重要手段。在产品、价格乃至广告都同质化的今天，差异化竞争显得非常重要，这对于产品同质化程度较深、竞争异常激烈的 IT 行业来说尤甚。而个性化是体现差异化竞争优势的最好方式，实施电子商务个性化则有助于提升企业的核心竞争力。

另外，个性化也是电子商务本身的价值所在。电子商务的价值就在于能够主动、快速、比较准确地对客户的需求作出反应，并通过 EDI、电子渠道等方式来满足客户需求。在这个交易过程中，其实质是企业对客户个性化需求的满足。电子商务的技术基础也为掌握客户的个性化需求提供了技术上的可能性，如可以通过在线互动的方式直接了解客户的个性化需求，然后设法去满足。

个性化电子商务和电子商务个性化在国内外已渐成潮流，成为推动电子商务发展的加速器。如今，一些开展了电子商务的企业纷纷打出了个性化服务这张王牌。

(3)专业化。电子商务专业化可以理解为购物网站是某一领域(行业)或某类商品的主题网站，供应某一类商品，不要让顾客被琳琅满目的商品弄得头昏眼花。如 Dell(戴尔)、Blue Nile(蓝色尼罗河)、Amazon(亚马逊网上书店)等。

4. 整体角度的特点

从整体角度来看，电子商务具有协同性、集成性、扩展性等特点。

(1)协同性。在电子商务虚拟商务模式中，几乎所有的信息交互都可以在瞬间完成，相关的所有商务活动都必须适应这种速度，也就是所有提供商务服务的主体都应该相互协调并适应光速的商务规则，即电子商务的协同性。不然就会出现各种问题，最终影响商务活动的开展。例如，如果在互联网上，很多人会因为网页在3秒之内还不能打开而放弃对该网页的浏览，因此，网上信息的传输要足够得快；同样，与网上信息的高速传输相比，物流配送体系也要适应这种速度，至少要能够在消费者的容忍时间之内，试想如果我们到网上购买一本图书需要两个星期的时间才能到我们手中，可以想象有多少人会因为不能容忍这种慢速度而放弃网上购书，如果到货时间缩短到2天或者1天，情况又怎样呢？因此，从这个角度上讲，很多人把电子商务又说成是协同商务。

(2)集成性。电子商务是一种新兴产物，其中用到了大量新技术，但并不是说新技术的出现就必须导致旧设备的死亡。万维网的真实商业价值在于协调新老技术，使用户能更加行之有效地利用他们已有的资源和技术，更加有效地完成他们的任务。

电子商务的集成性，还在于事务处理的整体性和统一性，它能规范事务处理的工作流程，将人工操作和电子信息处理集成为一个不可分割的整体。这样不仅能提高人力和物力的利用，也提高了系统运行的严密性。

(3)扩展性。要使电子商务正常运行，必须确保其可扩展性。互联网上有数以百万计的用户，而传输过程中，时不时地会出现高峰状况。倘若一家企业原来设计每天可受理40万人次访问，而事实上却有80万，就必须尽快配备一台扩展的服务器，否则客户访问速度将急剧下降。

对于电子商务来说，可扩展的系统才是稳定的系统。如果在出现高峰状况时能及时扩展，就可使得系统阻塞的可能性大为下降。电子商务中，耗时仅2分钟的重新启动也可能导致大量客户流失，因而可扩展性可谓极其重要。

思考：如果没有网络，电子商务还能生存吗？为什么？

1.2　电子商务的产生与发展

1.2.1　电子商务的起源

1. 电子商务的产生

电子商务最早讨论于20世纪30年代，产生于20世纪60年代，发展于20世纪90年代，如图1.4所示。

从图1.4中可知，电子商务起源过程中有以下四个标志性事件。

(1)1939年，电报出现，人们就开始了对运用电子手段进行商务的讨论。

(2)1969年EDI的出现，使得企业间的业务可以电子化方式进行。

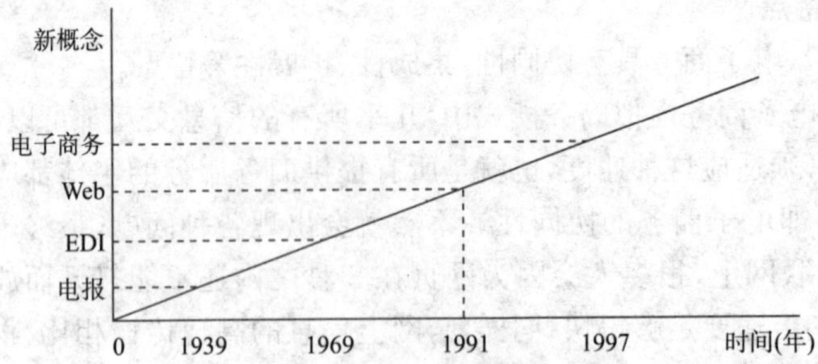

图 1.4 电子商务的起源

(3)1991 年万维网在 Internet 上的出现是电子商务规模发展的标志。

(4)1997 年 IBM 公司推出电子商务全球概念。

2. 产生电子商务的条件

电子商务是复杂的社会系统工程,涉及社会、政治、经济、文化各方面,产生电子商务的重要条件主要有以下几个。

(1)政府的支持与推动。通信网络、社会法制、人文环境的建设,政策法规的制定,商业贸易的改革等,所有这一切都离不开政府的支持与推动,政府在信息化建设过程中具有不可替代的作用。

自 1997 年欧盟发布了欧洲电子商务协议,美国随后发布"全球电子商务纲要"以后,电子商务受到世界各国政府的重视,许多国家的政府开始尝试"网上采购",这为电子商务的发展提供了有利的支持和保障。

(2)网络的普及和成熟。由于互联网逐渐成为全球通信与交易的媒体,全球上网用户呈级数增长趋势,快捷、安全、低成本的特点为电子商务的发展提供了应用条件的保障。但是,要普及电子商务,企业信息化要达到一定的广度与深度。企业计算机数据处理、业务管理、决策支持以及原料进、销、存,产品产、供、销中的应用是实现电子商务的基础条件,企业要进行业务流程重组改造和完善已有的 MIS 系统,建立基于 ERP/MRP 的全面管理信息系统。

(3)信用卡的普及应用。信用卡以其方便、快捷、安全等优点而成为人们消费支付的重要手段,并由此形成了完善的全球性信用卡计算机网络支付与结算系统,使"一卡在手、走遍全球"成为可能,同时也为电子商务中的网上支付提供了保障。

银行电子化、金融电子化能满足网上支付与结算的要求。银行是联络商家和消费者的纽带,在线电子支付、结算是电子商务的必要条件,实行电子支付、结算对银行电子化提出了更新、更高的要求,它不仅要求银行要有网上支付和结算能力,而且还要安全、保密。

(4)提供完备的网络设施。全国性的数据通信网络,要求带宽传输速率能满足多媒体通信的要求,这是实现电子商务的基本条件。

(5)标准规范和政策法规要先行。这是实现电子商务的重要条件。我国现有的法律如合同法、海商法是基于纸质商业而制定的,今后要参考国际有关法律进行局部修订或制定一些暂行条例,并要抓紧有关电子商务的标准规范和法律法规的研究和立法工作。

(6)人才队伍的建设。电子商务人才必须既了解经济活动基本规律,又懂计算机信息技术;既掌握先进的营销管理理念,又熟悉现代商务运作流程。要培养一支信息技术专业人才队伍,对政府公务员、企业经理、管理人员等进行强化培训。

1.2.2 企业电子商务的发展

企业电子商务的产生，是从信息系统到电子商务。20 世纪 90 年代，互联网的出现将信息技术的进步推向了一个新的高潮。与此同时，信息技术与社会商业的融合发展，导致了社会网络化、经济数字化、竞争全球化、贸易自由化的趋势不断加强。电子商务正是在这种背景下产生的。企业是信息技术进步的重要受益者之一。企业对信息技术的利用经历了以下 4 个比较明显的阶段。

1. 手工阶段

第一阶段是手工阶段，在这一阶段中企业内部经营管理的各个环节与企业外部环境因素之间是相互独立的，外部系统间信息传递是自发、分散、无管理的，内部子系统管理工作全部是手工进行的，如图 1.5 所示。

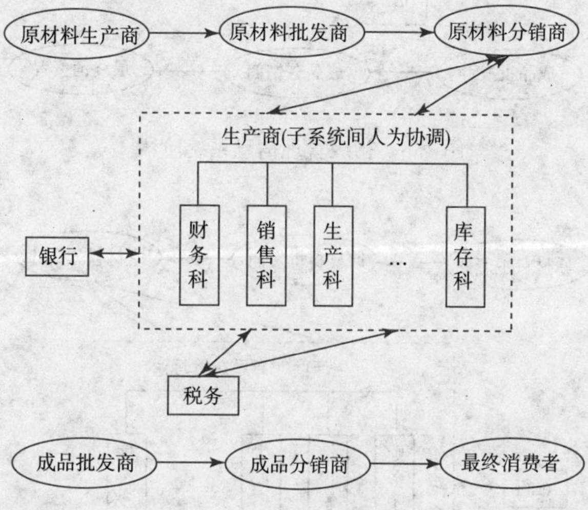

图 1.5　手工处理阶段

2. 初级管理信息系统阶段

第二阶段是初级管理信息系统阶段，在这一阶段中，企业开始使用计算机进行管理工作，主要由计算机完成大量繁琐的简单工作，来提高工作效率。企业内包括多种管理系统，如生产管理子系统、财务管理子系统、人事管理子系统和库存管理子系统等，各自高效运作，互不影响，如图 1.6 所示。

3. 高级管理信息系统阶段

第三阶段是高级管理信息系统阶段，在这一阶段中，由一个统一的 MIS 系统把各个子系统集中起来，使它们在数据共享的基础上协调工作，使企业内部的业务变成一个有机的整体，如图1.7所示。

4. 电子商务阶段

第四阶段是电子商务阶段，在这一阶段中，信息技术的进步使企业在管理上有了新的突破，管理信息系统成为电子商务的一个有机组成部分。电子商务简化了企业的经营过程，同时给企业带来更多的机会，使现代企业的经营管理产生了巨大的变革。企业内部的 MIS，企业 MIS 之间以及企业同消费者和政府之间的所有系统都成为开放公共网络的一个有机组成部分，如图 1.8 所示。

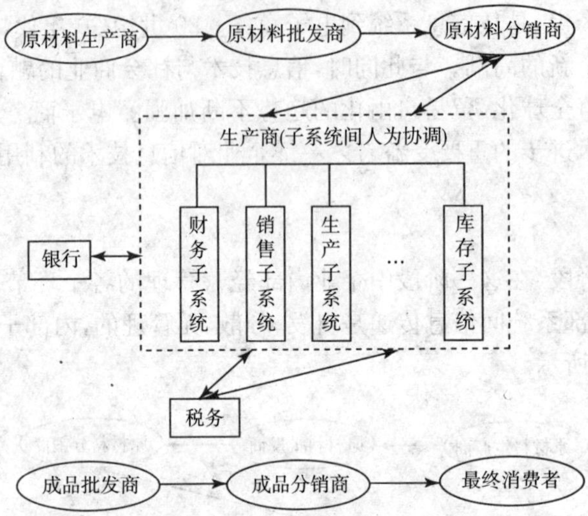

图 1.6　初级管理信息系统阶段

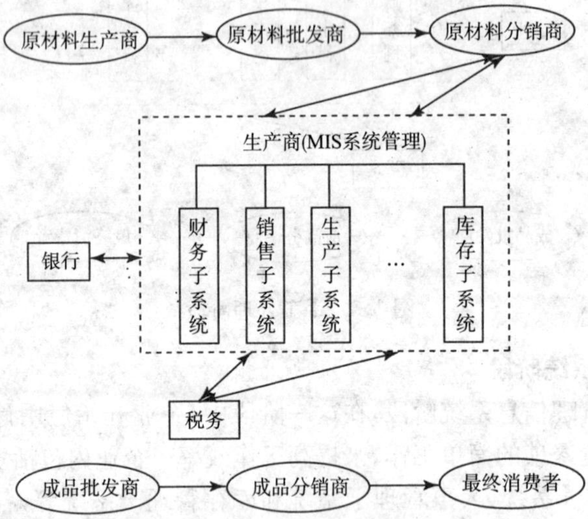

图 1.7　高级管理信息系统阶段

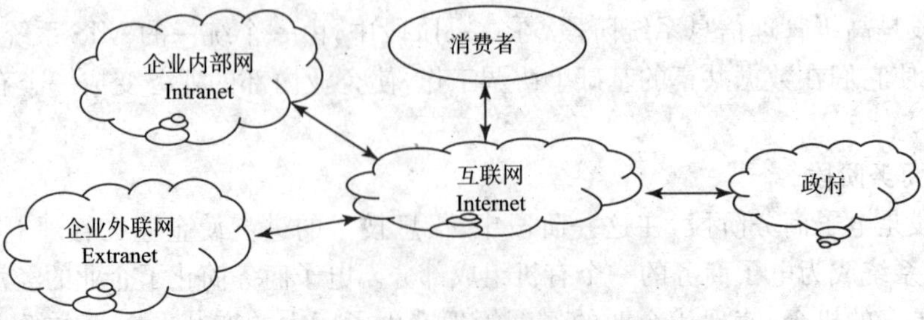

图 1.8　电子商务阶段

思考：企业为什么要开展电子商务？任何企业都能开展电子商务活动吗？为什么？

1.3　电子商务模型

1.3.1　电子商务分类

电子商务的应用形式多种多样，要准确描述电子商务的类型，首先要确定一个分类准则，不同的分类准则，会产生不同的电子商务类型。下面从电子商务服务的领域范围、电子商务应用程度、使用的通信技术等多个角度对电子商务进行分类。

1. 按电子商务服务的领域范围来分类

按电子商务服务的领域范围可分为五类，即企业对企业（B2B）、企业对消费者（B2C）、消费者对消费者（C2C）、企业对政府机构（B2G）、消费者对政府机构（C2G）等电子商务类型。我们这里将B看作是各类组织，包括企业和非营利机构如教育、科研等；将C看作是个体消费者；将G看作是政府机构。

（1）企业对企业（B2B）类型。B2B指的是企业与企业之间的电子商务（Business to Business），B2B类型是电子商务应 用最重要和最受企业重视的形式，企业可以使用Internet或其他网络寻找最佳合作伙伴，完成从定购到结算的全部交易行为，包括向供应商订货、签约、接受发票和使用电子资金转移，或以信用证、银行托收等方式进行付款，以及在商贸过程中发生的其他问题，如索赔、商品发送管理和运输跟踪等。企业对企业的电子商务经营额大，所需的各种软硬件环境较复杂，但在EDI商务成功的基础上发展得很快。B2B最典型的就是阿里巴巴、中国制造网、慧聪网、奇码EC等。

（2）企业对消费者（B2C）类型。B2C指的是企业与消费者之间的电子商务（Business to Customer），这是消费者利用Internet直接参与经济活动的形式，类同于商业电子化的零售商务。随着万维网（WWW）的出现，网上销售迅速地发展起来。目前，在Internet上有许许多多各种类型的虚拟商店和虚拟企业，提供各种与商品销售有关的服务。通过网上商店买卖的商品可以是实体化的，如书籍、鲜花、服装、食品、汽车、电视等；也可以是数字化的，如新闻、音乐、电影、数据库、软件及各类基于知识的商品；还有提供的各类服务，有安排旅游、在线医疗诊断和远程教育等。B2C最典型的就是当当网、京东商城、卓越亚马逊、新蛋、hishop网店等。

（3）消费者对消费者（C2C）类型。C2C指的是消费者与消费者之间的电子商务（Customer to Customer），C2C同B2B、B2C一样，都是电子商务的基本类型之一。C2C商务平台就是通过为买卖双方提供一个在线交易平台，使卖方可以主动提供商品上网拍卖，而买方可以自行选择商品进行竞价。C2C最典型的就是淘宝网、拍拍、易趣等。

（4）企业对政府机构（B2G）类型。B2G指的是企业与政府之间的电子商务（Business to Government ），这种商务活动覆盖企业与政府组织间的各项事务。例如：企业与政府之间进行的各种手续的报批；政府通过Internet发布采购清单，企业以电子化方式响应；政府在网上以电子交换方式来完成对企业和电子交易的征税等。这成为政府机关政务公开的手段和方法。

(5)消费者对政府机构(C2G)类型。C2G 指的是消费者与政府之间的电子商务(Customer to Government),这种商务活动覆盖消费者与政府组织间的各项事务。这类的电子商务活动目前还没有真正形成。然而,在个别发达国家,如在澳大利亚,政府的税务机构已经通过指定私营税务或财务会计事务所,用电子方式来为个人报税。这类活动虽然还没有达到真正的报税电子化,但是,它已经具备了消费者对行政机构电子商务的雏形。

2. 按电子商务应用程度来分类

商品交易涉及三个方面的要素,即商品、交易过程和交易场所或中介,每个要素都可以是实物的,也可以是数字化的。因此,从三个要素维度的不同来取值,可以得到图 1.9 所示的电子商务类型。

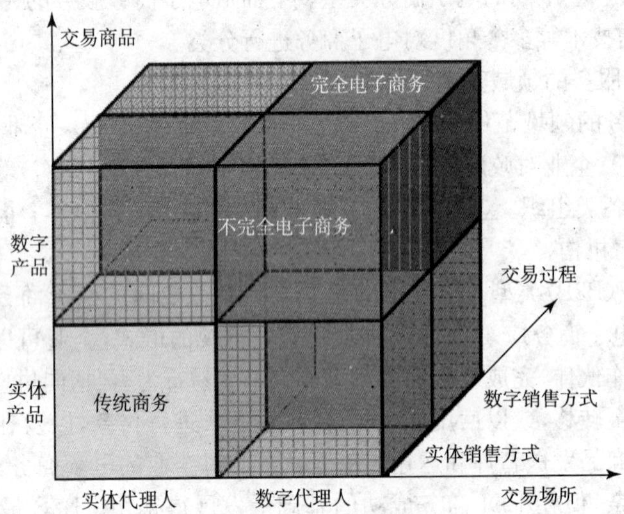

图 1.9　交易的数字化程度框架

(1)传统商务。传统商务也就是完全非电子商务交易的商品,交易场所和交易过程都是实体的,是一种“水泥+成块”组织。去传统的百货商场购买服装就是典型的传统商务,服装就是有形产品,交易过程就是面对面的现金交易,百货商场就是交易的物理场所。

(2)不完全电子商务。不完全电子商务又称部分电子商务。商品、交易过程、交易场所这三者至少有一个是数字化的,同时至少也有一个是实体的,是一种“鼠标+水泥”组织。例如,在淘宝网上购买服装、玩具,戴尔、沃尔玛的经营模式都是不完全电子商务。

(3)完全电子商务。完全电子商务的交易商品、交易过程和交易场所都是数字化的,例如,在“边锋”上玩游戏、在中国电影网上看电影、用网易邮箱发送短信等都是完全电子商务。

3. 按电子商务所使用的通信技术来分类

企业或个人开展电子商务可以使用不同的网络环境和通信技术,因此,我们也可以根据其所使用的技术对其分类。

(1)互联网电子商务。通常我们所说的电子商务一般都是指基于互联网的电子商务,即电子商务业务是在互联网平台支持下完成的。

(2)非互联网电子商务。非互联网电子商务是借助其他计算机网络实现的电子商务,例如,基于局域网、广域网、专用网的电子商务。

(3)P2P电子商务。P2P是一种对等网技术，它使得网络上各节点计算机之间能够共享数据和处理，P2P对等网应用中，人们可以共享音乐、视频、软件和其他数字化产品。例如：一些著名的下载软件如迅雷等均支持对等网下载；另外一些在线服务商也提供对等资源共享，如腾讯公司的QQ直播、Pplive网络电视、Ppstream在线电视等。

(4)移动商务。移动商务是指电子商务交易和活动的全部或部分是在无线网环境下完成的，许多移动商务应用包含能够接入互联网的移动设备，例如，便携式计算机、移动电话等。短信服务、铃声下载、移动支付、移动办公、移动导游等都是移动商务类型的一种。

思考：你用手机实现过移动商务给你带来的好处吗？请举例说明。

1.3.2　电子商务价值链模型

电子商务价值链模型如图1.10所示。

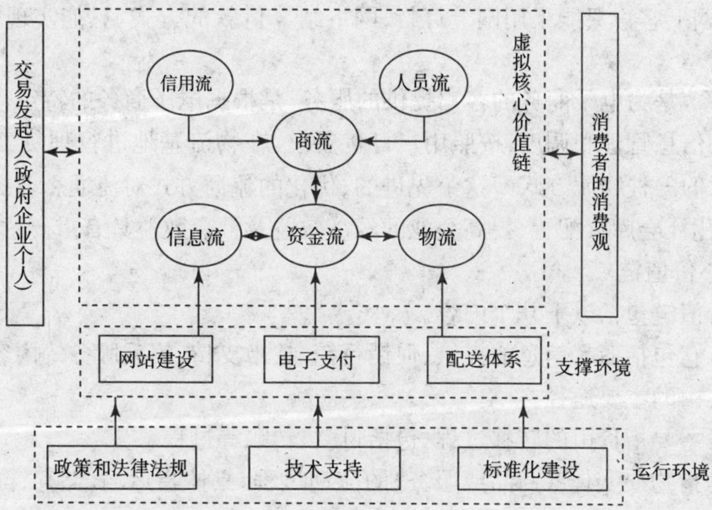

图1.10　电子商务价值链模型

从图1.10可知，该模型中包括四大部分：运行环境、支撑环境、虚拟核心价值链与消费者的消费观。

1. 运行环境

运行环境包括以下几个内容。

(1)政策和法律法规，是指与电子商务相关的公共政策和法律法规等内容。例如，消费者权益保护、网络隐私权、知识产权、网络税收、电子合同等。它们是维持电子商务应用顺利开展的社会规范，一般由政府和行业组织制定并监督实施，以及由立法和司法部门监督实施，以确保电子商务健康、有序运行。

(2)技术支持，是指对于电子商务影响重大的加密技术、认证技术。加密技术是防止信息被偷看和被篡改情况的发生；认证技术是用来确保电子商务信息的真实性、安全性，即信息确实是属于信息的发送者，而不是冒充他人的名义发出的。

(3)标准化建设，是为确保整体网络的兼容性，在发展各项基础建设及各项电子商务应用时，对于各种应用工具、信息出版、用户界面与传输协议等技术进行的标准化建设。

2. 支撑环境

支撑环境包括以下几个内容。

(1)网站建设，是电子商务系统构建中的核心部分，也是企业开展电子商务的基础。要把企业的商务需求、营销方法和网络技术很好地集成在一起，其中涉及网站的软硬件环境建设和网站的内容建设。

电子商务网站建设是涵盖企业定位考虑，从营销角度立意而进行一个网站建设的过程，其中包括了前期网站定位、内容差异化、页面沟通等战略性调研，这些确立后，再去注册域名、租用空间、设计网站风格、制作网站代码，这个过程需要网站策划人员、美术设计人员、Web程序员共同完成。网站可以分为政府、事业单位网站，商业网站，个人网站及门户网站等。

(2)电子支付，是电子商务活动的关键环节和重要组成部分，是指电子交易的当事人，包括消费者、厂商和金融机构，使用安全电子支付手段，通过网络进行的货币支付或资金流转。电子支付是电子商务系统的重要组成部分，也是电子商务能够顺利发展的基础条件，没有良好的网上支付环境，网上客户只能采用网上订货、网下结算付款的方式，只能实现较低层次的电子商务应用。

(3)配送体系，是为电子商务的客户提供的服务，是根据电子商务的特点，对整个物流配送体系实行统一的信息管理和调度，按照用户订货要求，在物流基地进行理货工作，并将配好的货物送交收货人的一种物流方式。这一先进的、优化的流通方式对流通企业提高服务质量、降低物流成本、优化社会库存配置、提高企业的经济效益及社会效益具有重要意义。

3. 虚拟核心价值链

虚拟核心价值链包括以下几个内容。

(1)信息流，它包括商品信息的提供、促销行销、技术支持、售后服务等内容，是电子商务数字世界回到现实中的主要途径之一。

(2)资金流，主要指货币的转移过程，包括付款、转账等过程。

(3)物流，是指物质实体（商品或服务）的流动过程，具体指运输、储存、配送、装卸、保管、物流信息管理等。

(4)商流，是指商品在购、销之间进行交易和商品所有权转移的运动过程，具体指商品交易的一系列活动。

(5)信用流，是指电子商务活动是通过计算机网络开展的，交易参与方互不见面，需要互相提供信任，以保证其他各流的顺利实现。因此，电子商务诚信体系的建立至关重要。

(6)人员流，是指电子商务是一个社会系统，其核心是人，商务系统实际上是由围绕商品贸易的各个方面代表着各方面利益的人所组成的关系网。

信息流、资金流、物流、信用流和人员流的畅通，最终是为了实现商流，完成商品所有权的转移。

4. 消费者的消费观

消费者的消费观是指只有消费者消费观念发生转变，才能实现Internet规模经济，才有足够的上网购物用户和足够的网上交易额。因此，应加大宣传和正面引导，转换观念、适应数字生活的环境，另外，要不断学习，掌握电子商务技能。

因此，以上这几大部分相互分离又相互支撑，通过它们循环不断地提升价值从而带来价值的增值，构成了完整的虚拟价值链体系。

1.3.3 电子商务中的“四流”概念

电子商务中的“四流”包括信息流、物流、资金流和商流。“四流”互为依存，密不可分，相互作用。它们既有独立存在的一面，又有互动的一面。将信息流、物流、资金流、商流作为一个整体来考虑和对待，会产生更大的能量，创造更大的经济效益。

1. 信息流

信息流是实现电子商务的手段，信息流主要包括商品信息的提供，促销行销，技术支持，售后服务等内容，也包括询价单、报价单、付款通知和转账通知单等商业贸易单证，还包括交易方的支付能力、支付信用和中介信誉等。

企业管理的基础就是对企业信息流实施有效控制。电子商务活动相对于传统商务活动的最大优势是在电子商务环境下，企业借助于现代信息网络技术，使得信息流的流动变得更为通畅。

信息流的产生伴随着整个业务的流转过程，信息流的不完整将直接影响到物流和资金流的作用结果，而控制流也就难以对业务起到事前、事中的控制作用，达不到精确管理。在电子商务环境下，企业通过对企业的流程重组，利用先进的通信网络技术，建立起通畅的企业信息网络，包括企业内部的信息网和企业外部的信息网，从而大大加快了企业信息流的流动速度，增强了信息的共享程度，为企业提供高质量的客户服务打下了坚实的基础。

2. 物流

物流是实现电子商务的过程，物流是指商品在空间和时间上的位移，包括采购配送、生产加工和仓储包装等流通环节中的流通情况，它以满足顾客的需求服务为目标，尽量消除物流过程中各种形式的浪费，追求物流过程的持续改进和创新。它以最少的成本，在正确的时间(Right Time)、正确的地点(Right Location)、正确的条件(Right Condition)，将正确的商品(Right Goods)送到正确的顾客(Right Customer)手中。物流虽然只是商品交易的一个组成部分，但却是商品和服务价值的最终体现。电子商务的最终价值，在于最大程度地方便最终消费者，“以顾客为中心”的价值实现最终体现在物流上。它既是企业保持可持续生产的保障，也是商流价值实现的载体，更是电子商务核心优势的体现。

3. 资金流

资金流是实现电子商务的条件，资金流主要指资金的转移过程，它包括付款、转账、结算、兑换等过程。网络银行对电子商务有着重要的促进作用，在电子商务中，银行是连接生产企业、商业企业和消费者的纽带，起着至关重要的作用。银行是否能有效地实现电子支付已成为电子商务成败的关键。

下面以一个简单的网上交易流程为例进行说明。

(1)持卡人向商家发出购物请求。

(2)商家将持卡人的支付指令通过支付网关送往银行。

(3)银行通过银行卡网络从发卡行获得批准，并将确认信息再通过支付网关送回商家。

(4)商家取得确认后，向持卡人发出购物完成信息。

(5)银行与银行之间通过支付系统完成最后的行间结算。

从上述交易流程中不难发现，网上交易可以分为交易环节和支付结算环节两大部分，其中支付结算环节是由包括支付网关、银行和发卡行在内的金融专业网络完成的。因此，离开了银行,便无法完成网上交易的支付,从而也谈不上真正的电子商务。

4. 商流

商流是实现电子商务的动机和目的。所谓商流,是一种买卖或一种交易活动过程,通过商流活动发生商品所有权的转移。

商流是物流、资金流和信息流的起点,也可以说是后“三流”的前提,一般情况下,没有商流就不太可能发生物流、资金流和信息流。反过来,没有物流、资金流和信息流的匹配和支撑,商流也不可能达到目的。“四流”之间有时是互为因果的关系。

例如A企业与B企业经过商谈,达成了一笔供货协议,确定了商品价格、品种、数量、供货时间、交货地点、运输方式并签订了合同,也可以说商流活动开始了。要认真履行这份合同,下一步要进入物流过程,即货物的包装、装卸搬运、保管、运输等活动。如果商流和物流都顺利进行了,接下来进入资金流的过程,即付款和结算。无论是买卖交易,还是物流和资金流,这三个过程都离不开信息的传递和交换,没有及时的信息流,就没有顺畅的商流、物流和资金流。没有资金的支付,商流不成立,物流也不会发生。

5. 四流的关系

商流是动机和目的,资金流是条件,信息流是手段,物流是过程。就是说由于需要或产生购买欲望,才决定购买,购买的原因和理由就是商流的动机和目的;因为想购买或决定购买某种商品,才考虑购买资金的来源或筹措资金问题。如不付款,商品的所有权就不归你,这就是条件;又因为决定购买,也有了资金,然后才付之行动,这就是买主要向卖主传递信息,或去商店向售货员传递购买信息,或电话购物、网上购物,这些都是信息传递的过程,但这种过程只是一种手段;然而,商流、资金流和信息流产生后,必须有一个物流的过程,否则商流、资金流和信息流都没有意义。

因为物流受商流制约,随商流变化而变化,往往为了占领市场、扩大销售而牺牲物流利益。所以,在竞争激烈的商品经济社会要加强对物流问题的研究和对信息技术等现代科学手段的充分利用。

商流和资金流是传统性的经济活动,规则性强,已经比较成熟和定型。信息流主要利用计算机技术和互联网,是电子化传输和软件开发问题。这方面的竞争会不断加剧和复杂化,各企业的技术水平将来也会彼此靠近。前几年兴起的电子商务热之所以急剧降温,是因“物流瓶颈”的阻碍造成的,不是信息技术自身的问题。而且,商流、资金流和信息流将来都可能由计算机和网络通信部分取代,只有物流难以做到这一点。物流目前十分滞后,物流发展的空间比商流、资金流和信息流要大,合理化、科学化管理的余地也大,节约费用的潜力更大。

思考:实现电子商务为什么还需要建立法律法规呢?

1.4 电子商务框架结构

1.4.1 电子商务基本框架结构

电子商务的基本框架结构是指电子商务活动环境中涉及的各个领域以及实现电子商务应

具备的技术保证。从总体上来看，电子商务框架结构由三个层次和二大支柱构成。其中，电子商务框架的三个层次分别是：基础层、支持服务层、应用层；二大支柱是指公共政策、法律、法规、隐私、权法及各种技术标准、安全网络协议等，如图 1.11 所示。

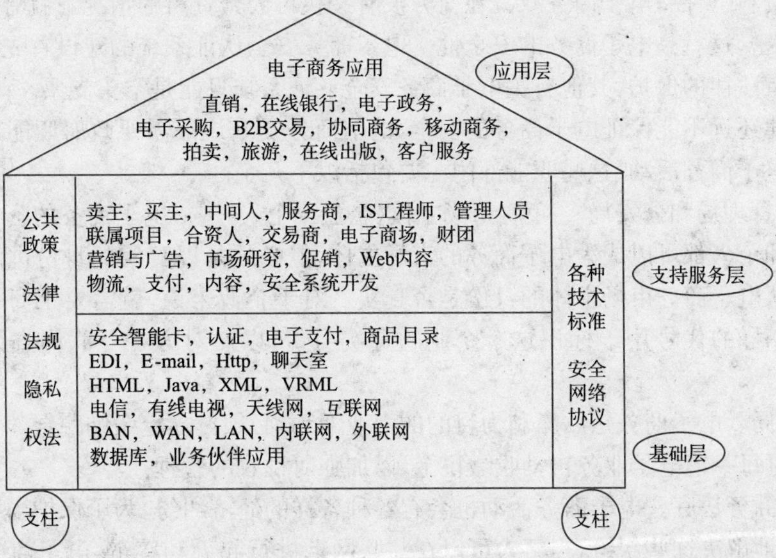

图 1.11　电子商务基本框架

1. 基础层

基础层是指实现电子商务最底层的基础实施，它是信息的传输系统，也是实现电子商务的基本保证。它包括网络——电信、有线电视、天线网、互联网、内联网和外联网；公共业务服务——安全智能卡、认证、电子支付、商品目录等；信息传递——EDI、E－mail、Http、聊天室等；多媒体——HTML、Java、XML、VRML 等；接口——数据库、业务伙伴应用等。

2. 支持服务层

支持服务层是指实现电子商务的各种服务，包括人——卖主、买主、中间人、服务商、工程师、管理人员等；营销广告——市场研究、促销、Web 内容等；支持服务：物流、安全系统开发等；商务伙伴——联属项目、合资人、交易商、电子市场、财团等。

3. 应用层

应用层是指电子商务在各方面的应用，包括直销、在线银行、电子政务、电子采购、B2B 交易、协同商务、移动商务、拍卖、旅游、在线出版、客户服务等。

4. 公共政策

公共政策包括围绕电子商务的税收制度、信息的定价、信息访问的收费、信息传输成本、隐私问题等，需要政府制定政策。国际上，人们对于信息领域的立法工作十分重视。美国政府发布的"全球电子商务的政策框架"中，在法律方面做了专门的论述；俄罗斯、德国、英国等国家也先后颁布了多项有关法规；1996 年联合国贸易组织通过了"电子商务示范法"；我国政府在信息化方面的注意力还主要集中在信息化基础建设方面，信息立法还没有进入实质性阶段，针对电子商务的法律还有待健全。

5. 法律

法律维持着电子商务活动的正常运作，违规活动必须受到法律制裁。从法律角度考虑，电子商务安全认证是指进行商务活动双方资料/产品的真实性和资料/产品的安全性的认证。电子商务和传统商务一样，是一种严肃的社会行为，为了从法律上保证购销双方的权益，电子商务双方必须以真实的身份进入市场、提供真实的资料/产品，这就是电子商务的真实性。正因为是真实的资料/产品，电子商务双方在对方没有授权可公开资料的情况下就有义务为对方的资料/产品保密，这就是电子商务的安全性。电子商务安全认证系统的建设首先是电子商务法的制定。没有法律的保护，其他有关电子商务安全认证系统只能是空头支票。

只有法律还远不能保证电子商务的安全，电子商务安全认证需要政府职能部门利用互联网技术管理电子商务活动，这些职能部门主要包括以下几个。

(1)工商管理局和公安局 。负责市场主体(企业或个人)进入电子商务的资格认证。任何企事业单位和个人都可以成为电子商务的市场主体，但必须是以真实的身份进入电子商务市场。如何辨认电子商务市场主体的身份是否真实？对于企业来说，就需要工商管理局发给一个像身份证一样的代号用于标识这个企业的真实身份，以便对方在互联网查询。个人也是一样。

(2)税务局。电子商务是以赢利为目的的商业活动，必须按规定缴纳税金。税务局应利用互联网技术对每一笔电子业务自动收缴税金，以加强对税收的管理。

(3)电子商务法庭。电子商务活动也会有各种各样的经济纠纷，为了保护当事人的合法利益，更加快捷地解决这些纠纷，当事人可以在互联网上进行起诉和答辩，电子商务法庭根据双方的证词做出裁定。

(4)电子货币安全。人民银行负责电子货币的管理和安全。电子货币是电子商务活动中十分重要、不可或缺的支付手段。电子货币的安全关系到整个电子商务能否健康、高速的发展。

6. 隐私问题

电子商务交易过程中，企业的隐私一般为商品价格的隐私、货物进出渠道的隐私、商品的促销手段的隐私等，个人的隐私一般为个人的姓名隐私、肖像隐私、性别隐私、身份隐私等。

随着电子商务的发展，商家不仅要抢夺已有的网上客户，还要挖掘潜在的客户，于是人们在网上的各种商务活动和个人信息都在不知不觉中被商家记录。商家可以有的放矢，大量的宣传广告会充斥用户的电子信箱，甚至物理信箱。个人信息的秘密得不到保障，这必然使用户对电子商务望而却步，阻碍电子商务的发展。因此，为保障网上的个人隐私权和电子商务的发展，应该对此进行立法或对相应的法规进行修改。

7. 技术标准

技术标准是信息发布和传递的基础，是网络上信息一致性的保证。技术标准定义了用户接口、传输协议、信息发布标准、安全协议等技术细节。就整个网络环境来说，标准对于保证兼容性和通用性是十分重要的。这就像不同的国家使用不同的电压传输电流，用不同的制式传输视频信号，限制了许多产品在世界范围的使用。目前在电子商务活动中也遇到了类似的问题，例如，EDI 标准、一些像 VISA，Mastercard 这样的国际组织已经同各界合作制定出用于电子商务安全支付的 SET 协议。

1.4.2 电子商务动态框架结构

Elsie 和 Paula 认为静态的框架不能适应不同角色对电子商务的认识，“只对明确的环境有意义，不能提供一个有关电子商务类型、活动和能力的完整定义，而这种定义对有效分析在产品和服务方面的电子商务活动范围是重要的”。因此,他们提出了一个更一般的框架,该框架仅包括三个要素:法律要素(例如政策、规章、隐私、知识产权、版权、法律、伦理道德、计算机犯罪等);基础设施要素(例如通信及网络技术、多媒体应用、互联网、内联网、外联网、页面开发、页面浏览、仿真、数据挖掘、数据仓库、信息安全、EDI、数据库管理、B/S 及 Web 服务管理、互联网服务提供商、人机接口、智能卡设备等);服务要素(例如互联网支付系统、电子出版、采购、电子目录、商业模式、各种信息、在线购物、在线教育等),如图 1.12 所示。

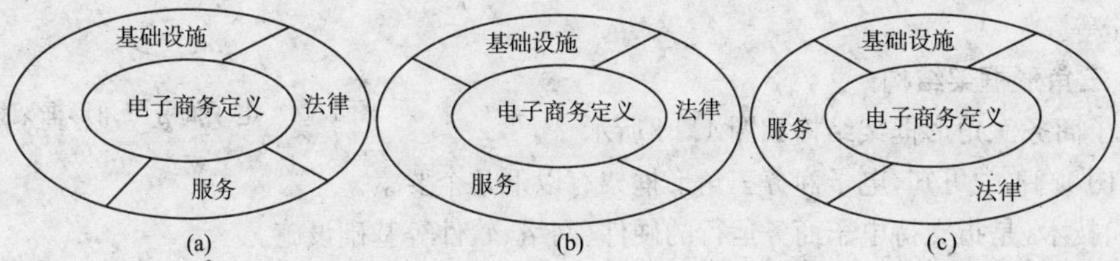

图 1.12　Elsie 和 Paula 电子商务动态框架

从图 1.12 中可知,不同的电子商务参与者(如客户、企业、服务提供商、计算机系统开发商、营销人员、律师等)可以设置不同的边界。例如,对网络工程师来说,他强调的是基础设施,如图 1.12(a)所示;对于服务提供商来说,他强调的是服务,如图 1.12(b)所示;而对于一名律师来说,他强调的是法律,如图 1.12(c)所示。

思考:如何区别日常生活中的隐私与电子商务中的隐私?请举例说明。

1.4.3 电子商务的其他框架结构

1. Yewsiang Poong 动态框架

Yewsiang Poong 等人在 Elsie 和 Paula 框架的基础上提出了另一个动态框架,如图 1.13 所示。

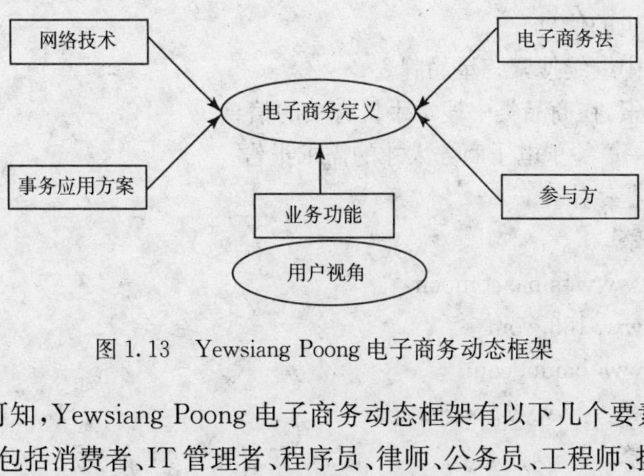

图 1.13　Yewsiang Poong 电子商务动态框架

从图 1.13 中可知,Yewsiang Poong 电子商务动态框架有以下几个要素。

(1)用户视角,包括消费者、IT 管理者、程序员、律师、公务员、工程师、操作员、CEO 等。

(2)网络技术,包括互联网、专用网、VPN、WAN、WAP、GPRS 等。

(3)事务应用方案,包括电子邮件、支付处理、虚拟信用卡、信使(如 MSN)、Web 浏览器等。

(4)业务功能,包括客户关系管理、广告、销售、购买、库存管理等。

(5)参与方,包括终端用户、消费者、学生、老师、商业伙伴等。

(6)法律问题,包括政策、版权和专利、网络法、隐私、安全等。

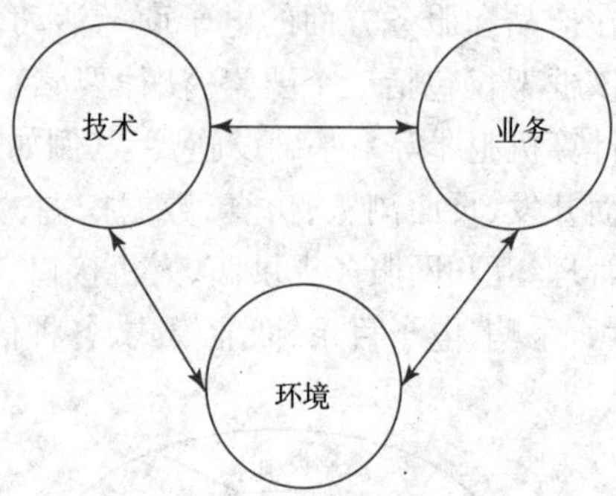

图 1.14　电子商务三角形框架结构

2. 三角形框架结构

电子商务三角形框架结构如图 1.14 所示。

从图 1.14 中可知,电子商务三角形框架有以下几个要素。

(1)技术,是指支持电子商务运行的硬件、网络、软件等基础设施。

(2)业务,是指适应电子商务运行的业务流程,包括供应、生产、营销、销售、结算、订单履行、售后服务、客户关怀等。

(3)环境,是指保障电子商务运行的法律、道德、安全、隐私等。

能力训练题 1　利用网络工具采集商务信息

【实训目的】

1. 掌握一种网络检索工具的操作方法。
2. 掌握利用网络检索工具检索商务信息的基本方法。

【实训要求】

1. 了解常用的搜索引擎网站。
2. 掌握搜索引擎的使用方法和基本技巧。
3. 掌握对网上信息进行分析整理的能力。

【实训内容】

1. 通过搜索工具,检索以下内容。

(1)检索有关手机的信息。

(2)在搜索结果中继续搜索三星品牌。

(3)通过分类检索,在商品类中搜索手机有关的信息。

2. 通过搜索写一篇关于电子商务人才的需求报告。

3. 选择常用的搜索引擎。

(1)中文搜索引擎。

新浪网:http://www.sina.com.cn

网易:http://www.163.com

百度:http://www.baidu.com

Google 搜索:http://www.google.com

(2)英文搜索引擎。

YAHOO:http://www.yahoo.com

Altavista：http://www.altavista.com

Excite：http://www.excite.com

Infoseek：http://www.infoseek.com

HotBot：http://www.hotbot.com

Lycos：http://www.lycos.com

4. 使用关键字进行搜索。

5. 筛选搜索到的具体内容。

6. 整理内容，写出报告。

【实训步骤】

现在以百度搜索引擎 www.baidu.com 为例。

1. 在地址栏中输入 http://www.baidu.com，登录百度网站。

2. 查找包含"电子商务人才需求"的网页，如图 1.15 所示。

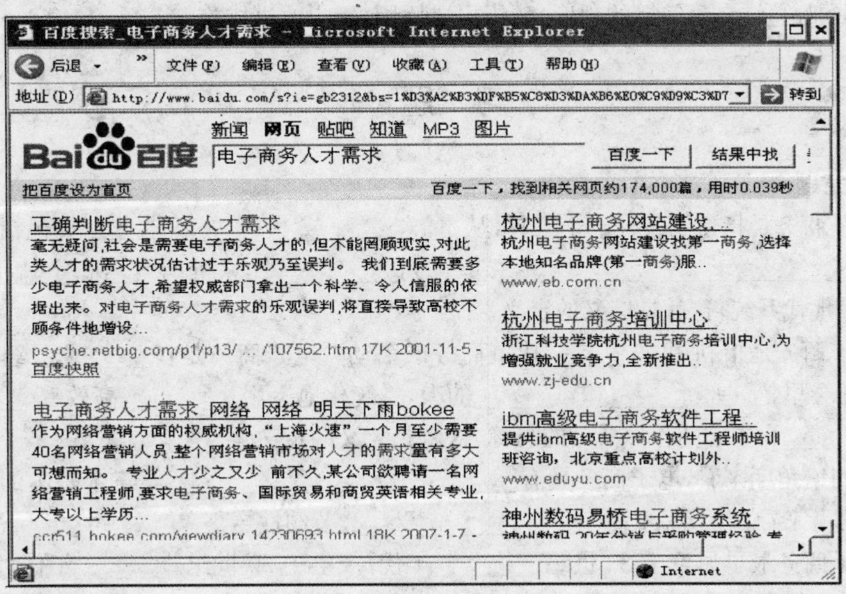

图 1.15　百度搜索引擎

3. 保存搜索到的信息，筛选搜索到的具体内容。

4. 整理内容，写出 1 000～1 500 字的电子商务人才需求报告。

【实训提醒】

利用搜索引擎搜索时，可以采用一些技巧。比如，使用加减号限定查找，使用双引号进行精确查找等，这样在搜索时可以起到事半功倍的作用。

【实训思考】

1. 利用搜狐中的搜索引擎，搜索包含"电子商务人才需求"的网页，与在百度中的搜索结果进行比较。

2. 按照工作方式的不同，百度和搜狐分别属于哪一种搜索引擎，各自有什么特点？

3. 在实验中你选择的搜索主题是什么？搜索信息的来源列表（搜索到的信息的 URL 地址）是什么？

【实训报告】

1. 实验过程

目的要求：

实验内容：

实验步骤：

正确选择关键字：

搜索相关信息，进行筛选：

总结，整理报告。

2. 实验结果

结果分析：

主要使用文字方式，进行1 000～1 500字的文字书写报告分析。

3. 总结

通过实训，总结自己掌握的程度，分析出错原因，提出改进措施。

习　题　1

一、填空题

1. 电子商务是指使用各种电子工具，从事________或________。这些工具包括从初级的________、________、________、________、传真到________、计算机网络，到________、GII和________等现代系统，这就是广义的定义。

2. 电子商务是指利用________，从事商务或活动。电子商务是在________、经济高度发达的现代社会里，掌握________和________的人，系统化地运用________，高效率、________地从事以________为中心的各种活动的总称，这就是狭义的定义。

3. 从网络角度来看，电子商务具有________、________、________等三个基本的特点。从买方市场角度来看，电子商务具有________、________、节约性、________、________等特点。

4. 电子商务最早讨论于20世纪________年代，产生于20世纪________年代，发展于20世纪________年代。电报出现于________年，EDI出现于________年，万维网出现于________年，电子商务全球概念出现于________年。

5. 产生电子商务的重要条件主要有________、________、________、________、________、________等条件。

6. 电子商务发展经历了________阶段、________阶段、________阶段和________阶段。

7. 虚拟核心价值链包括________、________、________、________、________。

8. 电子商务中的四流包括________、________、________和商流，“四流”互为依存，________，________。

二、判断题

1. 电子商务实际上就是一种买卖活动，也就是我们已经沿袭了数千年的那种“一手交钱，一手交货”的买卖方式。（　　）

2. 电子商务最早讨论于20世纪60年代，产生于90年代，发展于2000年以后。（　　）

3. 电子商务是复杂的社会系统工程，涉及社会、政治、经济、文化各方面。（　　）

4. 电子商务价值链模型包括四大部分：运行环境、支撑环境、虚拟核心价值链与消费者的消费观等。（　）

5. 电子商务中的四流包括信息流、物流、资金流和商流。“四流”互为依存，密不可分，相互作用。它们既有独立存在的一面，又有互动的一面。（　）

三、思考题

1. 简述数字化生活。
2. 简述电子商务广义定义。
3. 简述电子商务狭义定义。
4. 简述电子商务功能。
5. 简述电子商务特点。
6. 简述电子商务的起源。
7. 简述产生电子商务的条件。
8. 简述电子商务价值链中的运行环境。
9. 按电子商务交易涉及的对象应如何进行分类？
10. 按电子商务应用程度应如何进行分类？
11. 按电子商务所使用的通信技术应如何进行分类？
12. 简述电子商务中的四流概念。

第 2 章　电子商务运作模式

随着社会经济的发展，企业积极参与电子商务是不容置疑的趋势，而企业必须选择电子商务的运作模式。本章主要介绍电子商务运作模式的基本概念，通过本章的学习要求：

- 掌握传统电子商务的运作过程
- 掌握电子商务基本系统模型
- 掌握实现电子商务的方案
- 掌握移动商务的运作模式

2.1　传统企业商务的运作模式

2.1.1　电子商务给传统企业带来的机遇与挑战

随着现代网络技术的飞速发展，由电子商务引发的一场商业革命必将强烈地冲击传统商业概念和模式，同时也带来越来越多的商业机会。

1. 传统企业的定义

传统企业制度的演变如图 2.1 所示。

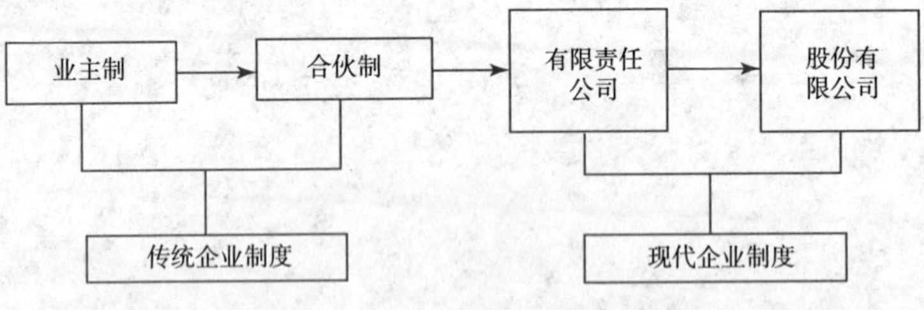

图 2.1　企业制度的演变

(1)业主制企业。业主制企业是指独资企业，个人独资企业不具有法人资格，也无独立承担民事责任的能力。但个人独资企业是独立的民事主体，可以自己的名义从事民事活动。它具有以下几个特点。

①个人独资企业是由一个自然人投资的企业。

②个人独资企业的投资人对企业的债务承担无限责任。

③个人独资企业机构简单，管理方式灵活。

④个人独资企业是非法人企业。

(2)合伙制企业。合伙制企业是指由两人以上的个人通过订立合伙协议设立,共同出资,共同经营,共享利润,共担风险,并对合伙企业债务承担无限连带责任的营利性组织。它具有以下几个特点。

①以订立合伙协议为基础,合伙协议应当具备形式和实质两方面要件。按照《中华人民共和国合伙企业法》的规定,合伙协议的形式要件是"以书面形式订立",实质要件是第13条规定的合伙协议"应当载明的事项"。以上两个要件构成合伙协议的必备要求,缺一不可。

②共享共担权利义务。合伙企业不具有法人资格,是视同自然人的法律拟制主体。合伙人共同出资,合伙经营,共享收益,共担风险,各合伙人彼此间的权利义务一样。

③共担无限连带责任,当合伙企业到期不能清偿所欠债务时,合伙企业的债务由各合伙人承担无限连带清偿责任,即当合伙企业财产不足以清偿企业债务时,各合伙人对于不足部分承担连带清偿之责,不得以同其他合伙人有有限责任约定、第三人担保、超额出资、债务责任份额划分为由主张免责。对于债权人,负有连带责任的每个合伙人,都负有清偿债务的义务,履行了义务的合伙人,有权要求其他负有连带债务的合伙人偿付其应承担的份额。

(3)有限责任公司。有限责任公司是指由两个以上的股东共同出资,对公司债务负有限责任的公司。《公司法》规定,有限责任公司是企业法人。股东以其出资额为限对公司承担责任,公司以其全部资产对公司的债务承担责任。设立有限责任公司应具有以下几个条件。

①股东符合法定人数,即由两个以上五十个以下股东共同出资。

②股东出资达到法定资本最低限额,以生产经营为主的或以商品批发为主的注册资本不得低于人民币五十万元,以商业零售为主的注册资本不得低于人民币三十万元,以科技开发、咨询或服务性公司的注册资本不得低于人民币十万元。

③股东共同制定公司章程。

④有公司名称,建立符合有限责任公司要求的组织机构。

⑤有固定的生产经营场所和必要的生产经营条件。

(4)股份有限公司。股份有限公司又称股份有限责任公司,简称为股份公司,是指其全部资本分为等额股份,股东以其所持股份为限对公司承担责任,公司以其全部资产为限对公司承担责任的公司,它具有以下几个特点。

①股份有限公司是独立的经济法人。

②股份有限公司的股东人数不得少于法律规定的数目,如法国规定,股东人数最少为七人。

③股份有限公司的股东对公司债务负有限责任,其限度是股东应交付的股金。

④股份有限公司的全部资本划分为等额的股份,通过向社会公开发行的办法筹集资金,任何人在缴纳了股款之后,都可以成为公司股东,没有资格限制。

⑤公司股份可以自由转让,但不能退股。

⑥公司账目须向社会公开,以便于投资人了解公司情况,进行选择。

⑦公司设立和解散有严格的法律程序,手续复杂。

2. 电子商务给传统企业带来的机遇

电子商务给传统企业带来的机遇有以下几个方面。

(1)电子商务能提高企业商务活动的效率。企业可以通过互联网展示自己产品的质量、性能、价格、售前售后服务及付款条件等,客户各取所需,发出订单。企业的生产部门可以根据互联网传递的订购信息及时安排或调整生产规模和品种,从而实现小批量、多品种、零库存、即时制造和交货的理想模式,适应现代社会消费潮流。

电子商务的实施不但可以大大提高交易速度,加快订单处理和货款结算支付,而且可以减少人为的疏忽。例如,一些计算机程序能发现业务人员输入的错误信息而提出警告或自动予以纠正,避免可能发生的损失和浪费。这对严格要求单证一致的信用证结算贸易业务显得尤为重要。

(2)电子商务能提高工作质量,扩大市场。电子商务增加了客户和供货方的联系。无论双方是否跨地区、跨国界,空间的障碍已经消失,电子商务系统网络站点使得客户和供货方均能了解对方的最新数据,而且电子数据交换(EDI)更加强了企业间的合作。电子商务可以提供每年 365 天、每天 24 小时的服务,使企业能更及时、准确、充分地掌握市场需求信息,按时、按质提供客户所需要的商品或服务,从而加强市场竞争地位。同时,电子商务可以提供交互式的销售渠道,使商家能及时得到市场反馈,改进本身的工作。

(3)电子商务能降低成本,有利于提高企业利润。降低交易成本,节省潜在的开支,是每一个企业所期望的。例如,电子邮件可以节省通信费用,电子数据交换则大大节省了管理和人员环节的开销。此外,电子商务可以优化企业供应链,降低供应成本。传统商务活动是由多个中间环节组成的供应链完成的,这些中间环节必然要耗费大量的物质资源,而电子商务可以缩短供应链的长度,减少中间环节与周转时间,节省物质资源的损耗。以商业企业为例,优化企业供应链,实行直销,可以减少库存和营业面积,降低周转与管理成本。据统计,在传统商务模式下,商品从订货到售出过程中的物流费用约占企业成本的 18%～20%,国外企业利用电子商务优化供应链后,目标为将该费用比例降低到 10%～12%。由此可知,电子商务的应用在降低成本的同时可以给企业带来丰厚的利润。

(4)电子商务能及时与顾客交流。电子商务可以使企业迅速了解到消费者的偏好和购买习惯,及时进行交流与沟通,同时可以将消费者的需求及时反映到决策层,从而促进了企业针对消费者需求而进行的研究与开发活动,提高了企业把握市场和消费者了解市场的能力。

3. 电子商务给传统企业带来的挑战

电子商务给传统企业带来的挑战有以下几个方面。

(1)传统运作模式效率低、成本过高。随着企业间竞争的日趋激烈,以及全球经济一体化,市场向企业提出了更高的要求,要求企业能及时提供高质量、低价格、具有个性化的产品。而企业在商业运作过程中比较重视控制生产成本,对采购成本、销售成本的控制则比较薄弱。如何减少采购和销售过程中的环节,直接控制供应商的价格、品质、交货期,以及批发商和经营商的进货、出货、仓储情况是企业在电子商务时代所面临的第一个问题,这种情况尤其是在集团公司的运作中更为明显。

通过实施电子商务,可以实现企业对产品、原材料、非生产性产品、服务等的电子化、网络化的采购,总公司与下属子公司及各职能部门有组织、有计划地统一管理,减少流通环节,降低成本,提高效率,通过电子商务的实施,使企业在管理上达到更高的水平。通过大量的自我服务(包括网上销售订单的管理、供应商自助采购、内部员工的自助服务),最终达到降低企业总运营成本的目标。

(2)对市场的反应速度慢。在电子商务时代,产品的"同质化"情况非常普遍,例如,电冰箱，你有"变容型"，其他厂商就有"保鲜型"、"节能型"、"迷你型"、"智能型"等。因此除了"价格"因素之外，还有一个因素就是"时间"。传统企业在对市场的反馈速度上明显过慢，在市场需求骤增时，会在原材料、设计、生产能力、质量、运输后勤及市场等方面出现问题。究其主要原因，是企业没有将供应商和客户纳入到企业自身的供应链中，没能及时知道下游客户（主要是经销商和批发商）的库存情况、市场情况，没有让上游的供应商及时了解企业原材料的库存情况、成套情况。在供应商、商家、客户三者之间没有形成一个有效的环路，由此造成了商家对市场的反应迟缓，导致商机的错失。

通过实施电子商务，企业从原材料的采购、产品设计，到订单处理和产品的发送，均可以实现以小时为单位来追踪。同时，利用互联网技术不仅可以全面监控下游客户每日的进、销、存情况，及时进行补货，而且可以让上游的供应商及时知道企业原料的库存情况，及时补充，将存货量保持在最低水平。

(3)对标准化产品的挑战。产品是传统企业营销组合中最重要的因素，任何企业的市场营销活动总是首先从确定向目标市场提供什么产品开始的，然后才会涉及定价、促销、分销等方面的内容。作为新型媒体，Internet 可以在全球范围内进行市场调研，通过 Internet，厂商可以迅速获得关于产品概念和广告效果测试的反馈信息，也可以测试客户的不同认同水平，从而更加容易地对消费者行为方式和偏好进行跟踪。在电子商务时代，对不同的消费者可以提供不同的商品。因此，Internet 的运用对标准化产品必然会带来挑战。

(4)构建电子商务环境下的会计理论和会计实务。传统会计是建立在相关假设基础上的。在电子商务时代，由于虚拟企业、网上企业和国际企业的出现，会计主体假设需要重新定义：依据合作项目而成立合作公司或项目公司的现象将会愈来愈普遍，项目结束公司即结束经营，进行清算，持续经营假设将无法适应；由于信息技术的发展，企业提供实时财务信息将成为可能，会计分期假设已显得无足轻重；电子商务中电子货币的广泛应用，将使货币计量假设受到严重冲击。由于会计假设是传统会计赖以存在的前提条件，它的动摇，必然会对如权责发生制、历史成本计价等会计确认和计量等方面的会计原则产生深刻的影响。

在电子商务环境下，电子合同、电子单据实现在线输入，电子货币自动划转，业务信息实时转化，会计信息自动生成，传统的会计工作组织、会计岗位设置和会计业务流程的重组将成为必然。

(5)电子商务对传统商业经营方式的挑战。在电子商务产生之前，产销分离型流通渠道被认为是流通职能专门化的产物，是社会经济发展的一大进步。但是，电子商务的出现，为买卖双方在网上直接交易提供了现实可能性。于是，制造商和服务商与消费者的距离大大缩短，传统商业作为批发商和零售商的活动空间随之收缩。同样，电子商务的引入也将取代批发环节，而使生产者至少可以直接同零售商进行交易。运输、储备和整理等与批发伴生的业务也随之发生整合。运输大都会独立出来归入专门的服务项目，整理则由于商品加工的深化而并入生产环节，而储备随着敏捷制造系统和对客户需求的快速反应系统的推广而不断萎缩。因此，电子商务的发展对批发商业的冲击是致命的。

思考：你知道电子商务给传统企业带来哪些影响？请举例说明。

2.1.2 传统企业商务的交易流程

1. 传统商务活动

传统商务活动可以分为以下三种。

(1)企业商务活动。企业商务活动的鲜明特点是,以企业当前利益和长远利益为基础,以企业当前利益为目标。企业商务活动是企业的基本社会活动。没有企业的商务活动,就没有企业的存在条件。

(2)政府商务活动。政府商务活动有两大任务:第一个任务(也是主要任务)是向全社会提供商务活动法律法规、政策和公共服务;第二个任务是完成与政府活动直接有关的、必要的直接商务活动。政府商务活动将对整个社会产生直接的影响,可以左右全社会的商务活动。例如,国家之间的商务协定是企业商务活动的基础,也将直接或间接影响本国社会商务活动的结果。

(3)个人商务活动。个人商务活动一般属于直接个人社会活动。个人商务活动的第一个特点,是以满足个人生存和生活需要为直接目标。个人商务活动是社会的最终消费性行为,这是个人商务活动的第二个特点。第三个特点,是个人商务活动以个人意识为基本影响因素。第四个特点,是能够形成间接的社会生产行为。可以看出,在所有社会商务活动中,个人商务活动是形成所有商务活动的直接动力。

通俗地讲,商务活动的基本运行原则是"高效、有序、灵活、完整"。"高效"是商务活动结果的重要保证条件,"有序"为商务活动提供了普遍适用的游戏规则,"灵活"提供了商务活动的基本技术和技巧,"完整"则体现了商务活动的阶段性目标与长远目标之间的关系。

2. 传统企业商务的交易流程

传统企业商务的交易流程是企业在具体进行一个商务交易过程中的实际操作步骤和处理过程,它由交易前的准备、贸易磋商、合同与执行、支付过程和索赔四个阶段组成。

(1)交易前的准备。这一阶段主要是指买卖双方和参加交易各方在签约前的准备活动,也是宣传自己、熟悉对方的一个过程。对于商务交易过程来说,交易前的准备就是供需双方如何宣传或者获取有效的商品信息的过程。商品供应方的营销策略是通过报纸、电视、户外媒体等各种广告形式宣传自己的商品信息。对于商品的需求者——企业和消费者来说,要尽可能得到自己所需要的商品信息,来充实自己的进货渠道。因此,交易前的准备实际上就是一个商品信息的发布、查询和匹配过程。

(2)贸易磋商过程。这一阶段主要是指买卖双方就所有交易细节进行面对面洽谈,将双方磋商的结果以书面形式签订商贸合同确定下来。在商品的供需双方都了解了有关商品的供需信息后,就开始进入具体的贸易磋商过程,贸易磋商实际上是贸易双方进行口头磋商或纸面贸易单证的传递过程。纸面贸易包括询价、价格磋商、订购合同、发货、运输、发票、收货等,各种纸面贸易单证反映了商品交易双方的价格意向、营销策略管理要求及详细的商品供需信息。在传统商务活动的贸易磋商过程中使用的工具有电话、传真或邮寄,因为传真件不足以作为法庭仲裁依据,所以各种正式贸易单证的传递主要通过邮寄方式传递。

(3)合同与执行。这一阶段主要是指买卖双方签订合同后到合同开始履行之前办理各种手续的过程,也是双方贸易前的交易准备过程。在传统商务活动中,贸易磋商过程经常通过口头协议来完成,但在磋商过程完成后,交易双方必须要以书面形式签订具有法律效应的商务合同,来确定磋商的结果和监督执行,并在产生纠纷时通过合同由相应机构进行仲裁。

(4)支付过程和索赔。这一阶段主要是从买卖双方办完所有各种手续之后开始的。传统商务中的支付一般有支票和现金两种方式,支票方式多用于企业间的商务过程,用支票方式支付涉及双方单位及其开户银行。现金方式常用于企业对个体消费者的商品销售过程。

索赔是在买卖双方交易过程中出现违约时,需要进行违约处理的工作,是受损方向违约方索取赔偿、处理违约行为的一系列工作。

思考:你有索赔的经历吗?请举例说明你是怎样进行索赔的。

2.1.3 传统企业商务的运作流程

1. 运作流程

从对传统企业商务活动的一般运作过程的分析中可以得知,整个商务活动过程是由许多具体过程组成的,每个过程又包含着许多活动,这些具体过程与活动之间的逻辑关系称为商务活动的流程,其示意图如图 2.2 所示。

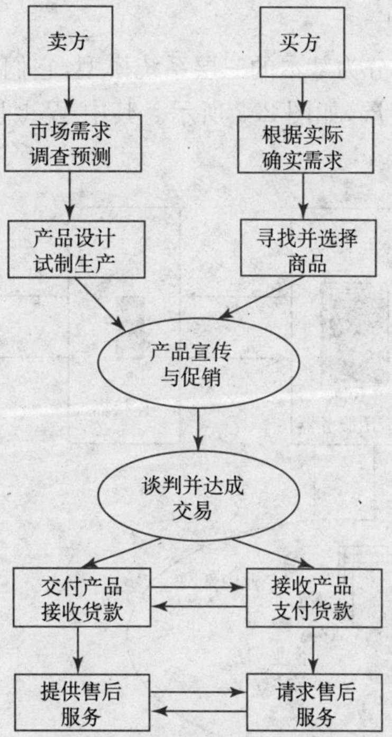

图 2.2 传统商务运作流程示意图

2. 运作特点

由于传统商务活动是交易双方围绕着商品实体和劳务展开的,所以具有以下几个特点。

(1)交易活动的实体性。在传统商务活动中,交易双方的交易活动是直接当面进行的,交易的对象或是实实在在的物品,或是以一定形式表现的服务。这些都是看得见或感受得到的实体。

(2)交易活动的多环节性。传统商务活动的进行往往需要中介者的参与,这就导致商品由卖方到买方要经过许多中间环节,增加了交易费用,延长了交易时间。

(3)交易活动的高费用和低效率。传统商务活动中,卖方首先要了解市场、预测需求,做出理性的决策;其次要进行大量的广告宣传活动寻找购买者推销产品。而要做到这些就要投入大量的人力、物力、财力和时间,增大了交易的成本。同时,交易双方之间大量有关商务活动的数据、文件、信息等多采用信函、电话、电报、传真等方式传递,并且还需进行人工处理,每个环节都需要花费不少的时间,增加了操作人员的劳动强度,使人工处理的错误率增加,从而导致交易活动的效率低下。

(4)交易活动的风险性。在传统商务活动中,整个交易过程(交易的洽谈、签约以及货款的支付、交货通知等)都是在交易双方直接当事人之间进行的(由于当事人的个人原因),容易导致隐瞒、伪造、欺诈等暗箱操作行为的产生,增大了交易活动的风险。

2.2 现代电子商务的运作模式

2.2.1 电子商务运作模型

1. 电子商务基本系统模型

电子商务的基本系统模型分为基本的三层系统模型,它们分别为:顾客层、Web 应用服务器层和连接外部服务器的连接层,如图 2.3 所示。其中 Web 应用服务器层分为 Web 服务器和企业 Java 服务。

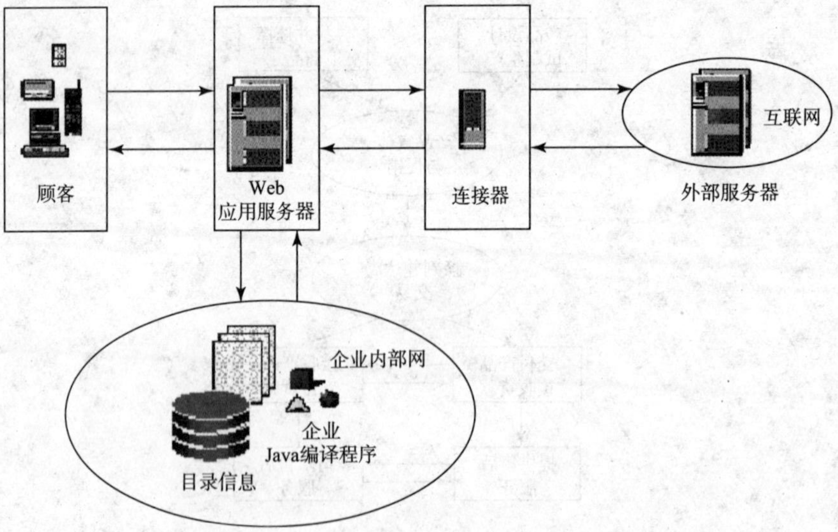

图 2.3 电子商务基本系统模型

(1)顾客。顾客是指来商店或服务行业购买物品的人或要求服务的对象,包括组织和个人,使用的设备可以是电子计算机、个人数字助理(PDA)、智能卡(Smartcard)、数字无线电话等。将这些客户端设备连结到 Web 应用服务器的思路是使用一组被广泛支持的基于 Internet 的技术和协议。客户端的主要作用是将应用产生的结果信息显示给用户。正因为如此,这种客户通常被称为“瘦客户”,也就是说在客户端执行的应用逻辑很少或没有,这样,很小的软件(如 Web 浏览器)很容易在客户端安装。

(2)Web 应用服务器。Web 应用服务器是指为应用的业务逻辑提供了一个运行环境。它包括 HTTP 服务器和企业 Java 服务,支持分布式网络环境下应用软件的快速开发和部署。应用软件在 Web 应用服务器及其内嵌的 JVM(Java Virtual Machine,Java 虚拟机)中运行,应用程序服务器提供访问商业逻辑的途径,以供客户端应用程序使用。这些服务端的组件通过 HTTP 或 IIOP(Internet Inter-ORB Protocol)与客户和其他组件通信,并利用网络基础架构提供的目录和安全服务。这些组件还可以利用数据库、事务处理和群件等设施。

(3)连到外部服务的连接器。外部服务通常是企业在信息技术上多年投资的结果,是人们日常工作所依赖的应用和数据。这些应用和数据是重要的商务资源,需要以一种安全且可控的方式连接到 Web 上,使得企业充分发挥它们的作用,为顾客、业务伙伴和员工服务。连接器就是使得它成为现实的一种机制。连接器将中间层新增的业务逻辑连结到企业已有的应用和数据,从而将 Internet 的力量无缝地连接到企业中来。

2. 电子商务基本系统的特点

电子商务基本系统模型集中体现了面向 Web 的网络计算风格,并结合了显示、业务逻辑、数据存储这三层应用元素,其特点有以下几个。

(1)企业通过 Web 可以与广大的客户群进行连接,客户可通过各种渠道方便地浏览商家提供的各种信息,包括广告、产品介绍、报价单、售前、售后服务等信息。

(2)数据库管理系统通过电子表格、订货单、标签等收集客户的信息,并方便地对其数据进行管理。

(3)利用计算机的特点,输入一次内容可各处运行。

(4)各种应用或工具软件可重复使用。

(5)综合以往的业务可方便地对各种有用的数据进行再利用。

2.2.2　电子商务应用层次结构

电子商务应用层次结构分为电子商务网络平台、电子商务安全体系、电子商务支付系统、电子商务应用系统等,如图 2.4 所示。

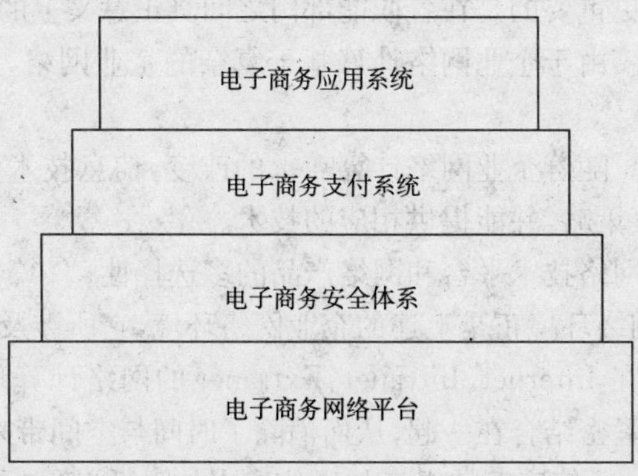

图 2.4　电子商务应用层次结构

下面主要对前三层进行介绍。

1. 电子商务网络平台

电子商务网络平台包括计算机网络、电信网、有线电视网等。目前企业面临着三种不同但又相互密切关联的网络计算模式:国际互联网(Internet)、企业内部网(Intranet)和企业外部网(Extranet)。一般情况下,首先进入的是 Internet。企业为了在 Web 时代具有竞争力,必须利用国际互联网技术和协议,建立主要用于企业内部管理和通信的应用网络——企业内部网。而每个企业与它的使用伙伴之间需要交换与共享数据,就需要遵循同样的协议和标准,建立非常密切的交换信息和数据的联系,从而大大提高社会协同工作的能力和水平,此即为企业外部网。这三种计算模式在电子商务中各有各的用途,它们之间的关系如图 2.5 所示。

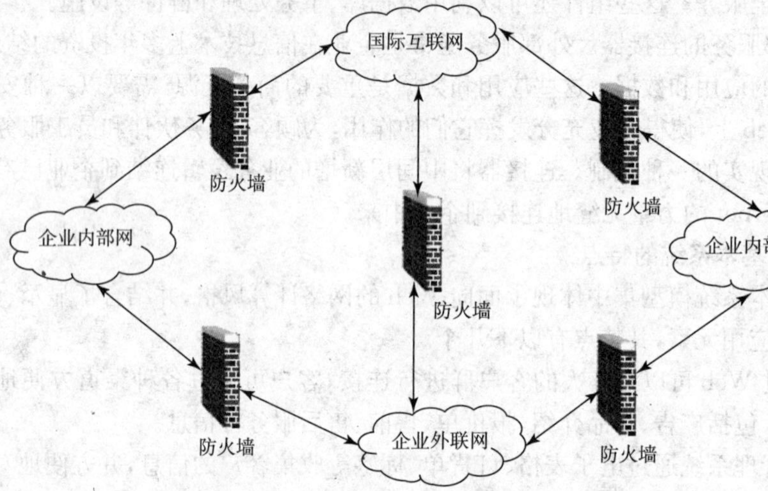

图 2.5　电子商务的网络计算环境

企业的网络计算涉及企业经营的全过程,涉及企业各个部门以及企业所处环境与本企业有关的企业和有关的部门。企业的网络计算环境要求具备以下几个特点。

(1)连接性。连接性指的是企业内部互联网络和企业外部互联网络的连接性,要求网络连接光滑无断点,数据传输可靠无差错。

(2)协同工作。协同工作指的是企业内部各部门之间以及与企业外部之间的协作,要求不仅是在物理上的"互联",更重要的是在各职能部门之间真正意义上的"互联"。

(3)网络和系统管理。由于企业网络计算基于复杂的企业网络,要求既能易于管理,又要安全可靠。

(4)过渡策略和技术。随着企业网络计算需求的改变,信息技术和产品的发展和换代,要求制定企业网络计算过渡策略,并能提供相应的技术。

(5)多选择性。企业网络技术平台和网络产品的多选择性。

电子商务所依赖的网络环境正是上述的企业网络环境,它所涉及的不仅仅是买卖,也不仅仅是软硬件的信息,而是在 Internet、Intranet、Extranet 的网络计算环境基础上,将买家与卖家、生产厂商和合作伙伴紧密结合在一起,从而消除了时间与空间带来的障碍。

Internet 技术的发展、通信速度的提高与通信成本的降低,给电子商务向大范围扩展提供了广阔的天地,更为重要的是,利用 Internet 进行电子商务,其成本比其他任何一种方法要低廉得多。因此,将来电子商务将主要以 Internet 为基础。

2. 电子商务安全体系

随着 Internet 的高速发展,其开放性、国际性和自由性在增加应用自由度的同时,也使安全成为一个日益重要的问题。这主要表现在:开放性的网络,导致网络的技术是全开放的,因而网络所面临的破坏和攻击也是多方面的,如何保护企业和个人的信息不被非法获取、盗用、篡改和破坏,已成为所有 Internet 参与者共同关心的重要问题。随着电子商务在 Internet 上全球性的推广,安全的重要性更加突出,企业与消费者对电子交易安全的担忧已严重阻碍了电子商务的发展。

电子商务的安全体系应从以下几个方面考虑。

(1)物理安全。物理安全是保护计算机网络设备、设施以及其他媒体免遭地震、水灾、火灾等环境事故,以及人为操作失误或错误及各种计算机犯罪行为导致的破坏。

(2)网络安全。网络安全可以分成三类。

①系统安全,指的是主机和服务器的安全,主要包括反病毒、系统安全检测、入侵检测(监控)和审计分析。

②网络运行安全,指的是要具备必需的针对突发事件的应急措施,如数据的备份和恢复等。

③局域网或子网的安全,指的是访问控制和网络安全检测的问题。特别说明,大众所熟知的黑客与防火墙主要属于网络安全的相关范畴。

(3)信息安全。信息安全涉及信息传输的安全、信息存储的安全以及对网络传输信息内容的审计三方面,当然也包括对用户的鉴别和授权。

①信息传输安全,为保障数据传输的安全,需采用数据传输加密技术、数据完整性鉴别技术。

②信息存储安全,为保证信息存储的安全,需采用认证技术来保障数据库安全和终端安全。

③信息内容审计,是实时对进出内部网络的信息进行内容审计,以防止或追查可能的泄密行为(为了满足国家保密法的要求,在某些重要网络或涉密网络,应该安装使用此系统)。

(4)鉴别方法。对用户的鉴别是对网络中的主体进行验证的过程,通常有三种方法验证主体身份:一是只有该主体了解的秘密,如口令、密钥;二是主体携带的物品,如智能卡和令牌卡;三是只有该主体具有的独一无二的特征或能力,如指纹、声音、视网膜或签字等。

保护信息安全所采用的手段也称作安全机制。所有的安全机制都是针对某些安全攻击威胁而设计的,可以按不同的方式单独或组合使用。合理地使用安全机制会在有限的投入下最大地降低安全风险。

(5)安全机制。网络中所采用的安全机制主要有以下几点。

①加密和隐藏机制,加密使信息改变,攻击者无法读懂信息的内容从而保护信息;而隐藏则是将有用的信息隐藏在其他信息中,使攻击者无法发现,不仅实现了信息的保密,也保护了通信本身。

②认证机制,网络安全的基本机制,网络设备之间应互相认证对方身份,以保证正确的操作权力赋予和数据的存取控制。网络也必须认证用户的身份,以保证正确的用户进行正确的操作,并进行正确的审计。

③审计机制,防止内部犯罪和事故后调查取证的基础,通过对一些重要的事件进行记录,从而在系统发现错误或受到攻击时能定位错误和找到攻击成功的原因。审计信息应具有防止非法删除和修改的措施。

④完整性保护机制，用于防止非法篡改，利用密码理论的完整性保护能够很好地对付非法篡改。完整性的另一用途是提供不可抵赖服务，当信息源的完整性可以被验证却无法模仿时，收到信息的一方可以认定信息的发送者，数字签名就可以提供这种手段。

⑤权限控制和存取控制机制，主机系统必备的安全手段，系统根据正确的认证，赋予某用户适当的操作权限，使其不能进行越权的操作。该机制一般采用角色管理办法，针对系统需要定义各种角色，如经理、会计等，然后对他们赋予不同的执行权限。

⑥业务填充机制，在业务闲时发送无用的随机数据，增加攻击者通过通信流量获得信息的困难。同时，也增加了密码通信的破译难度。发送的随机数据应具有良好模拟性能，使其能够以假乱真。

3. 电子商务支付系统

电子商务的核心内容是信息的互相沟通和交流，交易双方通过 Internet 进行交流，洽谈确认，最后才能发生交易。这时对于通过电子商务手段完成交易的双方来说，银行等金融机构的介入是必需的，银行所起的作用主要是支持和服务，属于商业行为。但从整个电子商务网络的发展来看，将来要在网络上直接进行交易，就需要通过银行的信用卡等各种方式来完成，也可以在国际贸易中通过与金融网络的连接来支付和收费。

(1)电子货币。电子货币指的是以金融电子化网络为基础，以商用电子化机具和各类交易卡为媒介，以计算机技术和通信技术为手段，以电子数据形式存储在银行的计算机系统中，并通过计算机网络系统以电子信息传递形式实现流通和支付。

电子货币的特点：

①以计算机技术为支撑，进行储存、支付和流通。

②集储蓄、信贷和非现金结算等多种功能为一体。

③可广泛应用于生产、交换、分配和消费领域。

④使用简便、安全、迅速、可靠。

⑤电子货币须进入银行专用网才能进行交易，便于管理。

(2)信用卡支付。目前，使用信用卡支付的方式有：无安全措施的信用卡支付、通过第三方代理人的支付、简单信用卡加密和安全电子交易 SET 信用卡支付四种。

①无安全措施的信用卡支付指的是信用卡信息在互联网上传送，无任何安全措施，卖方与银行之间使用各自现有的银行商家专用网络授权来检查信用卡的真伪。这种支付方式具有以下特点。

a. 由于卖方没有得到买方的签字，一旦买方拒付或否认购买行为，卖方将承担一定的风险。

b. 信用卡信息可以在线传送，但无安全措施，买方将承担信用卡信息在传输过程中被盗取及卖方获得信用卡信息等风险。

②通过第三方代理人支付指的是买方在线或离线在第三方代理人处开账号，第三方代理人持有买方信用卡号和账号。这种支付方式具有以下特点。

a. 支付是通过双方都信任的第三方完成的。

b. 信用卡信息不在开放的网络上多次传送，买方有可能离线在第三方开设账号，这样买方没有信用卡信息被盗窃的风险。

c. 卖方信任第三方，因此，卖方也没有风险。

d. 买卖双方预先获得第三方的某种协议，即买方在第三方处开设账号，卖方成为第三方的特约商户。

③简单信用卡加密支付。简单信用卡加密支付指的是在电子商务交易过程中使用简单的密码方式。即当信用卡信息被买方输入浏览器窗口或其他电子商务设备时，信用卡信息就被简单加密，并能安全地作为加密信息通过网络从买方向卖方传送。这种支付方式具有以下特点。

a. 整个过程大约需 15 秒至 20 秒。

b. 加密的信用卡信息只有业务提供商或第三方机构能够识别。

c. 由于购物时只需一个信用卡号，所以给用户带来了方便。

d. 需要一系列的加密、授权、认证及相关信息传送，交易成本较高，所以不适合于小额交易。

e. 交易过程中每进行一步，交易各方都以数字签名来确认身份，买方和卖方双方都需要使用 CyberCash 软件。

f. 签名是买方、卖方在注册系统时产生的，且本身不能修改。

④安全电子交易 SET 信用卡支付。安全电子交易 SET 信用卡支付指的是在电子商务交易过程中使用非常安全的电子交易方式。这种支付方式具有以下特点。

a. 订单和个人账号信息在 Internet 网上安全传输，保证网上传输的数据不被黑客窃取。

b. 订单信息和个人账号信息的隔离，即持卡人账号信息包括订单内容送到卖方时，商家只能看订货信息，而看不到持卡人的账户信息。

c. 持卡人和商家相互认证，以确定通信双方的身份，并需第三方机构负责为在线通信双方提供信用担保。

2.2.3　实现电子商务的方案

实现一个电子商务需要从以下几个阶段进行，图 2.6 所示的是一个典型的电子商务站点。

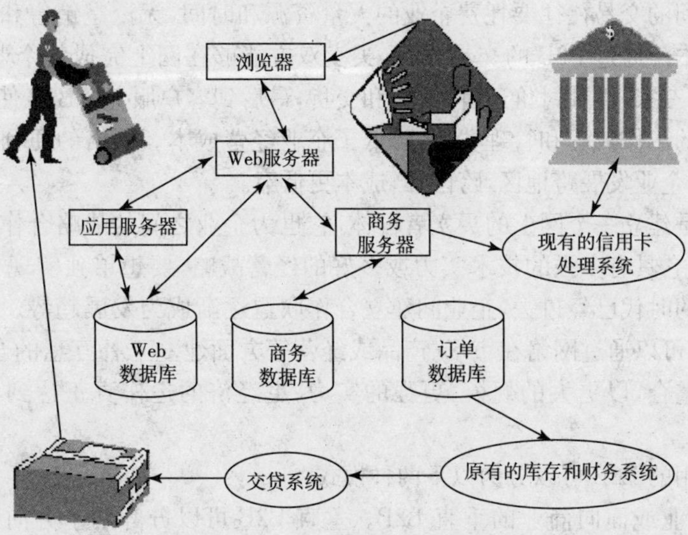

图 2.6　一个典型的电子商务站点

实现电子商务的方案需要经过以下几个阶段。

1. 以通信网为基础，建立购物商厦

这个阶段主要是吸收各方企业，建立各自的商店，成为商厦会员，商家、用户注册，成为商厦顾客，其方案如下。

(1)选择 Commerce Server，利用向导程序，建立商店的架构，连接数据库，规划商店的组织结构、部门和产品。

(2)利用 FrontPage 和 InterDev 完善商店主页。

(3)建立用户注册页面，利用 SiteServer 成员资格系统管理用户。

(4)利用 Commerce Server 的促销方法和 Buy-Now 广告丰富销售模式。

(5)在同一台计算机上或多台计算机上，采用托管的方式将多个商家的商店集成，建立商厦。

(6)交易模式采用定购、记账等方式，送货上门。

2. 连接银行网络，电子付账

这个阶段主要完成与金融网络相连，实现安全的网上电子交易，连接信息网和金融网，商家和顾客在银行开有账户，使用信用卡或其他卡进行网上交易，其方案如下。

(1)选择安全的电子交易协议，SSL、SET 或者其他专有的电子交易协议。

(2)建立支付网关，连接银行的网络。

(3)利用电子钱包，发送交易指令。

3. 电子交易

这个阶段主要完成顾客与商家进行电子交易的过程。其方案如下。

(1)选择支付合作伙伴。

(2)在电子钱包和电子商务服务器基础上进行开发。

(3)选择方便、安全的 Internet 付款方式。

2.2.4 实体电子商务三种运作模式

1. 企业对企业(B2B)的电子商务模式

传统的企业间的交易往往要耗费企业的大量资源和时间，无论是销售和分销，还是采购，都要占用产品成本。通过 B2B 的交易方式，买卖双方能够在网上完成整个业务流程，从建立最初印象，到货比三家，再到讨价还价、签单和交货，最后到客户服务。B2B 使企业之间的交易减少许多事务性的工作流程和管理费用，降低了企业经营成本。网络的便利及延伸性使企业扩大了活动范围，企业发展跨地区，跨国界，成本更低廉。

B2B 不仅仅是建立一个网上的买卖者群体，它也为企业之间的战略合作提供了基础。任何一家企业，不论它具有多强的技术实力或多好的经营战略，要想单独实现 B2B 是完全不可能的。单打独斗的时代已经过去，企业间建立合作联盟逐渐成为发展趋势。网络使得信息通行无阻，企业之间可以通过网络在市场、产品或经营等方面建立互补互惠的合作，形成水平或垂直形式的业务整合，以更大的规模、更强的实力、更经济的运作真正达到全球运筹管理的模式。

目前企业采用的 B2B 可以分为以下两种模式：

(1)面向制造业或面向商业的垂直 B2B。垂直 B2B 可以分为两个方向，即上游和下游。生产商或商业零售商可以与上游的供应商之间形成供货关系，例如，Dell 电脑公司与上游的芯片和主板制造商就是通过这种方式进行合作。生产商与下游的经销商可以形成销货关系，例如，Cisco 与其分销商之间进行的交易就是这种模式。

(2)面向中间交易市场的 B2B。这种交易模式是水平 B2B，它是将各个行业中相近的交易过程集中到一个场所，为企业的采购方和供应方提供了一个交易的机会，例如，Alibaba、环球资源网等。B2B只是企业实现电子商务的一个开始，它的应用将会得到不断发展和完善，并适应所有行业的企业的需要。

目前，企业要实现完善的B2B需要许多系统共同的支持，例如，制造企业需要有财务系统、企业资源计划系统(ERP)、供应链管理系统(SCM)、客户关系管理系统(CRM)等，并且这些系统要能有机地整合在一起实现信息共享、业务流程的完全自动化。

企业与企业电子商务支付流程如图2.7所示。

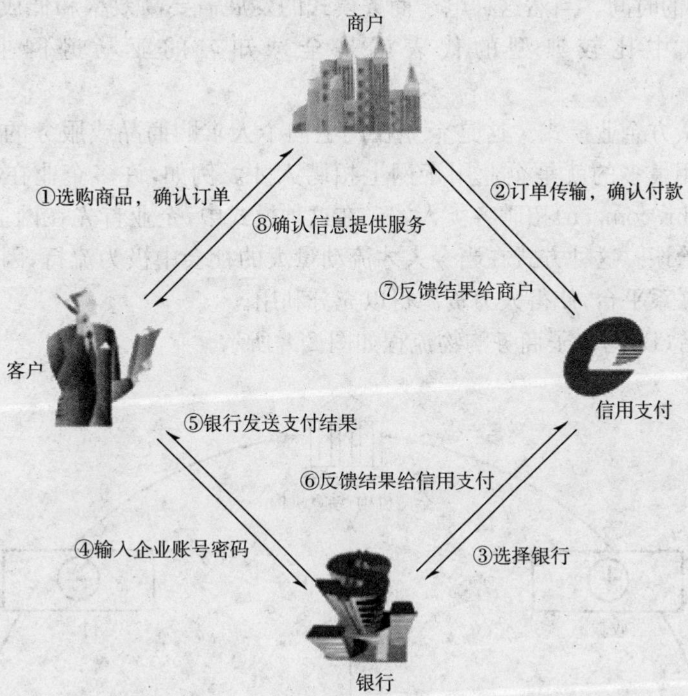

图2.7　B2B电子商务支付流程图

从图2.7中可知，企业与企业(B2B)电子商务支付流程步骤如下所示。

①客户在商家网上选择自己所需要的商品，放入清单并确认订单。

②商家接到订单后，通知客户并确认付款方式。

③选择付款银行，并将信息发送至付款银行。

④客户需要输入企业账号和密码。

⑤银行发送支付结果给客户。

⑥反馈结果给信用支付。

⑦反馈结果给商户。

⑧商户确认信息并开始提供服务。

2. 企业对消费者(B2C)的电子商务模式

B2C电子商务是以Internet为主要手段，由商家或企业通过网站向消费者提供商品和服务的一种商务模式。目前，在Internet上遍布了各种类型的B2C网站，提供从鲜花、书籍到计算机、汽车等各种消费品和服务。由于各种因素的制约，目前以及未来比较长的一段时间内，这种模式的电子商务还只能占比较小的比重。但是，从长远来看，企业对消费者的电子商务将取得快速发展，并将最终在电子商务领域占据重要地位。

目前企业采用的 B2C 可以分为以下几种模式。

卖方企业—买方个人模式。这是商家出售商品和服务给消费者个人的电子商务模式。在这种模式中，商家首先在网站上开设网上商店，公布商品的品种、规格、价格、性能等，或者提供服务种类、价格和方式，由消费者个人选购，下订单，在线或离线付款，商家负责送货上门。这种网上购物方式可以使消费者获得更多的商品信息，虽足不出户却可货比千家，买到价格较低的商品，节省购物的时间。当然这种电子商务模式的发展需要高效率和低成本的物流体系的配合。这种方式中比较典型的代表就是全球知名的亚马逊网上书店（http://www.amazon.com）。

卖方个人—买方企业模式。这是企业在网上向个人求购商品或服务的一种电子商务模式。这种模式应用最多的就是企业用于网上招聘人才。例如，许多企业在深圳人才市场网(http://www.szhr.com.cn)招聘各类人才。在这种模式中，企业首先在网上发布需求信息，然后由个人上网洽谈。这种方式在当今人才流动量大的社会中极为流行，因为它建立起了企业与个人之间的联系平台，使得人力资源得以充分利用。

企业对消费者(B2C)电子商务购物流程如图 2.8 所示。

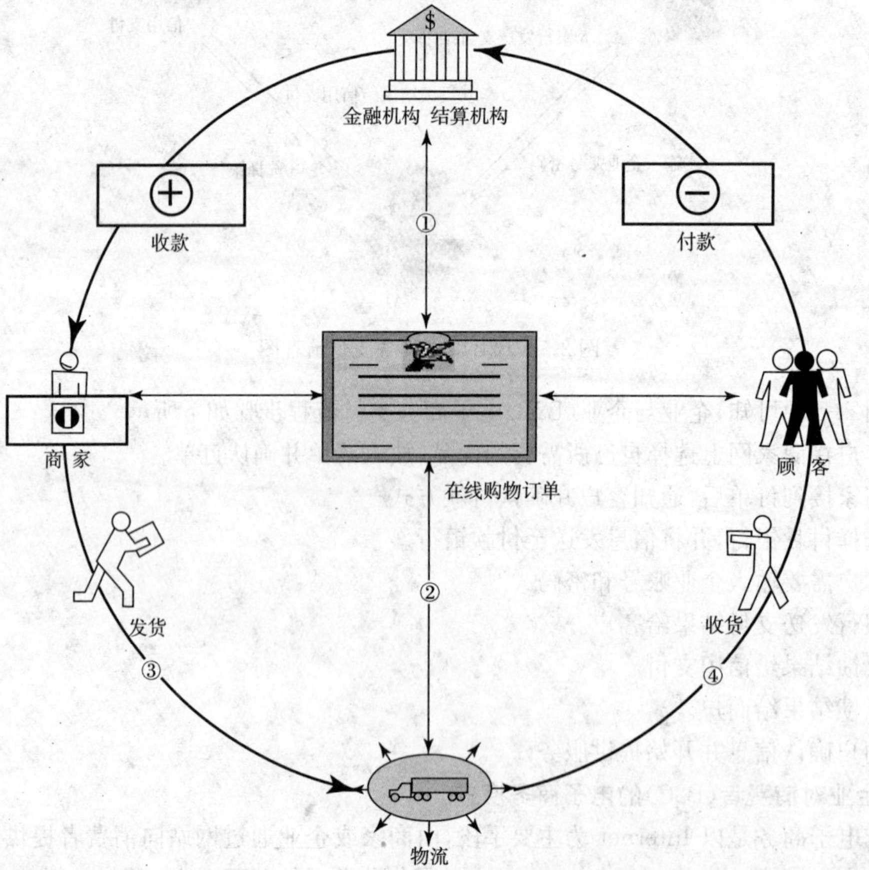

图 2.8 企业对消费者(B2C)电子商务购物流程

(1)关于注册。现在大多数的购物网站都实行会员制度，为了下次方便购物，建议注册一个账户。只要通过购物网站注册开户，即可成为该站的会员。注册开户一般有以下两种途径。

①普通注册开户。单击“新用户注册”按钮，在相应提示框处输入用户名、邮箱地址、密码(密码设置不要过于简单)、验证码，昵称可根据个人喜好填写，必填项都填好后单击“完成”按钮即可(注册用户名是唯一的，一般不可修改)。

②在订购过程中注册开户。有些购物网站可以先购物后注册。进入购物网站后直接选择所需要的商品，当进入结算时会要求用户注册，此时注册就可以了(注册步骤与普通注册相同)。

(2)购物流程。注册完成后，就可以开始购物了。大体流程如下。

①挑选商品。可以使用搜索的方式，直接输入想要的商品并进行选择。

②选好后放入购物车，一般只要单击“购买”就自动放入购物车了。如果网站有特惠商品，可按消费总额来选择相应的特惠品。单击“购买”将特惠品放入购物车。

③进入结算中心。对此，不同的网站有不同的叫法，但万变不离其宗，总的来说，就是“结账”。

④填写收货人信息，写清收货的地址。

⑤选择收货方式，按照收货地点的具体情况来选择合适的收货方式。

⑥选择支付方式，按照网站支持的方式，选择自己方便的支付方式。

⑦订单确认(有些网站没有这步，不会对购物流程造成影响)。

完成上述所有流程，订单提交以后页面会提示订单号。

3. 消费者对消费者(C2C)的电子商务模式

C2C电子商务模式是消费者对消费者的交易模式，其特点类似于传统的农村集市形式，C2C把很原始的集市形式变为了很流行的电子商务模式，这个应该归功于网络的便捷。在C2C模式中，电子交易平台供应商扮演着举足轻重的角色，其作用如下。

网络的范围如此广阔，如果没有一个知名的、受买卖双方信任的供应商提供平台，将买卖双方聚集在一起，那么双方单靠在网络上漫无目的地搜索是很难发现彼此的，并且也会失去很多的机会。

电子交易平台供应商往往还具有监督和管理的职责，负责对买卖双方的诚信进行监督和管理，负责对交易行为进行监控，最大限度地避免欺诈等行为的发生，保障买卖双方的权益。

电子交易平台提供商还能够为买卖双方提供技术支持服务。包括帮助卖方建立个人店铺、发布产品信息、制定定价策略等；帮助买方比较和选择产品以及电子支付等。正是由于有了这样的技术支持，C2C的模式才能够短时间内迅速为广大普通用户所接受。

随着C2C模式的不断成熟发展，电子交易平台供应商还能够为买卖双方提供保险、借贷等金融类服务，更好地为买卖双方服务。

因此，可以说，在C2C模式中，电子交易平台供应商是一个至关重要的角色，它直接影响这个商务模式存在的前提和基础。人们在讨论C2C电子商务模式的时候，总会从商品拍卖的角度分析该模式存在的合理性和发展潜力，但是往往忽略了电子交易平台供应商的地位和作用。可以说，单纯从C2C模式本身来说，买卖双方只要能够进行交易，就有盈利的可能，该模式也就能够继续存在和发展；但是，这个前提是必须保证电子交易平台供应商实现盈利，否则这个模式就会失去存在发展的基础。

因此，我们分析 C2C 模式，应当更加关注电子交易平台供应商的盈利模式和能力，这才是 C2C 模式的重点，也是 C2C 模式区别于其他模式的重要特点。

网上有不少 C2C 网站，其购物方式都大同小异，下面介绍的是 C2C 典型模式淘宝网的购物流程。

(1)搜索商品的方法。搜索商品有以下几种方法。

①明确搜索词。只需要在搜索框中输入要搜索的宝贝店铺掌柜名称，然后按[Enter]键，或单击“搜索”按钮即可得到相关资料。

②用好分类。许多搜索框的后面都有下拉菜单，有宝贝的分类、限定的时间等选项，单击就可以了。例如，搜索“火柴盒”后，会发现有很多汽车模型，原来它们都是“火柴盒”牌的。当搜索时选择了“居家日用”分类，就会发现真正的火柴盒在这里。

③使用空格。如果想用多个词语搜索，在词语间加上空格就可以了。

④精确搜索。有两种方法，一是使用双引号，例如搜索“佳能相机”，它只会返回网页中有“佳能相机”这四个字连在一起的商品，而不会返回诸如“佳能 IXUSI5 专用数码相机包”之类的商品。二是使用加减号，在两个词语间用加号，可以准确搜索包含着这两个词的内容；相反，使用减号，意味着避免搜索减号后面的那个词。

⑤不必担心大小写。淘宝的搜索功能不区分英文字母大小写。无论输入大写还是小写字母都可以得到相同的搜索结果。例如，输入 nike 或 NIKE，结果都是一样的。

(2)找到商品后联系卖家。当找到所需商品后，与卖家取得联系，多了解商品的细节，询问是否有货等。多沟通能增进用户和卖家的相互了解，避免很多误会。

与卖家联系有如下几种方式。

①发站内信件给卖家。站内信件是只有用户和卖家能看到的，相当于某些论坛里的短消息。用户可以询问卖家关于商品的细节、数量等问题，也可以试探地询问是否能有折扣。

②给卖家留言。每件商品的下方都有一个空白框，在这里写上用户需要问卖家的问题。请注意，只有卖家回复后这条留言和答复才能显示出来。因为这里显示的信息所有人都能看到，建议不要在这里公开自己的手机号码、邮寄地址等私人信息。

③利用聊天工具。不同的网站所支持的聊天工具也不同，淘宝是旺旺，拍拍是 QQ，利用它们尽量直接找到卖家进行沟通。

(3)当用户和卖家达成共识后，可以按图 2.9 所示的流程进行交易(以“支付宝”为第三方支付平台)。

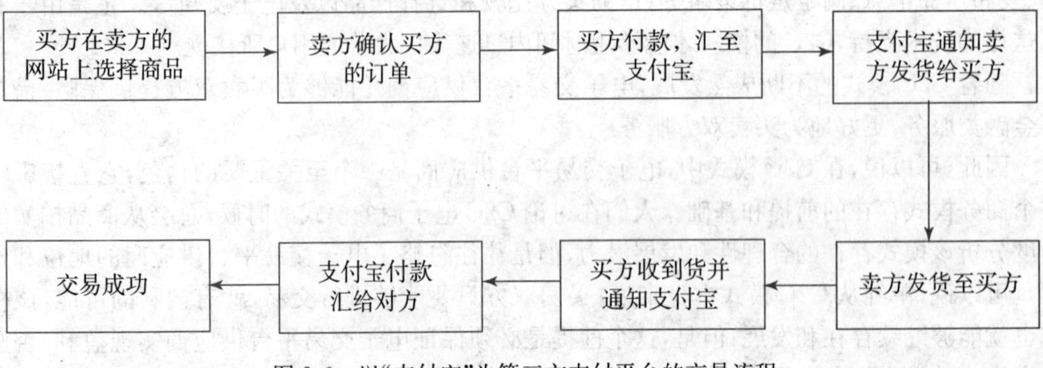

图 2.9　以“支付宝”为第三方支付平台的交易流程

(4)评价。当用户拿到商品之后,可以对卖家做确认收货以及对卖家的服务做出评价。这是用户所享受的权利,如果对商品很不满意,可以申请退货,或者是换货,细节方面请与卖家联系。

(5)淘宝网网上交易流程是:通过“阿里旺旺”买卖双方进行沟通→买方在“淘宝网”卖方店铺里选择商品→卖方确认买方的订单→买方付款,汇至支付宝→支付宝通知卖方发货给买方→卖方发货至买方→买方如果不通知支付宝,则经过规定的一段时间后,支付宝自动支付货款给卖方→交易成功(买方如果通知支付宝→支付宝付款,汇给卖方→交易成功)→买卖双方信用评级。整个流程如图 2.10 所示。

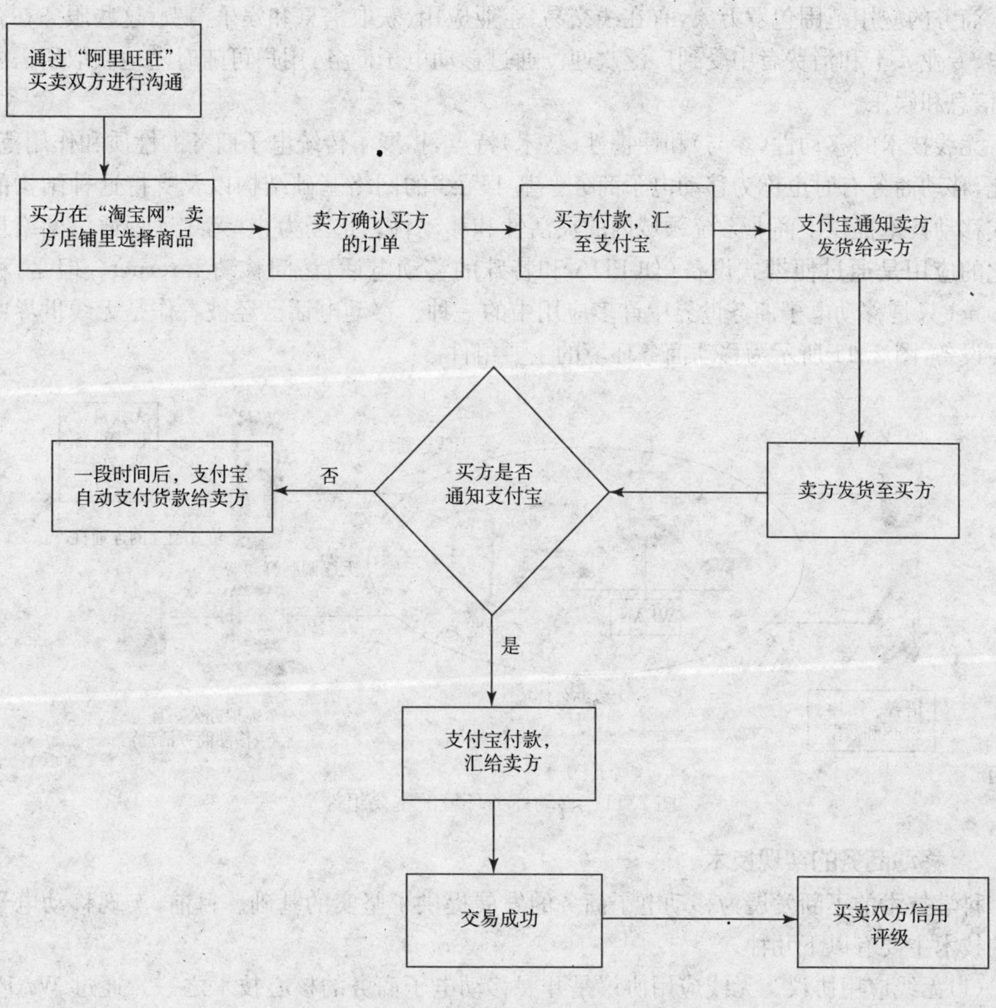

图 2.10 淘宝网网上交易流程图

思考:你在淘宝网上买过商品吗?请举例说明你购买商品的整个过程和体会。

2.3 现代移动商务的运作模式

2.3.1 移动商务的定义

移动商务作为新兴事务，不同的学者和专家也给出了若干不同的定义。但一般可以认为移动商务(M-Commerce)是由电子商务(E-Commerce)的概念衍生出来的，现在的电子商务以PC为主要界面，是“有线的电子商务”；而移动商务是那些依托移动通信网络，使用手机、掌上电脑、笔记本电脑等移动通信终端和设备所进行的各种商业信息交互和各类商务活动。移动电子商务的应用范围包罗万象，有在线交易、企业应用、获取信息和娱乐消费，这些服务在企业用户、专业人士和消费者中受到广泛欢迎。通过移动电子商务，用户可随时随地获取所需的服务、信息和娱乐。

无线技术的移动性(参与)和便携性(技术)特点，扩展了传统电子商务的性质和作用范围。因此，移动商务有时也称为移动电子商务。基于无线的网络基础结构以及支持这种结构的便携式移动技术提供了商业系统领域内的灵活性和移动性。迄今为止，无线远程通信网络最商业化的应用是通过便携式设备(如PDA和特殊的移动电话)访问移动Internet。但是，移动Internet只是移动电子商务世界中许多应用中的一种。移动电话已经被看作是无线世界中的主要设备，图2.11所示为移动商务环境的主要组件。

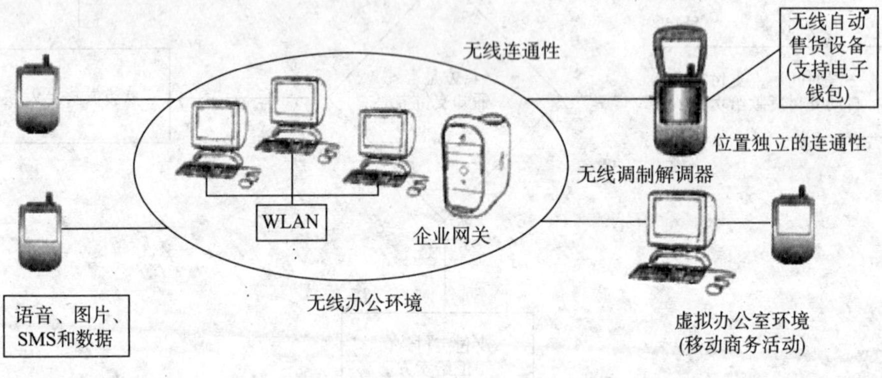

图2.11 移动商务环境的主要组件

2.3.2 移动商务的实现技术

科学技术的不断发展为移动电子商务的发展提供了坚实的基础。目前，实现移动电子商务的技术主要有以下几种。

(1)无线应用协议。无线应用协议是开展移动电子商务的核心技术之一。通过WAP，手机可以随时随地、方便快捷地接入Internet，真正实现不受时间和地域约束的移动电子商务。WAP是一种通信协议，它的提出和发展是基于在移动中接入Internet的需要。WAP提供了一套开放、统一的技术平台，用户使用移动设备很容易访问和获取以统一的内容格式表示的Internet或企业内部网中的信息和各种服务。WAP定义了一套软硬件的接口，可以使人们像使用PC一样使用移动电话收发电子邮件以及浏览网页。同时，WAP提供了一种应用开发和运行环境，能够支持当前最流行的嵌入式操作系统。WAP可以支持目前使用的绝大多数无线设备，包括移动电话、FLEX寻呼机、双向无线电通信设备等。在传输网络上，WAP也可以支持目前的各种移动网络，如GSM、CDMA、PHS等，它也可以支持未来的第三代移动通信系统。目前，许多电信公司已经推出了多种WAP产品，包括WAP网关、应用开发工具和WAP手机，向用户提供网上资讯、机票订购、游戏、购物等服务。

(2)移动IP技术。移动IP通过在网络层改变IP，从而实现移动计算机在Internet中的无缝漫游。移动IP技术使得节点在从一条链路切换到另一条链路上时无需改变它的IP地址，也不必中断正在进行的通信。移动IP技术在一定程度上能够很好地支持移动电子商务的应用，但是目前它也面临一些问题，如移动主机的安全性和功耗问题等。

(3)"蓝牙"技术。"蓝牙"技术(Bluetooth)是由爱立信(已与索尼合并)、IBM、诺基亚、Intel和东芝共同推出的一项短程无线连接标准，旨在取代有线连接，实现数字设备间的无线互连，以确保大多数常见的计算机和通信设备之间可方便地进行通信。"蓝牙"作为一种低成本、低功率、小范围的无线通信技术，可以使移动电话、个人计算机、个人数字助理(PDA)、便携式计算机、打印机及其他计算机设备在短距离内无需线缆即可进行通信。

(4)通用分组无线业务(GPRS)。传统的GSM网中，用户除通话以外最高只能以9.6kbit/s的传输速率进行数据通信，如Fax、E-mail和FTP等，这种速率只能用于传送文本和静态图像，无法满足传送活动视频的需求。GPRS(通用分组无线业务)突破了GSM网只能提供电路交换的思维定，将分组交换模式引入到GSM网络中。它通过仅仅增加相应的功能实体和对现有的基站系统进行部分改造来实现分组交换，从而提高资源的利用率。GPRS能快速建立连接，适用于频繁传送小数据量业务或非频繁传送大数据量业务。

(5)移动定位系统。移动电子商务的主要应用领域之一就是基于位置的业务。例如，它能够向旅游者和外出办公的公司员工提供当地新闻、天气及旅馆等信息。这项技术将会为本地旅游业、零售业、娱乐业和餐饮业的发展带来巨大商机。

2.3.3 移动商务的主要商务模式

移动商务是借助于移动技术、通过移动网络向用户提供内容和服务，并从中获得利润的商务活动。而商务活动中不同的参与者、服务内容和利润来源的组合就形成了不同的商务模式。移动商务的主要商务模式包括通信模式、广告模式、信息服务模式、销售模式和移动工作支持模式等。

1. 通信模式

移动通信是移动终端用户的基本要求，也是移动商务中最早出现、最普遍的服务。无线网络运营商为用户提供移动通信服务，用户交纳使用费，就形成了无线网络运营商通过语音或短信服务获取利润的商务模式。

这种商务模式，主要参与者就是无线网络运营商和用户，如图2.12所示，它的主要服务是语音和短信服务，主要的利润来源就是用户交纳的使用费。

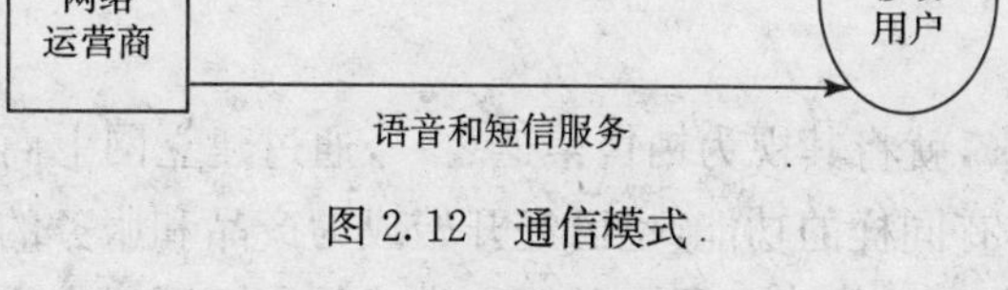

图2.12 通信模式

2. 广告模式

广告是电子商务的重要利润来源，至今仍然是内容提供商赚取高额利润的有效途径。但是由于移动设备的屏幕小，与有线网相比就需要目的性更强的广告。如图 2.13 所示是广告模式的运作模式。从中可以看出，这种商务模式涉及广告客户、内容提供商、无线网络运营商和客户。当然，在广告模式运营过程中还涉及一些中间商，如无线广告代理商、内容集成商、移动门户网站和无线网络接入商等。

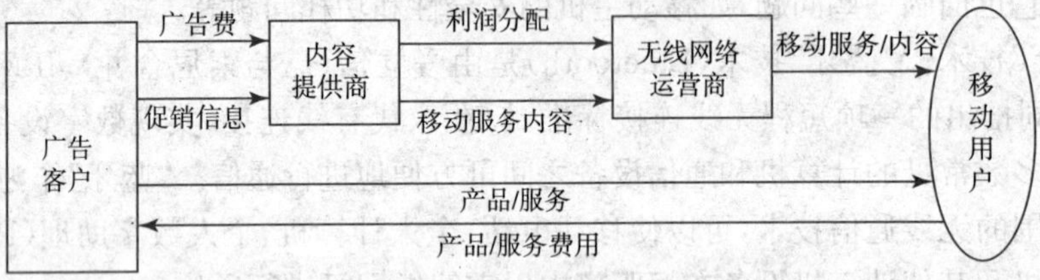

图 2.13　广告模式

在这种模式中，虽然表面上看广告客户支付给内容提供商一定的费用，内容提供商在与无线网络运营商之间进行利润分配，但实际上，移动用户才是利润的来源，移动用户通过购买产品和服务将利润过渡给广告客户，而广告客户只是将其获得利润的一部分以广告费的形式付给内容服务提供商。内容提供商通过将推销信息添加到发给移动用户的内容和服务中，获得广告费。而无线网络运营商通过为内容提供商提供无线传输服务而获得通信费或利润分成。

3. 信息服务模式

移动商务中的信息服务模式主要包括各种实时信息服务（如新闻、天气、股票信息等）、各种基于位置的信息服务（如移动用户附近酒店信息、娱乐场所信息、加油站位置信息等），以及各种紧急信息服务。

在这种商务模式中，主要的参与者是内容和应用服务提供商、无线网络运营商和用户；主要的服务是信息服务；主要的利润来源是用户缴纳的服务预订费。如图 2.14 所示，内容服务提供商通过无线网络运营商向移动用户提供各种信息服务；用户通过缴纳一定的预订费获得这些服务；无线网络运营商通过传输信息而获得通信费。另外，根据与内容服务提供商签订协议的情况，无线网络运营商还会以佣金的形式获得内容服务提供商的利润分成。

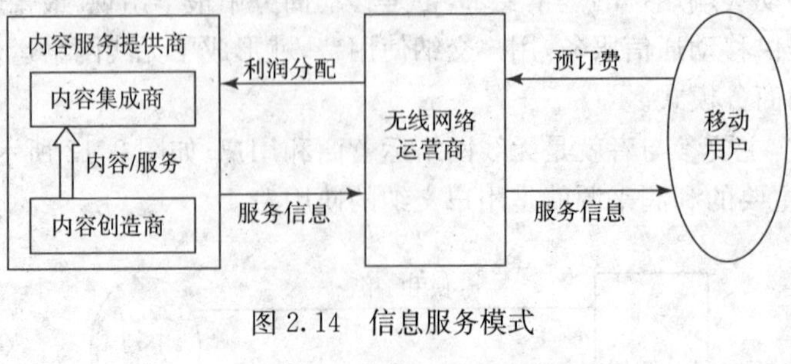

图 2.14　信息服务模式

4. 销售模式

自 Internet 诞生以来，就将其视为销售渠道之一，通过建立网上商店等形式可以降低销售成本。同样，无线网也具有同样的功能，也已经开始成为产品和服务的另一种销售渠道。而且无线网络技术和终端设备的特性决定了这种销售模式具有不同于有线网销售方式的特性。如

图 2.15 所示，在这种商务模式中，主要的参与者有内容和应用服务提供商(产品、服务提供商)、门户/接入服务提供商、无线网络运营商、支持性服务提供商(第三方服务)和移动用户。

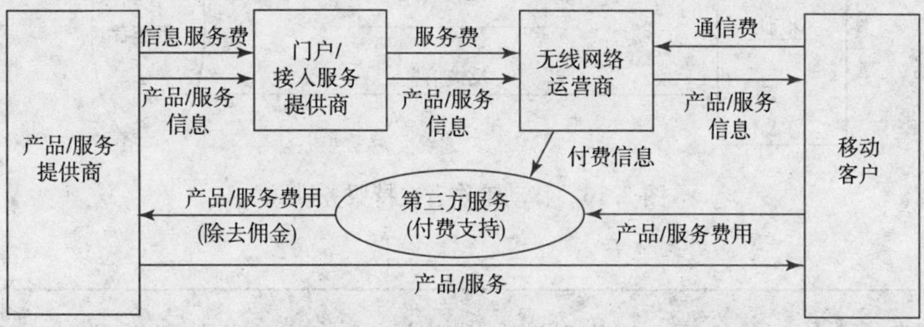

图 2.15 移动销售模式

从图 2.15 中可以看出，产品和服务提供商要向门户/接入服务提供商缴纳信息服务费，这种费用可以根据信息流量或时间长度缴纳，也可以根据访问次数缴费，或按月、年付费等。而门户/接入服务提供商与无线网络运营商之间的付费方式则大多根据带宽的大小，按月/年付费，当然也有根据提供信息的数量(如，按照提供多少千字节的信息付费)付费的情况。有时用户还要向无线网络运营商提供通信费(产品/服务信息不是免费提供的情况)。第三方获得佣金的方式则可以是根据交易次数收取(如每次收取一定额度的交易费)，也可以是根据交易金额收取(收取交易金额的一定比例)。

移动客户是利润的主要来源。产品和服务提供商通过向移动客户销售产品获得利润；门户/接入服务提供商通过向产品/服务提供商提供无线网络接入获得信息服务费；无线网络运营商通过向门户/接入服务提供商提供信息服务获得服务费，有时还会获得移动用户支付的通信费；而第三方(如信用卡公司、银行、无线网络运营商等)则是通过向产品/服务提供商提供服务支持(付费支持)而获得佣金。

5. 移动工作支持模式

移动商务可以作为企业降低成本、提高顾客满意度的手段，典型的应用包括移动支付、移动交易和移动订票等。无线网络的出现不仅能够帮助公司削减分支机构、呼叫中心、售票亭和柜台的人员数量，还有很多其他方面的作用。例如，减少传统商务模式的中间层，缩短供销链，增进企业与客户之间的亲密感等。一个比较常见的例子就是航空公司不需要旅行社介入，而是通过移动网络直接把票卖给顾客。

企业运营过程的移动支持主要包括：移动资产管理、移动供应链管理、移动销售支持系统(售货员可以通过该系统访问企业后台数据库以检查产品的可用性，进而与顾客达成更合适的发货日期)等，这个过程能够大大提高企业的生产力。

在企业移动支持中，最重要的一项就是对移动工作者提供支持服务系统。这个系统的建立能够大大提高移动工作者的工作效率。移动工作者支持服务模式如图 2.16 所示，在这种模式中包括企业(内容提供商)、无线网络运营商和移动工作者。无线网络运营商通过向企业的移动工作者提供移动支持服务获得服务费用；移动工作者则是移动服务支持的对象；而企业则充当类似于内容服务提供商的角色。但不同的是，这里内容服务提供商并不会直接从移动工作者那里获得产品和服务费用，而是借助于移动工作者工作效率的提高以及客户满意度和忠诚度的提高，进而提高经营效率的方式获得回报。

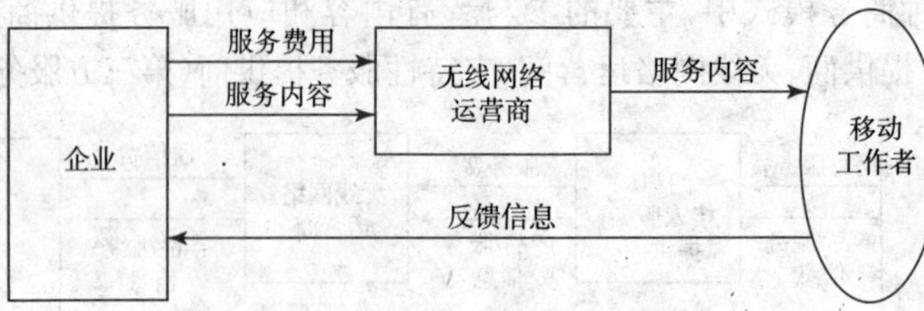

图 2.16　移动工作者支持服务模式

思考:你曾有过手机购物经历吗?收到过手机的广告信息吗?请举例说明。

能力训练题 2　体验网上购物

【实训目的】

通过网上购物的体验,进一步理解电子商务的内涵;能够分析电子商务的物流、资金流、信息流、商流;会利用电子商务标准对 B2C 网站进行全面比较分析。

【实训要求】

1. 了解网上商店的结构特点。
2. 掌握网上购物的运作环节。
3. 体验网上购物的特点和问题。

【实训内容】

1. 进入相关的电子商务网站。
2. 熟悉电子商务网站的结构功能。
3. 查询和选择购买商品。
4. 注册成为新会员。
5. 网上支付结算货款。
6. 查询订货状态。
7. 会员信息修改。
8. 购物信息反馈。
9. 画出购物流程图。

【实训步骤】

1. 进入相关的电子商务网站,或在地址栏中输入 http://www.taobao.com,登录淘宝网。

2. 如果购买手机,就可以直接单击导航条,选择商品,可以直接在分类栏中进行查询,也可以在分栏中进行模糊查询或快速查询。

3. 单击"对比选中的宝贝"链接。

4. 选择价格最低的掌柜为"孤独石子"的手机,单击"立即购买"链接。

5. 如果你没有注册，则先注册，单击“免费注册”链接。

6. 激活邮件，注册成功后，确认购买信息。

7. 付款给支付宝，待收到货物并检查无质量问题后，通知支付宝付款给卖家，完成交易。

【实训提醒】

选择卖家虽然主要比较价格，但还必须考虑信用指数、卖家所在地等因素。毕竟交易的安全还是最重要的。

【实训思考】

1. 如何用框图描述淘宝网的交易流程?

2. 完成了本次实验后，大家是否对电子商务有了更深的了解呢? 在此次交易中至少涉及了哪些交易对象?

3. 在交易中，你选择的是什么支付方式和配送方式? 淘宝网提供了哪些支付方式和配送方式?

4. 你认为“支付宝”安全吗? 为什么?

5. 对照电子商务相关内容进行全面比较分析。

6. 自己寻找浏览三个典型“商务网”，谈谈其特色与存在的问题。

【实训报告】

1. 实验过程

目的要求:

实验内容:

实验步骤:

网上购物流程:

网上交易框图:

2. 实验结果

结果分析:

可以使用表格方式，可以使用图形方式，也可以使用文字方式。

3. 总结

通过实训，总结自己掌握程度，分析出错原因，提出改进措施。

习　题　2

一、填空题

1. 电子商务的基本系统模型分为基本的________模型，它们分别为：________、Web 应用服务器层和________的连接层。

2. 传统商务活动可以分为________、________、________等。

3. 传统企业商务的交易流程是企业在具体进行一个________过程中的________和处理过程，它们由________、________、________、________和索赔等四个阶段组成。

4. 电子商务应用层次结构分为________、________、________、电子商务应用系统等。

5. 实体电子商务三种运作模式中，第一种运作模式是________，其中分为________的垂直 B2B，________的 B2B；第二种模式是________；第三种模式是________。

6. 移动商务是由________的概念衍生出来，移动商务是依托________，使用________、________、________等移动通信终端和设备所进行的________信息交互和________活动。

7. 移动商务的实现技术主要有________、________、________、________、________等。

8. 移动商务的主要商务模式有________、________、________、________、________等。

二、判断题

1. 电子商务彻底改变了传统商业的营销理念。 ( )

2. 传统商务的交易流程是企业在具体进行一个商务交易过程中的实际操作步骤和处理过程，它们由交易前的准备、贸易磋商、合同与执行、支付过程和索赔等四个阶段组成。 ( )

3. 移动商务作为新兴事物，不同的学者和专家都给出了相同的定义。 ( )

4. 移动商务是借传统商务理论、网络技术向用户提供内容和服务，并从中获得利润的商务活动。 ( )

5. 移动商务可以作为企业降低成本、提高顾客满意度的手段，典型的应用包括移动支付、移动交易和移动订票等。 ( )

三、思考题

1. 简述电子商务对传统商务的冲击。

2. 简述传统商务的一般过程。

3. 简述传统商务的运作流程和运作特点。

4. 简述电子商务基本系统模型。

5. 简述电子商务安全体系。

6. 简述实现电子商务的方案。

7. 简述移动商务的定义。

8. 简述企业对消费者(B2C)的电子商务模式。

9. 简述移动商务实现的技术。

10. 简述移动商务的主要商务模式。

第 3 章　电子商务安全技术

安全问题一直是电子商务用户特别关注的主题。对于电子商务的应用而言，安全与风险一直伴随着商务运作的全过程，如何使电子商务运作过程的安全性和风险控制得到保证，已成为电子商务界越来越关注的问题。然而，电子商务的安全问题并不是仅靠技术就能解决的，这是一个涉及范围极其广泛的社会问题，需要各个方面的协调和配合。本章主要介绍电子商务安全技术的相关知识，通过本章的学习要求：

- 了解电子商务面临的安全问题
- 了解防火墙的工作原理
- 掌握数据加密方法
- 掌握数字证书的概念
- 掌握身份认证技术
- 掌握防火墙的概念

3.1　电子商务安全概述

3.1.1　电子商务面临的安全问题

1. 电子商务信息安全要素

电子商务信息安全要素有以下几个方面。

(1)真实性、有效性。电子商务以电子形式取代了纸张，保证这种电子形式的贸易信息的有效性和真实性是开展电子商务的前提。电子商务作为贸易的一种形式，其信息的有效性和真实性将直接关系到个人、企业或国家的经济利益和声誉。

(2)机密性。机密性是指确保信息不暴露给未授权的实体。传统的贸易大多是通过书信或者可靠的通信渠道来发送商业文档，虽然速度和效率都不高，但却能达到保密的目的。而电子商务是在开放的网络环境下进行的，因此要预防非法的信息存取和信息在传输过程中被非法窃取。所以保证电子商务信息的机密性就变得非常重要了。

(3)完整性。完整性是指未经授权的人不能修改数据，只有得到允许的人才能修改数据，并且能够分辨出被篡改的数据。电子商务极大地简化了传统贸易过程，减少了许多人为的干预，同时也伴随着贸易各方商业信息的完整性。由于数据录入时非法的行为，可能导致贸易数据的差异。信息在传输的过程中也有可能造成信息的丢失、重复或次序的差异。因此要预防对信息的各种非法操作，保证数据在传送过程中的完整性。

(4)信息可靠性、不可否认和可控性。信息可靠性要求即是能保证合法用户对信息和资源的使用不会被不正当地拒绝;不可否认要求即是能建立有效的责任机制,防止实体否认其行为;可控性要求即是能控制使用资源的人或实体的使用方式。在传统的纸面贸易中,贸易双方通过在交易合同、契约或贸易单据等书面文件上手写签名或印章来鉴别贸易伙伴,确定合同、契约、单据的可靠性并预防抵赖行为的发生。在无纸化的电子商务方式下,通过手写签名和印章进行贸易方的鉴别已是不可能的。因此,要在交易信息的传输过程中为参与交易的个人、企业或国家提供可靠的标识。

2. 电子商务信息安全的重要性

由于计算机信息有可共享和易于扩散等特性,它在处理、存储、传输和使用上有着严重的脆弱性,很容易被干扰、滥用、遗漏和丢失,甚至被泄露、窃取、篡改、冒充和破坏,还可能受到计算机病毒感染。针对计算机及其内部信息的犯罪行为,会影响业务、财务、声誉,会造成失去客户、陷入管理困境、面临法律诉讼等方面的后果,甚至威胁到组织的生存。随着电子商务日益普及,安全问题显得异常突出,解决安全问题已成为我国电子商务正常发展的当务之急。

电子商务(Electronic Commerce)就是利用电子数据交换(EDI)、电子邮件(E-mail)、电子资金转账(EFT)及 Internet 的主要技术在个人间、企业间和国家间进行无纸化的业务信息的交换。随着互联网的全面普及,基于互联网的电子商务也应运而生,成为一种全新的商务模式,被许多经济专家认为是新的经济增长点。利用计算机技术、网络通信技术和因特网实现商务活动的国际化、信息化和无纸化,已成为全球商务发展的趋势。尽管电子商务的发展势头非常惊人,但它在全球贸易额中只占极小的一部分,一个主要的障碍就是如何保证传输数据的安全和交易双方的身份确认。

3. 电子商务面临的安全威胁

电子商务面临的安全威胁有以下几个方面。

(1)病毒的安全威胁。病毒是由一些别有用心的程序员所编写的计算机程序,它采用了独特的设计,可以在受到某个事件触发时,复制自身,并感染给没有病毒计算机。如果病毒可以通过某个外界来源进入网络,计算机也会通过网络感染病毒。

(2)恶意破坏程序的安全威胁。为了使网站更具吸引力和互动性,网站往往应用一些具有动画或其他特殊效果的软件。但会导致不同程度破坏的软件应用或 Java 小程序也会趁虚而入,对上网安全造成一定的威胁。

(3)攻击的安全威胁。目前已经出现了各种类型的网络攻击,它们通常被分为三类:探测式攻击,访问攻击和拒绝服务(DOS)攻击。

①探测式攻击实际上是信息采集活动,黑客们通过这种攻击搜集网络数据,用于以后进一步的攻击。

②访问攻击用于发现身份认证服务、文件传输协议(FTP)功能等网络领域的漏洞,以访问电子邮件账号、数据库和其他保密信息。

③DOS 攻击可以阻止用户对于部分或者全部计算机系统的访问。

(4)数据阻截的安全威胁。通过任何类型的网络进行数据传输都可能会被未经授权的一方截取。黑客可能会窃听通信信息,甚至更改被传输的数据分组。黑客可以利用不同的方法来阻截数据。

(5)垃圾信件的安全威胁。垃圾信件通常是无害的,但是它可能会浪费接收者的时间和存储空间，带来很多麻烦。

(6)数据库的安全威胁。根据国内相关调查显示，国内的网站用 ASP＋Access 或 SQL Server 的占 70%以上，PHP＋MySQL 占 20%，其他的不足 10%。而数据库是一个电子商务网站的核心，因此数据库的安全威胁也成为电子商务网站安全的首要问题。

因此，随着电子商务日益发展和普及，安全问题显得异常突出，解决安全问题已成为我国电子商务发展的当务之急。

3.1.2 电子商务安全问题采取的对策

1. 面临的挑战

由于 Internet 本身的开放性以及目前网络技术发展的局限性，电子商务面临着种种挑战，具体介绍如下。

(1)身份识别的挑战。在传统的交易中，交易的双方往往是面对面进行活动的，这样很容易确认对方的身份。即使开始不熟悉，不能确信对方，也可以通过对方的签名、印章、证书等一系列有形的身份凭证来鉴别身份。然而，在进行网上交易时，情况就大不一样了，因为网上交易的双方可能素昧平生，相隔千里，并且在整个交易过程中都可能不见面。因此，如果不采取任何专门的保护措施，就要比传统的商务更容易引起假冒、诈骗等违法活动。因此，电子交易的首要安全需求就是要保证身份的可认证性。这就意味着在双方进行交易前，首先要能确认对方的身份，要求交易双方的身份不能被假冒或伪装。

(2)技术安全的挑战。从技术角度分析，电子商务应具有机密性、完整性、可认证性和抗抵赖性。对这些特性进行破坏更多的是从技术环节挑战电子商务的安全。包括：信息窃取；信息篡改；信息假冒；交易抵赖等。

(3)隐私权的挑战。信息技术的进步、因特网的发展和相应的全球信息流动量的增长，为社会、企业和个人提供了大的便利。它们包括：消费者更多的选择和便利；信息的全球性和可接入性；促进了竞争、速度和效率；政府管理信息的公开化等。

然而，这些进步也在保护个人隐私方面提出了新的挑战。数据隐私，即个人信息的保护，因而成为消费者、公司和政府部门日益关注的问题。电子合同交易记录就涉及信息(数据)不被非法获悉和公开这一问题。消费者担心他们在电子合同交易中和使用的产品中会泄漏有关他们财产、信用和消费的信息。而且，随着电子合同和网上银行的广泛使用，这种顾虑可能会日益增加。因此，为了从信息流动中获益的同时对个人信息给予适当的保护，就需要一种平衡的办法。调查显示，对于不同的人来说，对保护隐私的需要有明显的不同，因而得到的服务也不相同。

(4)电子签名的挑战。电子商务要求人们能够在线形成具有法律效力的契约。物理文件的手工签字通常认为对签字人有约束力。虽然签字可能被伪造，但是签字仍然提供了一个唯一的证据，能够由熟悉这个签字的人们所识别。在由 1 和 0 组成的世界中，图像能够很容易的复制。那么，签字的电子等效方法是什么呢？进一步讲，大多数国家没有法律承认电子方式的合同具有法律效力。

在因特网环境中，确定人的身份有时是困难的。例如，电子函件的地址信息不足以确定这些人是谁、他们在哪里。还有一个身份认证的问题，就是在给某人发送信息之前，用户应能确定该地址是用户打算将信息发给的那个人的地址。反之，用户所收到的信息确实是由声明已经将此信息发送的人发送的。

(5)电子支付的挑战。因特网的普及和随之而出现的先进技术正在创造全新的商业模式，消费者和商家可以很方便的从他们的家中和办公室里购买世界范围内的产品和服务。当用户选择好希望购买的产品或服务时，就需要一种可接受、可确认的支付方法。

在物理世界中，有各种支付方式，如现金、支票、信用卡和借记卡等。在线世界采纳了这些支付方法，但还存在一个更容易的方法实现资金的转移，这就是电子支付系统。

但是，目前的系统还不能为从事电子商务的人提供充分的安全或选择，主要是面临着以下挑战。

①网上支付硬件设施落后。

②电子支付业务的支撑系统存在安全隐患。

③信用风险的恶性循环会危及银行业。

④技术规范和实施标准缺乏统一规划。

⑤缺乏相关法律法规。

⑥监管措施不完善带来风险。

⑦诚信度太低和认知缺失。

⑧第三方支付平台的发展问题。

⑨国内计算机技术水平低影响网络银行的进程。

⑩观念和习惯问题。

(6)税收的挑战。对货物和服务征税，是政府为了给公共事业筹集资金而采取的手段。电子商务不是一种对这种资金来源的威胁，而是对它的支持和加强。随着越来越多的交易通过网络实现，对于估税和收税方法需要做些调整，使电子商务中买卖双方能够在明确的税收法律条文下纳税。

B2B 交易代表了今天最多的电子商务交易。不论哪里的企业都需要存有繁杂的账务记录，而向电子方式转移将改善税金的收缴效率和查账能力。随着消费者逐渐进入电子商务领域，税收系统要适应参与方的位置不易确定时的交易。

新的税收方法是需要的，更重要的是制定新的税收法的出发点是什么。

(7)知识产权的挑战。近年来，随着搜索引擎、P2P 技术、博客与播客等新技术的发展，互联网不断出现一些新的情况和问题。这些新技术在给网民带来便捷的同时，也给网络知识产权保护提出了“新课题”。然而，因特网是一个媒体，允许信息被完整、便宜的复制无数次，并且广泛传播，如果在数字环境中没有明确的知识产权保护法，人们将不会去创新、发明和网上交流，技术进步将受到阻碍。此外，因特网上的内容在世界各地都能得到，许多国家在知识产权方面的立法没有完善。因此，为了在电子商务系统中使知识产权能够得到保护，强有力的法律和国际间的合作是有效的解决办法。

(8)信息基础设施的挑战。电子商务要求用户具有快速、可靠地接入因特网的多功能信息设备，如计算机、个人数字助理、蜂窝电话和机顶盒。电子商务给用户带来的好处是信息可以比传统方式更有效的处理、分析、存储和通信。技术进步使设备处理信息速度更快，成本下降。目前，电信市场正在进一步形成竞争环境，但是在用户接入速率方面改进不大，对许多电信用户来说，并没有可提供的高速因特网接入服务。

2. 安全控制要求

电子商务发展的核心和关键问题是交易的安全性。由于 Internet 本身的开放性，使网上交易面临了种种危险，也由此提出了相应的安全控制要求。

(1)信息保密性。交易中的商务信息均有保密的要求。例如，信用卡的账号和密码被人知悉，就可能被盗用，订货和付款的信息被竞争对手获悉，就可能丧失商机。因此在电子商务的信息传播中一般均有加密的要求。

(2)交易者身份的确定性。网上交易的双方可能素昧平生，相隔千里。要使交易成功，首先要能确认对方的身份，商家要考虑客户不能是骗子，而客户也会担心网上的商店不是一个玩弄欺诈的黑店。因此能方便而可靠地确认对方身份是交易的前提。

(3)不可否认性。由于商情的千变万化，交易一旦达成是不能被否认的。否则必然会损害一方的利益。例如订购黄金，订货时金价较低，但收到订单后，金价上涨了，如收单方能滞认收到订单的实际时间，甚至否认收到订单的事实，则订货方就会蒙受损失。因此电子交易通信过程的各个环节都必须是不可否认的。

(4)不可修改性。交易的文件是不可被修改的，例如，上例所举的订购黄金。供货单位在收到订单后，发现金价大幅上涨了，如其能改动文件内容，将订购数 1000g 改为 1 克，则可大幅受益，那么订货单位可能就会因此而蒙受损失。因此电子交易文件也要能做到不可修改，以保障交易的严肃和公正。

3. 采取的技术对策

电子商务的安全问题涉及电子商务的各个环节和参加交易的各个方面，解决电子商务的安全问题是一个系统工程和社会问题，需全社会的参与。但在操作层面上，主要有以下几方面。

(1)防火墙技术。防火墙技术是用来加强网络之间的访问控制，防止外部网络用户以非法手段通过外部网络进入内部网络。防火墙技术主要有包过滤、代理服务、状态监控等技术。防火墙技术的主要功能是：过滤不安全的服务，提高网络安全和减少子网中主机的风险；提供对系统的访问控制；阻击攻击者获取攻击网络系统的有用信息；根据统计数据来判断可能的攻击和探测等。

(2)信息加密技术。信息加密技术作为主动的信息安全防范措施，利用加密算法，将明文转换成为无意义的密文，阻止非法用户理解原始数据，从而确保数据的保密性。

(3)数字证书和认证技术。数字证书和认证技术是网络通信中标志通信各方身份信息的一系列数据，通过运用对称和非对称密码体制建立起一套严密的身份认证系统。具有信息除发送方和接收方外不被其他人窃取、信息在传输过程中不被篡改、发送方能够通过数字证书来确认接收方的身份、发送方对于自己发送的信息不能抵赖等多项功能。

(4)安全通信技术。SSL(安全套接层协议)是一种安全通信协议。SSL 提供了两台计算机之间的安全连接，对整个会话进行了加密，从而保证了信息的安全传输。具有三个特点：采用对称密码体制来加密数据；采用信息验证算法进行完整性检验；对端实体的鉴别采用非对称密码体制进行认证。

(5)安全电子交易技术。SET(安全电子交易)是通过开放网络进行安全资金支付的技术标准，SET 向基于信用卡进行电子化交易的应用提供实现安全措施的规则：信息在 Internet 上安全传输，保证传输的数据不被黑客窃取；其订单信息和个人账号信息隔离，当包含持卡人账号信息的订单送到商家时，商家只能看到订货信息，而看不到持卡人的账户信息；持卡人和商家相互认证，以确定通信双方的身份。

思考:你如何认识电子商务所面临的挑战?

3.1.3 电子商务安全保障体系

1. 技术途径

(1)明确电子商务安全体系结构。电子商务的安全技术体系结构是保证电子商务中数据安全的一个完整的逻辑结构。电子商务安全体系由网络服务层、加密技术层、安全认证层、安全协议层、应用系统层组成。其中,下层是上层的基础,为上层提供技术支持;上层是下层的扩展与递进。各层次之间相互依赖、相互关联构成统一整体。通过不同的安全控制技术,实现各层的安全策略,保证电子商务系统的安全。

(2)充分发挥电子商务安全协议的作用。电子商务的运行需要一套完整的安全协议。目前,比较成熟的协议有安全电子交易协议(SET)、安全套接层协议(SSL)等。

(3)加强计算机的安全技术。有关部门应组织一支精干的安全技术研究队伍,集中力量尽快解决电子商务的安全技术问题,包括密码技术、防火墙技术、认证技术、留痕技术等,并能够随着计算机和电子商务技术的发展而不断改进这些技术;同时为保证网络交易的安全,应着手建立相应的国家级的安全控制中心系统。这一系统应包括国际出入口(信息海关)监控、电子交易证书授权、密钥管理、安全产品评测认证、病毒检测和防治、系统攻击与反攻击等分中心。通过各种安全控制分中心的协调作用,将电子商务交易风险降低到最小限度。

(4)保护传输线路安全。通过搭线的方式,攻击者可以窃听网络上传输的信息,而且目前有线网络仍然占据着很大的市场,一旦传输线路出现问题,将导致网络不通,所以传输线路应有露天保护措施或埋于地下,并要求远离各种辐射源。电缆铺设应当使用金属导管,以减少各种辐射引起的电磁泄漏和对发送线路的干扰。集线器和调制解调器应放置在受监控的地方,以防止外来连接,对连接要定期检查,检查是否有窃听、篡改或破坏行为。

(5)路由选择机制。在一个网络中,从源节点到目的节点的路径有很多条,有些路径是安全的,有些路径是不安全的。路由选择机制可以使信息的发送者选择特殊的路由,以保证数据的安全。这种选择可以是由用户提出申请,在自己的程序和数据前打上路由标志,也可以由网络安全控制机构在检测出不安全路由后,通过动态调整路由表,限制某些不安全通路。

(6)流量控制。流量控制通常都是采用填充报文的形式掩盖通信的频度和报文的长度,采用物理链路层加密方式掩盖报文地址,采用带反馈的加密方式掩盖报文的形式。

2. 管理途径

(1)建立网络品牌的信任度。无论是在网上还是在网下进行商业运作,信任都是一个不可缺少的重要组成部分。用户对一个网络品牌产生信任是他们经常访问该网站的精神基础。在条件相近的情况下,消费者总是更加偏向在知名度高的网站购物,这就是品牌效应,不仅在实体商店中是这样,网上商场的品牌知名度对用户购买决策同样具有重要影响,而且由于网上购物不受地理位置的局限,消费者的这种偏向可能会更强烈一些。

商家无法用金钱购买到友善和信任。这些资产的积累需要时间。传统品牌建立用户的信任度需要几年时间,而对于那些新生的网络品牌来说,它们所面临的正是时间的考验。为了维持用户的信任度,网络品牌应该学习一些传统品牌的管理经验。“用户至上”就是其中一条重要的真理。要使你的品牌在用户中建立起良好的口碑，你必须尊重用户的隐私，确保用户的信箱不会被无关的垃圾信件骚扰。对用户私人信息和网络浏览情况记录的保护是开展电子商务的一个重要环节。一般的消费者都会倾向于选择那些他所信任的商家。

(2)完善电子商务安全管理制度。从中央和地方两个层次上逐步建立电子商务交易安全管理制度，包括交易的安全制度、交易安全的实时监控制度。同时实行对现有的电子商务系统安全漏洞的检查制度，广泛开展电子商务的安全教育。引进电子商务安全风险管理机制，通过监督现有的安全政策和措施，确定哪些是成功的，哪些是失败的，并对其进行修改。

(3)鼓励研究开发先进的电子商务安全技术产品。采取积极的鼓励措施，开发先进的安全技术产品，如防火墙产品、防病毒产品、信息加密产品、认证产品等；重点支持具有自主知识产权的电子商务安全关键技术的开发；注重参与国际标准的制定。

(4)人员管理制度。人是电子商务活动中的主要参与者，像网络管理员这样的人员，需要具备相当的职业道德，而且对他们的管理也很重要。

①严格选拔。对网络工作者的选拔不仅考核工作技能，更要考虑道德感和纪律性。

②落实工作责任制。由于网络工作者，特别是超级管理员，拥有访问计算机系统的高级权限，掌握着很多重要的资料，他们必须严格遵守企业的安全制度，遵守保密原则。

③贯彻电子商务安全运作基本原则。为了便于管理，应遵循多人负责、任期有限、最小权限的原则。多人负责是为了相互制约；任期有限是指任何人都不能长期担任与交易安全相关的职务，否则，即使出现问题也很难有人发现；最小权限则是明确规定只有网络管理员才可以实施物理访问及进行软件安装工作。

(5)保密制度。从事电子商务工作的企业，内部会涉及很多保密信息，例如，客户隐私、公司财务状况、密钥等，而每类信息又有不同的安全级别，哪些是可以让客户随意访问的，哪些是公司普通员工可以访问的，哪些又是高级管理员才能访问的，这些都应该通过保密制度明确下来。

(6)跟踪、审计、稽核制度。跟踪制度是经系统自动生成日志文件的形式来记录系统运行的全过程。日志文件里包括操作日期、操作方式、登录人、登录次数、运行时间、交易内容等。通过该日志文件，可以对系统进行监督、维护分析和故障排除，为安全案件的侦破提供事实依据。

审计制度是规定网络审计员应经常对系统的日志文件检查、审核，及时发现异常状况，监控和捕捉各种安全事件，并对系统日志进行保存、维护和管理。

稽核制度是指工商管理、银行、税务人员利用计算机及网络系统，借助稽核业务应用软件调阅、查询、审核、判断辖区内电子商务参与单位业务经营活动的合理性、安全性、堵塞漏洞，保证电子商务交易安全，发出相应的警示，或做出处理、处罚的有关决定的一系列步骤及措施。它是针对企业外部的监督单位建立的，而审计则是针对企业内部员工的。

(7)系统维护制度。系统维护包括硬件维护和软件维护两种。

①硬件维护。企业里的硬件必须建立系统设备档案，档案内容包括设备型号、生产厂家、配置参数、安装时间、安装地点、IP地址、上网目录和内容等。对于服务器和客户机，还应记录其内存、硬盘容量、型号及数量、多用户卡型号、操作系统名称、数据库名称等，这样便于日后对设备的更新和管理。

②软件维护。软件是能实现一定功能的计算机指令的集合。根据其所起作用的不同，可

以将软件分为系统软件和应用软件两大类。

系统软件的维护包括对硬件的直接监管，对各种计算机资源进行管理以及各种应用程序的服务等。具体包括日志文件和临时文件的管理，整理文件系统，检测服务器的活动状态和用户注册数，处理运行中的死机情况等。

应用软件是针对某种应用所编写的程序，例如，常见的网页浏览器、图像软件、排版软件等。对该类软件的管理和维护工作主要是版面控制，这时应配置一台安装服务器，当远程客户机应用软件需要更新时，就可以从网络上进行远程安装。

(8)应急措施。应急措施是指在计算机灾难事件发生时，利用应急计划、辅助软件和应急设施，排除灾难和故障，保障计算机信息系统继续运行或紧急恢复正常运行。

在启动电子商务业务之初，就必须制订交易安全计划和应急方案以防万一。一旦发生意外，有备无患，可最大限度地减少损失，尽快恢复系统的正常工作，保证交易的正常进行。灾难恢复包括许多工作，一方面是硬件的恢复，使计算机系统重新运转起来，另一方面是数据的恢复。一般来说，数据的恢复更为重要，难度也更大。

3. 法制途径

电子商务代表着未来贸易的发展方向，其应用推广将给各成员带来更多的贸易机会。在发展电子商务方面，我们不仅要重视民营、工商部门的推动作用，同时也应加强政府部门对发展电子商务的宏观规划和指导，并为电子商务的发展提供良好的法律法规环境。

(1)全球电子商务的持续发展将取决于合同法律框架的制订。它们将使电子市场中的跨边境交易具有统一性及法律上的确定性，无论这些交易是在同一国家之内还是跨国的。只有出台地方、国家和国际法律当局所认可的、明确的、共同的法律原则，也只有当客户、政府和公司认为电子商务与其目前进行的面对面的或纸上的交易具有同样的确定性时，全球电子商务才能发挥出其全部潜能。

(2)从交易安全方面看，要制定一些相关的电子商务法律。使它能够保证网上交易合同的有效性，加强数据保护，保证用户的个人隐私权，保证用户具有对 Internet 上的信息进行控制的自主权，以解决电子商务上发生的各种纠纷，防止诈骗等案件的发生，保证消费者在电子商务活动中的合法权益不受侵犯，防止单方面对交易信息的生成和修改。

(3)从电子支付方面看，也需要制定相应的法律。明确电子支付的当事人包括付款人、收款人和银行之间的法律关系，制定相关的电子支付制度，认可电子签名的合法性。同时还应出台对于电子支付数据的伪造、变造、更改、赊销问题的处理办法。

(4)有关电子商务消费者权益保护的法律。电子商务交易中消费者对商家信誉的信心只能寄托于 CA 中心和银行等部门。其中，CA 中心能够核实商家的合法身份，银行则能够掌握商家的信誉情况，一旦因商家不付货、不按时付货或者货物不符实而对损害消费者利益时，可以由银行先行赔偿消费者，再由银行向商家追偿。如果商家屡次违规，银行可以取消商家的电子账号，并将违规情况通报给 CA 中心，由 CA 中心计入黑名单。情况严重时可以取消商家的数字证书，由此商家将失去开展电子商务的权利。

(5)有关保护个人隐私、秘密的法律。本着最小限度收集个人数据、最大限度保护个人隐私的原则来制定法律，以消除人们对泄露个人隐私以及重要个人信息的担忧，从而吸引更多的人上网进行电子商务交易。

(6)有关网络知识产权保护的法律法规。电子商务交易活动的最终产品可能是实体物品，也可能是信息(如电子书、音乐、软件等),如果这些信息能够在网上免费获取,使得版权所有者的劳动成果得不到保护,盗版行为愈发猖獗,这样的环境无法给电子商务提供可控性需求。

针对这样的问题,世界知识产权组织首先做出表率,制定了《世界知识产权组织版权条约》,为日后各国知识产权立法提供了参考。之后,陆续出现了国家性的法律法规。我国的知识产权立法相当薄弱,但该问题已得到了重视。

(7)有关电子合同的法律法规。在传统商务中,合同是一项交易达成的重要证明文件。同样地,在电子商务中,电子合同的重要地位仍然不可动摇。于是,确定法律承认电子合同、电子签名、电子商务凭证等的法律效力,明确对电子商务中凭证、数据进行伪造、篡改的法律后果,为电子商务提供一个数据完整、不可否认的安全环境。

思考:你在电子商务活动中遇到哪些安全问题?是如何解决的?

3.2　数据加密技术

3.2.1　密码学概述

1. 密码学概念

"天王盖地虎,宝塔镇河妖……"大家一定在电影里看过这样对暗号的场面。其实,这种暗号是一种最朴素的密码。只不过这种密码过于简单,经不起密码学家的分析,非常容易破译。将密码当成一种科学来研究,就产生了密码学。

密码学是研究编制密码和破译密码的技术科学。研究密码变化的客观规律,应用于编制密码以保守通信秘密的,称为编码学;应用于破译密码以获取通信情报的,称为破译学,这两者总称密码学。

密码是通信双方按约定的法则进行信息特殊变换的一种重要保密手段。依照这些法则,变明文为密文,称为加密变换;变密文为明文,称为脱密变换。密码在早期仅对文字或数码进行加、脱密变换,随着通信技术的发展,对语音、图像、数据等都可实施加、脱密变换。

密码学是在编码与破译的斗争实践中逐步发展起来的,并随着先进科学技术的应用,已成为一门综合性的尖端技术科学。它与语言学、数学、电子学、声学、信息论、计算机科学等有着广泛而密切的联系。它的现实研究成果,特别是各国政府现用的密码编制及破译手段都具有高度的机密性。

进行明密变换的法则,称为密码的体制。指示这种变换的参数,称为密钥。它们是密码编制的重要组成部分。

2. 密码学术语

(1)密码学,研究密码系统或通信安全的一门科学。它主要包括两个分支,即密码编码学和密码分析学。

(2)密码分析学,是研究加密消息的破译或消息的伪造。采用密码技术可以隐蔽和保护需要保密的消息,使未授权者不能提取信息。

(3) 明文,是指需要秘密传送的信息,也即原始信息。例如,要传送的原始信息是“Hello World”。

(4)密文,是指明文经过密码变换后的信息,即隐蔽后的信息。例如,经过某种加密机制,上述的“Hello World”信息变为“jgnnq yqtnf ”,则“jgnnq yqtnf ”就是密文信息。

(5)加密算法,是指通过一系列的变换、替代或其他各种方式将明文转化为密文的方法。

(6)解密算法,解密算法与加密算法相反,是加密算法相反的过程,是指通过一系列的变换、替代或其他各种方法将密文恢复为明文的方法。例如,“Hello World”信息隐藏为“jgnnq yqtnf ”信息的过程就是由加密算法完成的;解密算法则完成由“jgnnq yqtnf ”信息恢复为“Hello World”的过程。

加密算法与解密算法一般都是公开的,那么如何才能让隐藏的信息能够恢复并且只能让那些“授权”的用户恢复呢?在这里需要知道的是“密钥”。

(7)密钥,密钥就是开启密文的钥匙。密钥的功能与保险箱中的钥匙一样,只有拥有密钥或者知道密钥信息的人才能从密文中恢复明文的信息。如果攻击者像窃取保险箱的小偷那样窃取了密钥,那么也能够获得明文的信息,因此,密钥是密码系统的一个关键要素,其安全性关系着整个密码系统的安全。例如,上述明文转变为密文时,用的一种方法就是将明文中的每一个字母往后移两位就变成了密文,这个字母往后移两位的信息就是“密钥”,当你拿到这个密钥时,就可以将任何一组密文转换成明文了。

(8)密码员,对明文进行加密操作的人员称作密码员或加密员。

(9)接受者,传送消息的预定对象称作接受者。

(10)截收者,在消息传输和处理系统中,除了意定的接受者外,还有非授权者,他们通过各种办法,例如,搭线窃听、电磁窃听、声音窃听等来窃取机密信息,称其为截收者。

(11)被动攻击,对一个密码系统采取截获密文进行分析,这类攻击称作被动攻击。

(12)主动攻击:非法入侵者(tamper)主动向系统窜扰,采用删除、更改、增添、重放、伪造等手段向系统注入假消息,以达到损人利己的目的,这类攻击称作主动攻击。

3. 密码系统数学模型

密码系统可以用数学的方式来表示,根据其构成,以五元组(M,C,K,E,D)表示,其中:M是明文信息空间、C是密文信息空间、K是密钥信息空间、E是加密算法、D是解密算法。各元素之间的关系如下所示。

(1)$E:M\times K\rightarrow C$,表示E是M与K到C的一个映射。

(2)$D:C\times K\rightarrow M$,表示D是C与K到M的一个映射。

例如,在最早的凯撒密码(凯撒密码是一个古老的加密方法,当年凯撒大帝行军打仗时用这种方法进行通信,因此得名。它的原理很简单,其实就是单字母的替换),体制中明文信息空间是26个英文字母的集合,即:

$$M=\{a,b,c,d,\cdots z,A,B,\cdots Z\}$$

密文信息空间也是26个英文字母集合,即:

$$C=\{a,b,c,d,\cdots z,A,B,\cdots Z\}$$

密钥信息空间是正整数集合,即:$K=\{N|N=1,2,\cdots\}$

为了便于计算,将26个英文字母集合对应为0~25的整数,加密算法则是明文与密钥相加之和,然后分别与26取模,因此,$E_k=(M+K)\bmod 26$;与之对应的解密算法是D_k,$D_k=$

$(C-K)\bmod 26$。例如，M 为“hello world”，在密钥 $K=2$ 的条件下，此时对应的密文就是“jgnnq yqtnf ”。

密码系统的五个要素构成的简单加解密模型如图 3.1 所示。

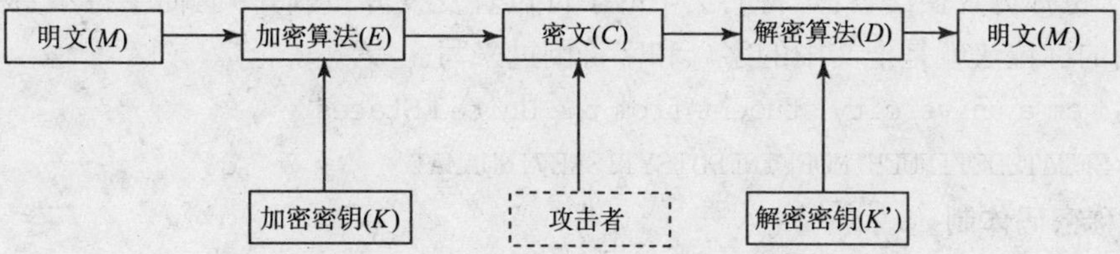

图 3.1　密码系统简单加解密模型

加密算法实际上是要完成其函数 $C=f(P,K_e)$ 的运算。对于一个确定的加密密钥 K_e，加密过程可看作是只有一个自变量的函数，记作 E_K，称为加密变换。因此，加密过程也可记为：

$$C=E_k(P)$$

即加密变换作用到明文 P 后得到密文 C。

同样，解密算法也完成某种函数 $P=g(K_d,C)$ 的运算，对于一个确定的解密密钥 K_d 来说，解密过程可记为：

$$P=D_k(C)$$

D_k 叫解密变换，D_k 作用于密文 C 后得到明文 P。

由此可见，密文 C 经解密后还原成原来的明文，必须有

$$P=D_k(E_k(p))=D_k\cdot E_k(p)$$

此处的符号“·”是复合运算，因此要求

$$D_k\cdot E_k=I$$

其中 I 为恒等变换，表明 D_k 与 E_k 是互逆变换。

3.2.2　密码体制分类

1. 处理方法分类

(1)分组密码。分组密码的加密是以小组的方式进行，就是将明文序列以固定长度进行分组，每组明文用相同的密钥和算法进行变换，得到一组密文。分组密码是以块为单位，在密钥的控制下进行一系列线性和非线性变换而得到密文的。

分组密码的加密/解密运算是：输出块中的每一位是由输入块的每一位和密钥的每一位共同决定。加密算法中重复地使用替代和移位两种基本的加密变换，即使用以下两种技术。

①打乱技术：是指改变数据块，使输出位与输入位之间没有明显的统计关系(替代)。

②扩散技术：是指通过密钥位转移到密文的其他位置上(移位)。

分组密码具有良好的扩散性，对插入信息的敏感，有较强的适应性，加密/解密速度慢。

(2)序列密码。序列密码加密方式是把报文、语音和图像等原始信息转换为明文数据序列，再将其与密钥序列进行“异或”运算，生成密文序列后发送给接收者。接收者用相同的密钥序列与密文序列再进行逐位解密(异或)，恢复明文序列。

序列密码加密/解密的运算是：采用一个比特流发生器，随机产生一组二进制的比特流，它与明文结合产生密文，与密文结合产生明文。

2. 密码体制数据变换的基本模式

我们知道，密码体制通常采用代替法、移位法和代数法进行加密和解密，在加解密过程中，可以采用一种或几种方法结合的方式作为基本模式，下面举一个移位法的例子。

移位法也称为置换法，就是将明文中的字符位置变换并重新排列，而字符本身并不改变，例如，下面的称位法就是把文中的字母和字符倒过来写。

明文：I am a university student from the United States

密文：SETATSDETINUEHTMORFTNEDUTSYTISREVINUAMAI

3. 对称密码体制

对称密码体制也称为私钥密码体制，是一种传统密码体制。在对称密码体制中，若加密和解密采用相同密钥，这就需要在通信时双方必须选择和保存他们共同的密钥，双方必须信任对方不会将密钥泄露出去，这样就可以实现数据的机密性和完整性，图 3.2 所示的是对称密码体制原理。

对于小型网络来说，假设有 n 个用户的网络，需要 $n(n-1)/2$ 个密钥。对于大型网络，当用户群很大，也就是 n 足够大，分布足够广时，密钥的分配和保存就成了问题。

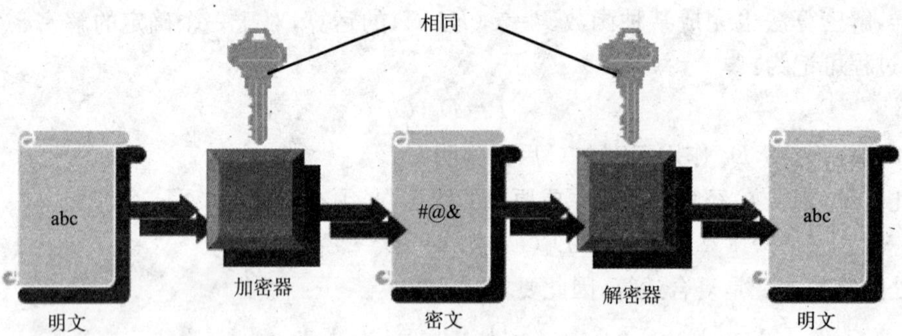

图 3.2 对称密码体制

比较典型的算法有 DES(Data Encryption Standard，数据加密标准)算法及其变形 Triple DES(三重 DES)、GDES(广义 DES)；欧洲的 IDEA；日本的 FEAL N、RC5 等。

对称密码算法的优点是：计算开销小，加密速度快，是目前用于信息加密的主要算法。

对称密码算法的缺点是：①双方密钥安全交换存在的问题；②若有几个贸易关系，就要维护几个专用密钥，也无法鉴别贸易发起方或贸易最终方；③对称密码算法只能提供数据的机密性，不能用于数字签名。

由于具有以上几个缺点，因而人们迫切需要寻找新的密码体制。

4. 非对称密码体制

非对称密码体制有时也称为公钥加密体制，该体制是针对私钥密码体制的缺陷而提出来的。在公钥加密体制中，加密和解密是相对独立的，加密和解密需要用两把不同的密钥。一把称为加密密钥，即公开密钥，是向公众公开的，另一把称为解密密钥，即秘密密钥，只有解密人才知道。非法使用者根据公开的加密密钥无法推算出解密密钥。图 3.3 所示的是非对称密码体制原理。

如果一个人选择并公布了他的公钥，其他任何人都可以用这一公钥来加密消息并传送给那个人。私钥是秘密保存的，只有私钥的所有者才能利用私钥对密文进行解密。

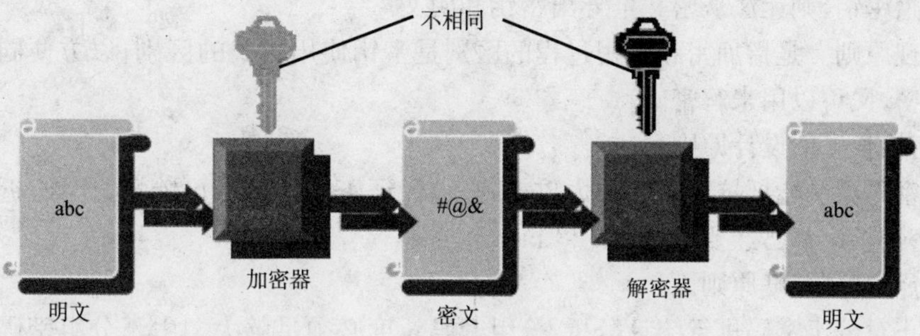

图 3.3　非对称密码体制

公钥密码体制的算法中最著名的代表是 RSA 系统，此外还有背包密码、McEliece 密码、Diffe_Hellman、Rabin、零知识证明、椭圆曲线、EIGamal 算法等。

公钥密钥的管理是比较简单的，而且还可以方便地实现数字签名和验证，但算法复杂，加密数据的速率较低。公钥加密体制中不存在对称加密体制中密钥的分配和保存问题，对于具有 n 个用户的网络，仅需要 $2n$ 个密钥就够用了。公钥加密体制除了用于数据加密外，还可用于数字签名。公钥加密体制可提供以下功能。

(1)机密性，是指保证非授权人员不能非法获取信息，通过数据加密来实现。

(2)确认性，是指保证对方属于所声称的实体，通过数字签名来实现。

(3)数据完整性，是指保证信息内容不被篡改，入侵者不可能用假消息来代替合法消息，通过数字签名来实现。

(4)不可抵赖性，是指发送者不可能事后否认他发送过消息，消息的接受者可以向中立的第三方证实所指的发送者确实发出了消息，通过数字签名来实现。因此，公钥加密系统满足信息安全的主要目标。

3.2.3　传统密码学

1. 密码系统设计原则

设计的任何密码体制都必须符合一些基本的原则。

(1)安全性原则。

①混乱原则。是指所设计的密码应使得密钥和明文以及密文之间的信赖关系相当复杂，以至于这种信赖性对密码分析者来说无法利用。

②扩散原则。是指所设计密码应使得密钥的每一位数字影响密文的多位数字，以防止对密钥进行逐段破译，而且明文的每一位数字也影响密文的多位数字，以便隐藏明文数字的统计性。

(2)密码算法设计原则。

①算法公开原则。密码体制的安全性主要依赖于对密钥的保密，对于算法可以公开，这既是数据加密算法标准化所必需要求的，同时也是网络保密通信赖以生存的基础。

②抵抗差分分析和线性分析原则。抵抗差分分析通常选取具有“本原转移概率矩阵”的 markov 型密码，通过对一个“弱密码”密钥函数进行多次迭代，而得到一个“强密码”。为使密码算法抵抗线性分析，通常要求算法中包含高度非线性密码函数。

(3)实现原则。

①抗攻击原则。是指在现有的计算环境下，能够抵抗各种密码分析攻击，例如，已知密文，

如果不知道密钥，则无法从密文推导出密钥和明文。

②实现原则。是指加密和解密过程的区别是密钥使用方式的区别，以方便同样的器件既可用来加密，又可以用来解密。

(4)密钥长度的设计原则。

为使密码算法能抵抗对密钥强力攻击，必须保证密钥长度尽可能大，比如，近几年新出现的算法，密钥长度都已经要求至少 128 bit。

(5)分组密码长度原则。

为阻止对分组密码进行统计分析，分组密码长度必须足够大。由于分组密码是一种简单代换密码，而明文有一定的多余度，因此理论上可以对密文进行频率统计分析。当分组长度很大时，这种分析需要大量的密文数据，使得计算上不可行。

2. 传统加密中的数据

传统加密技术的主要对象是文字信息，其内容都是基于某个字母，如英文字母表、汉语拼音字母表等。

现代密码技术是在计算机科学和数学基础上发展起来的，数据的各种表示形式在计算机系统中都是以某种编码方式存储的。数据加密就是以这些数字化的信息为研究对象。所以，现代密码技术可以应用于所有在计算机系统中运用的数据。计算机系统普遍采用的是二进制数据，所以，二进制数据的加密方法在计算机系统信息安全中有着广泛的应用，它也是现代密码学研究的主要应用对象。

在计算机出现前，密码学由基于字符的密码算法构成。不同的密码算法是字符之间互相代换或者是互相之间换位，好的密码算法是结合这两种方法，进行多次运算。现在事情变得复杂多了，但原理还是没变。重要的变化是算法对比特而不是对字母进行变换，实际上这只是字母表长度上的改变，从 26 个元素变为 2 个元素。大多数好的密码算法仍然是代替和换位的元素组合。

传统加密方法加密的对象是文字信息。文字由字母表中的字母组成，在表中字母是按顺序排列的，赋予它们相应的数字标号，即可用数学方法进行变换，英文字母表及其序号如表 3－1所示。

表 3－1　英文字母表及其序号

字母	A	B	C	D	E	F	G	H	I	J	K	L	M
序号	1	2	3	4	5	6	7	8	9	10	11	12	13
字母	N	O	P	Q	R	S	T	U	V	W	X	Y	Z
序号	14	15	16	17	18	19	20	21	22	23	24	25	26

将字母表中的字母看作是循环的，则字母的加减形成的代码可用求模运算来表示（在标准的英文字母表中，模数为 26）。如 B＋3＝E，*W*＋11＝H (mod 26)。这是因为：

2＋3＝5　　5(mod 26)＝5　　序号 5 对应的字母为“E”；

23＋11＝34　　34(mod 26)＝8　　序号 8 对应的字母为“H”。

3. 栅栏密码技术

(1)加密技术。栅栏密码技术的加密算法步骤如下所示。

①将明文的元素按照两行的方式书写，并按照从上到下、从左到右的格式。

②按从上到下的顺序依次读出每一行的元素，所得到的组合就是密码。

例如，给定明文信息：my name wangxiaoling，按照栅栏加密算法被写成如图 3.4 所示的形式。

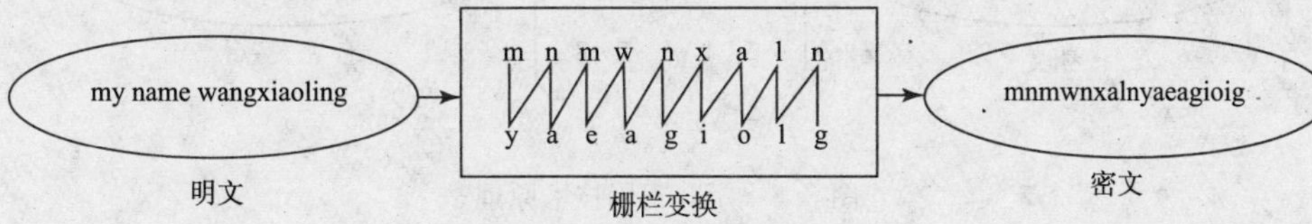

图 3.4 栅栏密码技术原理

按栅栏密码技术的加密算法，得到的密文是：mnmwnxalnyaeagioig。

(2)解密技术。当接收者收到该密文信息时，可按照以下的解密算法步骤进行操作。

①将接收到的密文信息按照从左到右的顺序写为两行，如果密文元素的个数为偶数 n，则每一行写 $n/2$ 个元素；如果密文元素个数为奇数，则第一行排列 $(n+1)/2$ 个元素，第二行排列 $(n-1)/2$ 个元素。

②依次按从上到下、从左到右的规则读取各元素，所得到的字母序列就是所需的明文。

【例题 3.1】

给定明文：this is a mobile phone，请用栅栏密码技术写出加密和解密过程。

答：

①加密过程是：将明文按照两行的方式书写，并按照从上到下、从左到右的格式，得到如下的形式。

t i i a o i e h n

h s s m b l p o e

其密文结果是：tiiaoiehnhssmblpoe。

②解密过程是：将密文 tiiaoiehnhssmblpoe 按照从左到右的顺序写为两行，然后，依次按从上到下、从左到右的规则读取各元素，最后得到明文：this is a mobile phone。

4. 矩阵密码技术

栅栏密码体制非常简单，攻击者只需要将收到的密文按照几种方法重新排列组合，很容易就能破译出明文。矩阵密码技术在栅栏密码体制基础上作了一些改进，就是将明文元素以矩阵的方式排列，假设明文可以写成 $n\times m$ 的 n 行 m 列的矩阵，n 和 m 的数字划分要根据具体的明文元素的个数以及密钥来确定。

(1)加密技术。假设明文元素个数为 20，可以写成 4×5 的矩阵，也可以写 5×4 的矩阵，为此，可以规定矩阵列的阶为该算法密钥的长度，密钥的内容为读取该矩阵列的顺序编号。例如，如果知道密钥的长度为 m，那么加密算法的操作步骤如下所示。

①按照 $n\times m$ 的矩阵格式从左到右依次写出明文元素。

②根据密钥的内容指示，读出相应各列的明文元素。

③所有读出的元素按一行的顺序排列，得到的结果即为密文。

例如，给定明文：welcome back to beijing，密钥内容为：32451，该数字序列表示矩阵各列的编号，按照矩阵加密算法被写成图 3.5 所示的 4×5 矩阵形式。

图 3.5 矩阵密码技术原理

根据密钥 32451，先读取矩阵的第 3 列：lboi，然后读取矩阵的第 2 列：eetj……，依次类推，最后读取矩阵的第 1 列：wmki，得到 iboi eetj cabn oceg wmki 的密文。

根据矩阵密码技术的加密算法，得到的密文是：iboieetjcabnocegwmki。

(2)解密技术。当接收者收到该密文信息时，可按照以下的解密算法步骤进行操作。

①将所给元素序列写成 4×5 的矩阵形式。

②由于密钥是 32451，所以，lboi 排在第三列、eetj 排在第二列、cabn 排在第四列、oceg 排在第五列、wmki 排在第一列。

③按照从左到右，从上到下的规则，逐行读取矩阵元素内容，就能获得所需的明文。

以上所举的例子恰好满足条件，即明文所有的元素个数刚好构成了一个 4×5 的完整矩阵，如果明文元素个数不能形成一个 n 行 m 列的完整矩阵，则需要通过分组或者添加比特等方式来处理。

【例题 3.2】

给定明文信息：Climb health benefits!，请用矩阵密码技术写出加密和解密过程，密钥为 42513。

答：

①加密过程：按照矩阵加密算法写成如下矩阵形式。

$$\begin{pmatrix} c & l & i & m & b \\ h & e & a & l & t \\ h & b & e & n & e \\ f & i & t & s & ! \end{pmatrix}$$

根据密钥 42513，先读取矩阵的第 4 列：mlns，然后读取矩阵的第 2 列：lebi，第三读取矩阵的第 5 列：bte!，第四读取矩阵的第 1 列：chhf，最后读取矩阵的第 3 列：iaet。得到密文是：mlns lebi bte! Chhf iaet。

②解密过程：将所给元素序列写成 4×5 的矩阵形式，由于密钥是 42513，从而得到的矩阵如上所示的形式，按照从左到右，从上到下的规则，逐行读取矩阵元素内容，最后得到明文的信息。

思考：你的银行账户密码用什么方法设置？安全问题解决了吗？

3.3　数字证书和身份认证

3.3.1　数字证书

1. 什么是数字证书

数字证书就是互联网通信中标志通信各方身份信息的一系列数据，提供了一种在 Internet 上验证身份的方式，其作用类似于司机的驾驶执照或日常生活中的身份证。它是一个由权威机构——CA(Certificate Authority)机构(又称为证书授权中心)发行的，人们可以在网上用它来识别对方的身份。数字证书是一个经证书授权中心数字签名的包含公开密钥拥有者信息以及公开密钥的文件。最简单的证书包含一个公开密钥、名称以及证书授权中心的数字签名。

2. 数字证书颁发过程

数字证书颁发过程如图 3.6 所示。

一般情况下，用户首先产生自己的密钥对，并将公共密钥及部分个人身份信息传送给认证中心。认证中心在核实身份后，将执行一些必要的步骤，以确信请求确实由用户发送而来，然后，认证中心将发给用户一个数字证书，该证书内包含用户的个人信息和他的公钥信息，同时还附有认证中心的签名信息。用户就可以使用自己的数字证书进行相关的各种活动。数字证书由独立的证书发行机构发布。数字证书各不相同，每种证书可提供不同级别的可信度。可以从证书发行机构获得自己的数字证书。

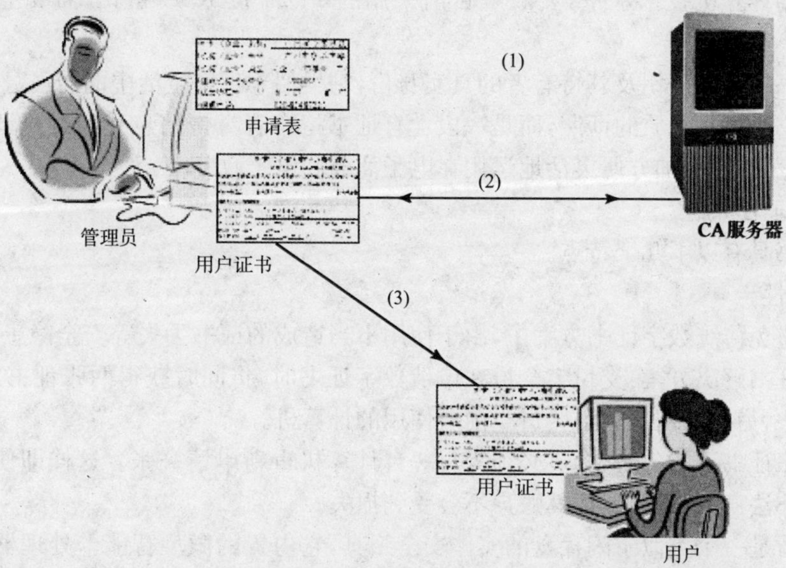

图 3.6　数字证书颁发过程

数字证书必须具有唯一性和可靠性。为了达到这一目的，需要采用很多技术来实现。通常，数字证书采用公钥体制，即利用一对互相匹配的密钥进行加密、解密。每个用户自己设定一把特定的、仅为本人所有的私有密钥(私钥)，用它进行解密和签名；同时设定一把公共密钥(公钥)，并由本人公开，为一组用户所共享，用于加密和验证签名。当发送一份保密文件时，发送方使用接收方的公钥对数据加密，而接收方则使用自己的私钥解密，这样信息就可以安全无误地到达目的地了。通过数字的手段保证加密过程是一个不可逆过程，即只有用私有密钥才能解密。公开密钥技术解决了密钥发布的管理问题，用户可以公开其公开密钥，而保留其私有密钥。

3. 数字证书工作原理

数字证书里存有很多数字和英文，当使用数字证书进行身份认证时，它将随机生成128位的身份码，每份数字证书都能生成相应但每次都不可能相同的数码，从而保证数据传输的保密性，即相当于生成一个复杂的密码。

数字证书采用PKI(Public Key Infrastructure)公开密钥基础架构技术，利用一对互相匹配的密钥进行加密和解密。每个用户自己设定一把特定的、仅为本人所知的私有密钥(私钥)，用它进行解密和签名；同时设定一把公共密钥(公钥)，由本人公开，为一组用户所共享，用于加密和验证签名。当发送一份保密文件时，发送方使用接收方的公钥对数据加密，而接收方则使用自己的私钥解密，通过数字的手段保证加解密过程是一个不可逆过程，即只有用私有密钥才能解密，这样保证信息安全无误地到达目的地。用户也可以采用自己的私钥对发送信息加以处理，形成数字签名。

由于私钥为本人所独有，这样可以确定发送者的身份，防止发送者对发送信息的抵赖性。接收方通过验证签名还可以判断信息是否被篡改过。在公开密钥基础架构技术中，最常用的一种算法是RSA算法，其数学原理是将一个大数分解成两个质数的乘积，加密和解密用的是两个不同的密钥。即使已知明文、密文和加密密钥，想要推导出解密密钥，在计算上是不可能的。按现在的计算机技术水平，要破解目前采用的1 024位RSA密钥，需要上千年的计算时间。

数字证书绑定了公钥及其持有者的真实身份，它类似于现实生活中的居民身份证，所不同的是数字证书不再是纸质的证照，而是一段含有证书持有者身份信息并经过认证中心审核签发的电子数据，可以更加方便灵活地运用在电子商务和电子政务中。

4. 数字证书特点

数字证书具有以下几个特点。

(1)安全性。

①为了避免传统数字证书方案中，由于使用不当造成的证书丢失等安全隐患，支付宝创造性地推出双证书解决方案：支付宝会员在申请数字证书时，将同时获得两张证书，一张用于验证支付宝账户，另一张用于验证会员当前所使用的计算机。

②第二张证书不能备份，会员必须为每一台计算机重新申请一张。这样即使会员的数字证书被他人非法窃取，仍可保证其账户不会受到损失。

③支付盾是一个类似于闪存盘的实体安全工具，它内置的微型智能卡处理器能阻挡各种风险，让账户始终处于安全的环境下。

目前，为保证电子邮件安全性，所使用的方式是数字证书。

(2)唯一性。

①支付宝数字证书根据用户身份给予相应的网络资源访问权限。

②申请使用数字证书后，如果在其他计算机登录支付宝账户，没有导入数字证书备份的情况下，只能查询账户，不能进行任何操作，这样就相当于拥有了类似“钥匙”一样的数字凭证，增

强账户使用安全。

(3)方便性。

①即时申请、即时开通、即时使用。

②量身定制多种途径维护数字证书,例如,通过短信、安全问题等。

③不需要使用者掌握任何数字证书相关知识。

5. 电子商务认证中心 CA

数字证书由谁来签发?谁的数字证书可以信任?网上交易,互不见面,如何信任对方?没有打过交道,网上又看不见,大家谈不上互相信任,怎么办?于是,只好邀请权威可信的第三方,由第三方介绍交易方互相认识。因此,证书授权中心和证书认证中心由此而诞生。

CA机构作为电子商务交易中受信任的第三方,承担公钥体系中公钥的合法性检验的责任。CA中心为每个使用公开密钥的用户发放一个数字证书,数字证书的作用是证明证书中列出的用户合法拥有证书中列出的公开密钥。CA机构的数字签名使得攻击者不能伪造和篡改证书。它负责产生、分配并管理所有参与网上交易的个体所需的数字证书,因此是安全电子交易的核心环节。

为保证用户之间在网上传递信息的安全性、真实性、可靠性、完整性和不可抵赖性,不仅需要对用户的身份真实性进行验证,也需要有一个具有权威性、公正性、唯一性的机构,负责向电子商务的各个主体颁发并管理符合国内、国际安全电子交易协议标准的电子商务安全证书。

6. 认证中心 CA 的功能

认证中心主要有以下几种功能。

(1)证书的颁发。CA认证中心接收、验证用户(包括下级认证中心和最终用户)的数字证书的申请,将申请的内容进行备案,并根据申请的内容确定是否受理该数字证书申请。如果中心接受该数字证书申请,则进一步确定给用户颁发何种类型的证书。新证书用认证中心的私钥签名以后,发送到目录服务器供用户下载和查询。为了保证消息的完整性,返回给用户的所有应答信息都要使用认证中心的签名。

(2)证书的更新。CA认证中心可以定期更新所有用户的证书,包括个人身份认证证书,或者根据用户的请求来更新用户的证书。

(3)证书的查询。证书的查询可以分为两类:其一是证书申请的查询,认证中心根据用户的查询请求返回当前用户证书申请的处理过程;其二是用户证书的查询,这类查询由目录服务器来完成,目录服务器根据用户的请求返回适当的证书。

(4)证书的作废。当用户的私钥由于泄密等原因造成用户证书需要申请作废时,用户需要向认证中心提出证书作废请求,认证中心根据用户的请求确定是否将该证书作废。

另外一种证书作废的情况是证书已经过了有效期,认证中心自动将该证书作废。认证中心通过维护证书作废列表(CertificateRevocationList,CRL)来完成上述功能。

(5)证书的归档。证书具有一定的有效期,证书过了有效期之后就将被作废,但是我们不能将作废的证书简单的丢弃,因为有时可能需要验证以前的某个交易过程中产生的数字签名,这时就需要查询作废的证书。基于此类考虑,认证中心还应当具备管理作废证书和作废私钥的功能。

思考：为什么要使用数字证书？你在电子商务活动中看见过数字证书吗？

3.3.2 身份认证

1. 什么是身份认证

身份认证是在计算机网络中确认操作者身份的过程。身份认证可分为用户与主机间的认证和主机与主机之间的认证，用户与主机之间的认证可以基于如下一个或几个因素：用户所知道的东西，例如，口令、密码等；用户拥有的东西，例如，印章、智能卡（如信用卡等）；用户所具有的生物特征，例如，指纹、声音、视网膜、签字、笔迹等。

2. 身份认证方法

在真实世界，对用户的身份认证基本方法可以分为这三种。

(1)根据你所知道的信息来证明你的身份（what you know，你知道什么）。

(2)根据你所拥有的东西来证明你的身份（what you have，你有什么）。

(3)直接根据独一无二的身体特征来证明你的身份（who you are，你是谁），比如指纹、面貌等。

在网络世界中应用的手段与真实世界中一致，为了达到更高的身份认证安全性，某些场景会将上面三种挑选两种混合使用，即所谓的双因素认证。

3. 常用的身份认证工具

(1)静态密码。静态密码就是不变的密码，例如，你在网上银行设定银行密码后，一般不会随意修改，这就叫做静态密码。

(2)动态令牌。动态令牌又称为动态口令，动态口令是根据专门的算法每隔 60 秒生成一个与时间相关的、不可预测的随机数字组合，每个口令只能使用一次，每天可以产生 43 200 个密码。

用户进行认证时候，除输入账号和静态密码之外，必须要求输入动态密码，只有通过系统验证，才可以正常登录或者交易，从而有效保证用户身份的合法性和唯一性。动态口令最大的优点在于，用户每次使用的口令都不相同，使得不法分子无法仿冒合法用户的身份。另外，动态口令牌只有钥匙般大小，可以挂在钥匙环上，携带方便。图 3.7 所示为中国银行的动态口令牌。

图 3.7 中国银行的动态口令牌

(3)短信密码。短信密码是以手机短信形式请求包含6位随机数的动态密码,身份认证系统以短信形式发送随机的6位密码到客户的手机上。客户在登录或者交易认证时候输入此动态密码,从而确保系统身份认证的安全性。例如,用支付宝充值码充值时,验证手机会收到一个密码,只有输入这个密码才能充值。

(4)智能卡(IC卡)。智能卡是一种内置集成电路的芯片,芯片中存有与用户身份相关的数据,智能卡由专门的厂商通过专门的设备生产,是不可复制的硬件。智能卡由合法用户随身携带,登录时必须将智能卡插入专用的读卡器读取其中的信息,以验证用户的身份。

智能卡认证是通过智能卡硬件不可复制性来保证用户身份不会被仿冒。然而由于每次从智能卡中读取的数据是静态的,通过内存扫描或网络监听等技术还是很容易截取到用户的身份验证信息,因此还是存在安全隐患。

(5)USB KEY。基于USB Key的身份认证方式是近几年发展起来的一种方便、安全的身份认证技术。它采用软硬件相结合、一次一密的强双因子认证模式,很好地解决了安全性与易用性之间的矛盾。USB Key是一种USB接口的硬件设备,它内置单片机或智能卡芯片,可以存储用户的密钥或数字证书,利用USB Key内置的密码算法实现对用户身份的认证。基于USB Key身份认证系统主要有两种应用模式:一是基于冲击/响应(挑战/应答)的认证模式,二是基于PKI体系的认证模式,目前运用在电子政务、网上银行。图3.8所示为各银行的USB KEY。

图3.8　各银行的USB KEY

3.3.3　生理特征身份认证

1. 指纹识别

指纹是指手指末端正面皮肤上凸凹不平产生的纹路。这些纹路的存在增加了皮肤表面的摩擦力,使得我们能够用手来抓起重物。尽管指纹只是人体皮肤的一小部分,但是,它蕴涵大量的信息。这些皮肤的纹路在图案、断点和交叉点上是各不相同的,在信息处理中将它们称作"特征"。依靠特征的唯一性,我们就可以把一个人同他的指纹对应起来,通过比较他的指纹特征和预先保存的指纹特征,就可以非常可靠地通过指纹来确认一个人的身份,图3.9所示的是不同人的指纹形状。

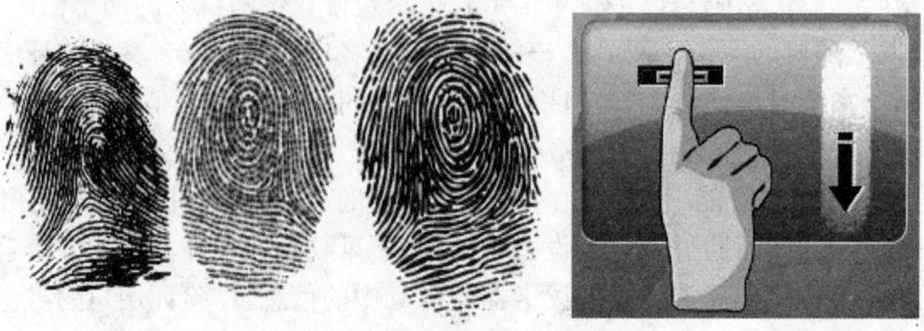

图 3.9　不同人的指纹形状

指纹识别的优点表现在研究历史较长，技术相对成熟；指纹图像提取设备小巧；同类产品中，指纹识别的成本较低。

指纹识别的缺点表现在指纹识别是物理接触式的，具有侵犯性；指纹易磨损，手指太干或太湿都不易提取图像。

2. 虹膜识别

虹膜识别技术是利用虹膜终身不变性和差异性的特点来识别身份的。虹膜是一种在眼睛中瞳孔内的织物状的各色环状物，每个虹膜都包含一个独一无二的基于水晶体、细丝、斑点、凹点、皱纹和条纹等特征的结构。虹膜在眼睛的内部，用外科手术很难改变其结构；由于瞳孔随光线的强弱变化，想用伪造的虹膜代替活的虹膜是不可能的。图 3.10 所示的是虹膜在眼球中的位置。

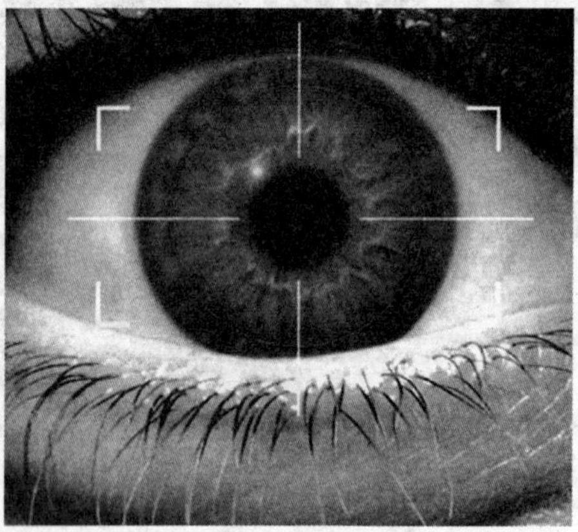

图 3.10　虹膜在眼球中的位置

目前世界上还没有发现虹膜特征重复的案例，就是同一个人的左右眼虹膜也有很大区别。除了白内障等原因外，即使是接受了角膜移植手术，虹膜也不会改变。与常用的指纹识别相比，虹膜识别技术操作更简便，检验的精确度也更高。

虹膜识别的发展历程可以追溯至 19 世纪 80 年代。1885 年，ALPHONSE BERTILLON 将利用生物特征识别个体的思路应用在巴黎的刑事监狱中，当时所用的生物特征包括：耳朵的大小、脚的长度、虹膜等。

1987 年，眼科专家 ARAN SAFIR 和 LEONARD FLOM 首次提出利用虹膜图像进行自动虹膜识别的概念，到 1991 年，美国洛斯阿拉莫斯国家实验室的 JOHNSON 实现了一个自动虹膜识别系统。1993年,JOHN DAUGMAN实现了一个高性能的自动虹膜识别原型系统。

3. 视网膜识别

视网膜也是一种被用于生理识别的特征,某些人认为视网膜是比虹膜更为唯一的生理特征,视网膜识别技术要求激光照射眼球的背面以获得视网膜特征的唯一性。如果视网膜不被损伤,从三岁起就会终身不变。视网膜扫描可能是最可靠、最值得信赖的生物识别技术,但它运用起来的难度较大。

视网膜技术的优点:①视网膜是一种极其固定的生物特征,因为它是“隐藏”的,故而不可能磨损,老化或是为疾病影响;②使用者不需要和设备进行直接的接触;③是一个最难欺骗的系统,因为视网膜是不可见的,故而不会被伪造。

视网膜识别的缺点:①视网膜技术未经过任何测试。②视网膜技术可能会给使用者带来健康的损坏,这需要进一步的研究。③对于消费者来说,视网膜技术没有吸引力。④很难进一步降低它的成本。

4. 面部识别

面部识别技术通过对面部特征和它们之间的关系(眼睛,鼻子和嘴的位置以及它们之间的相对位置)来进行识别。

用于捕捉面部图像的两项技术为标准视频和热成像技术:标准视频技术通过视频摄像头摄取面部的图像;热成像技术通过分析由面部的毛细血管的血液产生的热线来产生面部图像,与视频摄像头不同,热成像技术并不需要较好的光源,即使在黑暗情况下也可以使用。

面部识别技术优点是:是非接触性的。

面部识别技术的缺点是:要比较高级的摄像头才可有效高速地捕捉面部图像;使用者面部的位置与周围的光环境都可能影响系统的精确性,而且面部识别也是最容易被欺骗的;另外,对于因人的头发、饰物以及其他如变老等变化可能需要通过人工智能技术来补偿;而采集图像的设备会比其他技术昂贵得多。这些因素限制了面部识别技术广泛地运用。

5. 人耳识别

人耳识别技术是20世纪90年代末开始兴起的一种生物特征识别技术。人耳具有独特的生理特征和观测角度的优势,使人耳识别技术具有相当的理论研究价值和实际应用前景。

从生理解剖学上,人的外耳分耳廓和外耳道。人耳识别的对象实际上是外耳裸露在外的耳廓,也就是人们习惯上所说的“耳朵”。一套完整的人耳自动识别系统一般包括以下几个过程:人耳图像采集、图像的预处理、人耳图像的边缘检测与分割、特征提取、人耳图像的识别。目前的人耳识别技术是在特定的人耳图像库上实现的,一般通过摄像机或数码相机采集一定数量的人耳图像,建立人耳图像库,动态的人耳图像检测与获取尚未实现。

人耳识别具有以下几个特点:

(1)与人脸识别方法比较,耳识别方法不受面部表情、化妆品和胡须变化的影响,同时保留了面部识别图像采集方便的优点,与人脸相比,整个人耳的颜色更加一致、图像尺寸更小,数据处理量也更小。

(2)与指纹识别方法比较,耳图像的获取是非接触的,其信息获取方式容易被人接受。

(3)与虹膜识别方法比较,耳图像采集更为方便。并且,虹膜采集装置的成本要高于耳采集装置。

6. 味纹识别

人的身体是一种味源，人类的气味，虽然会受到饮食、情绪、环境、时间等因素的影响和干扰，其成分和含量会发生一定的变化，但作为由基因决定的那一部分气味——味纹却始终存在，而且终生不变，可以作为识别任何一个人的标记。

由于气味的性质相当稳定，如果将其密封在试管里制成气味档案，足足可以保存 3 年，即使是在露天空气中也能保存 18 小时。

科学家告诉我们，人的味纹从手掌中可以轻易获得。首先将手掌握过的物品，用一块经过特殊处理的棉布包裹住，放进一个密封的容器，然后通入氮气，让气流慢慢地把气味分子转移到棉布上，这块棉布就成了保持人类味纹的档案。可以利用训练有素的警犬或电子鼻来识别不同的气味。

7. 基因(DNA)识别

基因是 DNA 分子上携带有遗传信息的功能片断。也就是说，基因是生命的基本因子；基因是人类生老病死之因；是健康、靓丽、长寿之因；基因是生命的操纵者和调控者，基因是生命之源，生命之本，基因主宰生命。一切生命的存在或衰亡形式都是由基因决定的。比如人的长相、身高、体重、肤色、性格等均与基因有关。

DNA 识别是利用不同人体的细胞中具有不同的 DNA 分子结构。人体内的 DNA 在整个人类范围内具有唯一性和永久性。因此，除了对双胞胎个体的鉴别可能失去它应有的功能外，这种方法具有绝对的权威性和准确性。不像指纹必须从手指上提取，DNA 模式在身体的每一个细胞和组织都一样。

DNA 识别的准确性优于其他任何生物特征识别方法，它广泛应用于识别罪犯。它的主要问题是使用者的伦理问题和实际的可接受性，DNA 模式识别必须在实验室中进行，不能实现实时性，也不能抗干扰，耗时长是另一个问题。这就限制了 DNA 识别技术的使用；另外，某些特殊疾病可能改变人体 DNA 的结构，系统无法对这类人群进行识别。

思考：除了以上生理特征来识别身份外，还有哪些生理特征可以识别身份呢？

3.4 防 火 墙

3.4.1 防火墙概念

1. 什么是防火墙

所谓防火墙指的是一个由软件和硬件设备组合而成、在内部网和外部网之间、专用网与公共网之间的界面上构造的保护屏障。它是一种计算机硬件和软件的结合，使 Internet 与 Intranet(企业内部网)之间建立起一个安全网关(Security Gateway)，从而保护内部网免受非法用户的侵入，防火墙主要由服务访问规则、验证工具、包过滤和应用网关四个部分组成。防火墙就是一个位于计算机和它所连接的网络之间的软件或硬件。该计算机流入流出的所有网络通信和数据包均要经过此防火墙。

在网络中，所谓“防火墙”，是指一种将内部网和公众访问网（如 Internet）分开的方法，它实际上是一种隔离技术。防火墙是在两个网络通信时执行的一种访问控制尺度，它能允许你“同意”的人和数据进入你的网络，同时将你“不同意”的人和数据拒之门外，最大限度地阻止网络中的黑客来访问你的网络。换句话说，如果不通过防火墙，公司内部的人就无法访问 Internet，Internet 上的人也无法和公司内部的人进行通信。

在逻辑上，防火墙是一个分离器、一个限制器，也是一个分析器，有效地监控了内部网和 Internet 之间的任何活动，保证了内部网络的安全。防火墙示意图如图 3.11 所示。

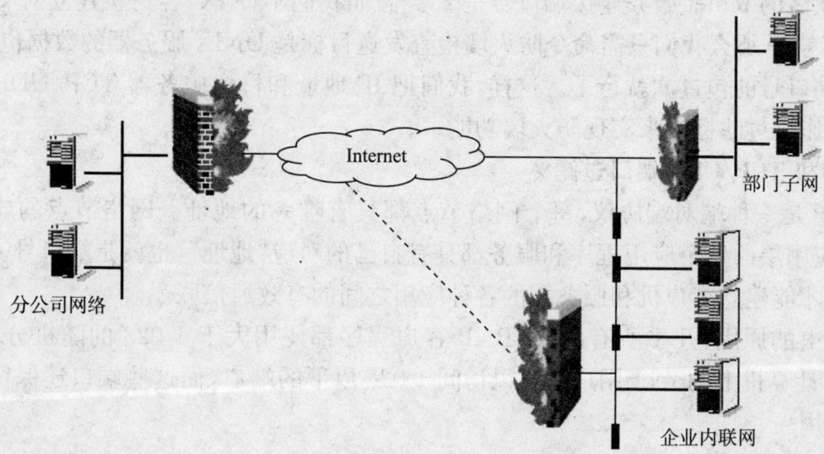

图 3.11 防火墙示意图

2. 防火墙工作原理

防火墙的工作原理是按照事前规定好的配置和规则，监控所有通过防火墙的数据流，只允许授权的数据通过，同时记录有关的联接来源、服务器提供的通信量以及试图闯入者的任何企图，以方便管理员的监测和跟踪，并且防火墙本身也必须能够免于渗透。

防火墙一般有两个以上的网络卡，一个连到外部网络，另一个是连到内部网络。当打开主机网络转发功能时，两个网卡间的网络通信能直接通过。当有防火墙时，它好比插在网卡之间，对所有的网络通信进行控制。

所有的防火墙都具有 IP 地址过滤功能。这项任务要检查 IP 包头，根据其 IP 源地址和目标地址作出放行/丢弃决定。当客户机向 UNIX 计算机发起远程登录请求时，客户机的远程登录程序就产生一个 TCP 包并把它传给本地的协议栈准备发送。接下来，协议栈将这个 TCP 包“塞”到一个 IP 包里，然后通过客户机的 TCP/IP 栈所定义的路径将它发送给 UNIX 计算机。在这里，这个 IP 包必须经过横在客户机和 UNIX 计算机中的防火墙才能到达 UNIX 计算机。

如果我们“命令”防火墙把所有发给 UNIX 计算机的数据包都给拒了，完成这项工作以后，“心肠”比较好的防火墙还会通知客户程序一声，即发向目标的 IP 数据没法转发，那么只有和 UNIX 计算机同在一个网段的用户才能访问 UNIX 计算机。

防火墙的核心就是访问控制，主要是通过一个访问控制表来判断的，其形式一般是一连串的规则，如下所示。

（1）accept from ＋ 源地址，端口 to ＋ 目的地址，端口 ＋ 采取的动作。

(2)deny ………..(deny 就是拒绝..)。

(3) nat …………(nat 是地址转换)。

防火墙在网络层接受到网络数据包后，就从上面的规则连表一条一条地匹配，如果符合就执行预先安排的动作，否则就丢弃包。

3. 服务器 TCP/UDP 端口过滤

仅仅依靠地址进行数据过滤在实际运用中是不可行的。而目标主机上往往运行着多种通信服务，如 telnet、FTP、SMTP/POP 等。所以，还需要对服务器的 TCP/ UDP 端口进行过滤。

例如，默认的 telnet 服务连接端口号是 23。假如我们不许 PC 客户机建立对 UNIX 计算机的 telnet 连接，那么我们只需命令防火墙检查发送目标是 UNIX 服务器的数据包，把其中具有 23 目标端口号的包过滤就行了。这样，我们把 IP 地址和目标服务器 TCP/UDP 端口结合起来就可以作为过滤标准来实现防火墙功能了。

4. 客户机 TCP/UDP 端口过滤

TCP/IP 是一种端对端协议，每个网络节点都具有唯一的地址。网络节点的应用层也是这样，处于应用层的每个应用程序和服务都具有自己的对应"地址"，也就是端口号。地址和端口都具备了才能建立客户机和服务器的各种应用之间的有效通信联系。

由于历史的原因，几乎所有的 TCP/IP 客户程序都使用大于 1 023 的随机分配端口号。只有 UNIX 计算机上的 root 用户才可以访问 1 024 以下的端口，而这些端口还保留为服务器上的服务所用。

3.4.2 防火墙的功能

防火墙具有以下主要的几个功能。

1. 控制并限制访问

一个防火墙(作为阻塞点、控制点)能极大地提高一个内部网络的安全性，并通过过滤不安全的服务而降低风险。

(1)通过防火墙的包内容设置。包过滤防火墙的过滤规则集由若干条规则组成，它应涵盖对所有出入防火墙的数据包的处理方法，对于没有明确定义的数据包，有一个默认处理方法。

(2)应用层提供代理支持。是指防火墙是否支持应用层代理，如 HTTP、FTP、TELNET、SNMP 等。代理服务在确认客户端连接请求有效后接管连接，代为向服务器发出连接请求，代理服务器应根据服务器的应答，决定如何响应客户端请求，代理服务进程应当连接两个连接(客户端与代理服务进程间的连接、代理服务进程与服务器端的连接)。为确认连接的唯一性与时效性，代理进程应当维护代理连接表或相关数据库(最小字段集合)，为提供认证和授权，代理进程应当维护一个扩展字段集合。

(3)支持网络地址转换(NAT)。NAT 是指将一个 IP 地址域映射到另一个 IP 地址域，从而为终端主机提供透明路由的方法。NAT 常用于私有地址域与公有地址域的转换以解决 IP 地址匮乏问题。在防火墙上实现 NAT 后，可以隐藏受保护网络的内部结构，在一定程度上提高了网络的安全性。

2. 强化网络安全策略

通过以防火墙为中心的安全方案配置，能将所有安全软件(如口令、加密、身份认证、审计等)配置在防火墙上。与将网络安全问题分散到各个主机上相比，防火墙的集中安全管理更经济。例如在网络访问时，一次一密口令系统和其他的身份认证系统完全可以不必分散在各个主机上，而是集中在防火墙上。

3. 防御功能

防火墙具有以下几种防御的功能。

(1)支持病毒扫描，支持防病毒功能，例如，扫描电子邮件附件中的 DOC 和 ZIP 文件，FTP 中的下载或上载文件内容，以发现其中包含的危险信息。

(2)提供内容过滤，支持内容过滤。信息内容过滤指防火墙在 HTTP、FTP、SMTP 等协议层，根据过滤条件，对信息流进行控制。防火墙控制的结果是：允许通过、修改后允许通过、禁止通过、记录日志、报警等。过滤内容主要指 URL、HTTP 携带的信息：Java Applet、JavaScript、ActiveX 和电子邮件中的 Subject、To、From 域等。

(3)能防御的 DoS 攻击类型，拒绝服务攻击(DoS)就是攻击者过多地占用共享资源，导致服务器超载或系统资源耗尽，而使其他用户无法享有服务或没有资源可用。防火墙通过控制、检测与报警等机制，可在一定程度上防止或减轻 DoS 黑客攻击。

(4)阻止 ActiveX、Java、Cookies、Javascript 侵入，属于 HTTP 内容过滤，防火墙应该能够从 HTTP 页面剥离 Java Applet、ActiveX 等小程序及从 Script、PHP 和 ASP 等代码检测出危险代码或病毒，并向浏览器用户报警。同时，能够过滤用户上载的 CGI、ASP 等程序，当发现危险代码时，向服务器报警。

4. 安全特性

(1)支持转发和跟踪 ICMP 协议(ICMP 代理)，支持 ICMP 代理，ICMP 为网间控制报文协议。

(2)提供实时入侵告警功能，当发生危险事件时，能及时报警，报警的方式有通过邮件、手机等。

(3)提供实时入侵防范，提供实时入侵响应功能，当发生入侵事件时，防火墙能够动态响应，调整安全策略，阻挡恶意报文。

(4)识别/记录/防止 IP 地址欺骗，IP 地址欺骗指使用伪装的 IP 地址作为 IP 包的源地址对受保护网络进行攻击，防火墙应该能够禁止来自外部网络而源地址是内部 IP 地址的数据包通过。

5. 管理功能

防火墙管理是指对防火墙具有管理权限的管理员行为和防火墙运行状态的管理。管理员的行为主要包括：通过防火墙的身份鉴别，编写防火墙的安全规则，配置防火墙的安全参数，查看防火墙的日志等。

(1)本地管理，是指管理员通过防火墙的 Console 口或防火墙提供的键盘和显示器对防火墙进行配置管理。

(2)远程管理，是指管理员通过以太网或防火墙提供的广域网接口对防火墙进行管理，管理的通信协议可以基于 FTP、TELNET、HTTP 等。

(3)支持带宽管理，防火墙能够根据当前的流量动态调整某些客户端占用的带宽。

6. 记录和报表功能

(1)防火墙规定了对于符合条件的报文做日志，应该提供日志信息管理和存储方法。

(2)防火墙具有日志的自动分析和扫描功能，这可以获得更详细的统计结果，达到事后分析、亡羊补牢的目的。

(3)提供自动报表、日志报告书写器,防火墙实现的一种输出方式,提供自动报表和日志报告功能。

(4)警告通知机制,防火墙应提供告警机制,在检测到入侵网络以及设备运转异常情况时,通过告警来通知管理员采取必要的措施,包括 E-mail、手机等。

(5)提供简要报表(按照用户 ID 或 IP 地址),防火墙实现的一种输出方式,按要求提供报表分类打印。

(6)提供实时统计,防火墙实现的一种输出方式,是日志分析后所获得的智能统计结果,一般是图表显示。

(7) 列出获得的国内有关部门许可证类别及号码,这是防火墙合格与销售的关键要素之一,其中包括:公安部的销售许可证、国家信息安全测评中心的认证证书、总参的国防通信入网证和国家保密局的推荐证明等。

7. 对网络存取和访问进行监控审计

如果所有的访问都经过防火墙,那么,防火墙就能记录下这些访问并作出日志记录,同时也能提供网络使用情况的统计数据。当发生可疑动作时,防火墙能进行适当的报警,并提供网络是否受到监测和攻击的详细信息。另外,收集一个网络的使用和误用情况也是非常重要的。这样可以清楚防火墙是否能够抵挡攻击者的探测和攻击,并且清楚防火墙的控制是否充足。而网络使用统计对网络需求分析和威胁分析等而言也是非常重要的。

8. 防止内部信息的外泄

通过利用防火墙对内部网络的划分,可实现内部网重点网段的隔离,从而限制了局部重点或敏感网络安全问题对全局网络造成的影响。再者,隐私是内部网络非常关心的问题,一个内部网络中不引人注意的细节可能包含了有关安全的线索而引起外部攻击者的兴趣,甚至因此而暴露了内部网络的某些安全漏洞。使用防火墙就可以隐蔽那些透露内部细节如 Finger、DNS 等服务。Finger 显示了主机的所有用户的注册名、真名,最后登录时间和使用 Shell 类型等。但是 Finger 显示的信息非常容易被攻击者所获悉。攻击者可以知道一个系统使用的频繁程度,这个系统是否有用户正在连线上网,这个系统是否在被攻击时引起注意等。防火墙可以同样阻塞有关内部网络中的 DNS 信息,这样一台主机的域名和 IP 地址就不会被外界所了解。

3.4.3 防火墙的类型

目前市场的防火墙产品非常之多,划分的标准也比较杂。从其形式上来看,有两大种类,一是硬件防火墙,二是软件防火墙。硬件防火墙是一个拥有多个端口的金属盒子,它是一套预装有安全软件的专用安全设备,一般采用专用的操作系统,如图 3.12 所示。

图 3.12 硬件防火墙形状

软件防火墙通常可以安装在通用的网络操作系统(如 Windows、Linux)上。根据数据通信发生的位置,可将防火墙分为几种类型,一是网络层防火墙,它也被称为数据包过滤器,它运行在 TCP/IP 堆栈结构的第三层,在数据包与所建立的规则相匹配时才准许其通过。这意味着防火墙根据预先定义的规则接受或拒绝 IP 数据包。网络层防火墙如图 3.13 所示。

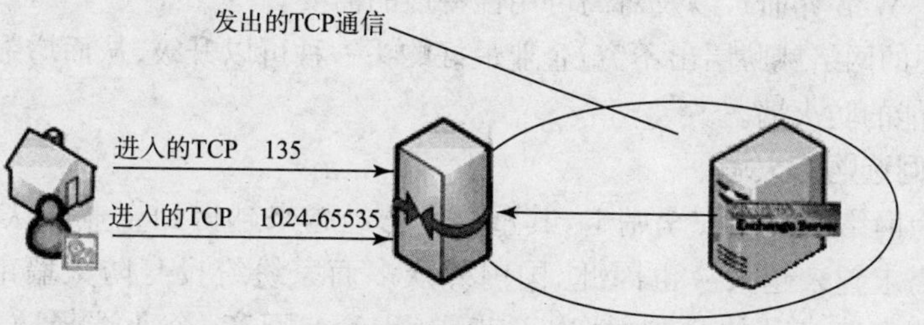

图 3.13 网络层防火墙

通过数据过滤,这种防火墙仔细检查每个数据包的协议和地址信息,却不考虑其内容和上下文数据。数据包过滤防火墙的主要优点是其相对而言的简单性、低成本、易于部署等特性。Windows 某些版本中的防火墙就属于此类型。

1. 应用层防火墙

它运行在 TCP/IP 堆栈结构的最高层,它可以截获一个应用程序的所有数据包。大体上,应用层防火墙可以阻止所有外部的恶意通信。通过这种方法,防火墙实际上代表了一个应用程序代理,它支持与远程系统的所有数据交换。其主要观念是要使防火墙后的服务对远程系统不可见。

应用层防火墙根据特定的规则集接受或拒绝数据通信。例如,防火墙准许某些命令进入服务器而禁用其他命令。这种技术还可以用于限制特定文件类型的访问,并可以对获得授权和未获得授权的用户提供不同的访问级别。那些要求详细的数据监视和登录信息的用户喜欢应用层防火墙,因为它不会影响性能。IT 管理员可以设置应用层防火墙,在预先定义的条件发生后,它可以激发警告。应用层网关一般部署在一个独立的与网络连接的计算机上,通常它称为一个代理服务器。代理服务器属于一种特殊的应用层防火墙,它使得从外部网络破坏内部资源更加困难,使得对一个内部系统的滥用或误用不会被防火墙外部的攻击者造成安全损害。

2. 电路级防火墙

这种防火墙并不是简单地接受或拒绝数据包,它还可以根据一套可配置的规则来决定一个连接是否合法。如果通过检查,防火墙就打开一个会话,并准许与经过认证的源进行数据通信。防火墙也可以限制这种通信的时间长短。此外,防火墙还可以执行源 IP 地址和端口、目标 IP 地址和端口、使用的协议、用户 ID、口令等的验证。它也可以执行数据包过滤。

电路防火墙的缺点是其运行在传输层上,因此它可能需要对传输功能设计进行重大修改,这就会影响网络性能。此外,这种防火墙要求一些专业性强的安装和维护技术。

3. 状态检查多级防火墙

有人将这种防火墙称为最好的防火墙,这种防火墙的目的是为了将多种防火墙的最好特性结合起来。状态检查多级防火墙可以执行网络层的数据包过滤,同时又可以识别和处理应用层的数据。这种防火墙可以提供更高级的网络保护，不过其价格也相对较高。

企业一般根据其需要和喜好来选择防火墙。通常情况下，购买防火墙会考虑：防火墙的体系结构、所需要的并发防火墙会话的数量、所需要的外部访问的范围和类型、所需要的VPN协议的类型和数量、需要保护的并发VPN的数量、管理用户接口的种类（属于命令行接口、图形用户接口还是Web界面），以及对高可用性特性的需要。

考虑到现在的网络威胁层出不穷，企业最好购买一种可以升级、从而增强性能又能适应新情况、具备新性能的防火墙。

3.4.4 企业如何选购防火墙

防火墙作为网络边界的安全哨卡，其重要性已经越来越得到企业的认可。这就意味着防火墙的市场需求越来越大。也因此，国内外众多商家纷纷投身防火墙市场的激烈竞争，这样就形成了防火墙产品的品牌、档次五花八门，参差不齐，企业选择防火墙也就眼花缭乱，无所适从。那么，作为企业级用户，如何来选择一款既满足需求，又价格合理的防火墙产品呢？

1. 选择原则

(1)以需求为导向。选择最适合本企业需求的产品。由于防火墙的各项指标具有较强的专业性，因此企业在选择时，有必要把防火墙的主要指标和需求联系起来。另外，还要考虑到企业可承受的性价比。

(2)对于产品的选型，可参考的指标来源有厂家提供的技术白皮书、各种测评机构的横向对比测试报告，从中可以了解产品的一些基本性能情况。

(3)按需求定制。要完全按照企业的实际需求来对比各种品牌的满足程度，最好是根据需求，定制一套解决方案，并对防火墙在统一测试条件和测试环境下进行横向对比。

2. 选择标准

(1)根据企业规模来选购不同的许可证。许可证跟授权用户类似。企业需要根据自己公司网络的规模，来选择合适的许可证数。如以思科的PIX501防火墙类似，有多个可用的许可证供用户选择。如“10个用户许可证”，其最多支持10个来自内部网络中不同IP地址的并发连接通过防火墙，并同时提供了最多可达32个租约的DCHP服务器的支持。如“50个用户许可证”可以最多支持50个来自内部网络中不同源IP地址的并发连接，还提供了最多可达128个租约的DCHP服务器支持。而“无限个用户许可证”则支持无限个来自内部网络中不同源IP地址的并发连接。这里需要注意，DHCP租约并不是无限个，而是最多支持可达256个租约。

企业在选购的时候，可以根据实际需要来进行选择。这里一般不会发生重复投资的问题。也就是说，以后需要更多用户许可证的话，只需要通过升级就可以增加用户的数量，而不用更换原有的设备。故对于资金比较有限的企业来说，一开始不用选择太多的用户许可证。在需要的时候，再进行增加即可。

(2)是否需要支持故障切换功能。防火墙毕竟只是一个机器，由于各种的原因，例如，人为造成的因素、自然损害、电压不稳等都会造成防火墙运行故障。而有些企业对于网络的安全与可用性要求特别高。例如，一些从事股票交易、网上银行的金融企业。对于这些企业来说，有必要实现防火墙的自动故障切换功能。也就是说，在企业内网与外网的联接口，部署两台或者两台以上的防火墙。当系统检测到某台防火墙出现故障的时候，会自动切换到另外一台没有故障的防火墙上。如此的话，在保障安全的同时也提高了防火墙的可用性。

需要注意的是，故障切换功能跟许可证不一样。故障切换功能是需要通过硬件来实现的。也就是说，现在企业可能不需要这个故障切换功能。以后如果需要的话，那么只有重新购买防火墙，而不能够通过升级来增加这个功能。即可能会造成比较大的重复投资。为此在选购防火墙之前，作为企业网络管理人员来说，需要确认清楚，避免造成不必要的浪费。

(3)是否需要附加的以太网接口以及需要的数量。有些企业规模比较大，可能需要附加的以太网接口。例如，对于一个工业开发区来说，其内部有5个大型的企业。工业开发区的管理部门不可能为每个企业部署一个单独的防火墙。出于节省成本的考虑，会让它们使用同一个防火墙。而为了它们互不干扰，又会通过添加以太网接口的方式，来进行分流。所以在选购防火墙的时候，其能够支持的以太网接口的数量也是非常重要的。

在实际工作中，往往需要的接口数量比较难以估计。而且随着后续企业的发展，企业数量也会发生变化。从成本上考虑，多一个以太网接口，其成本也会高出不少。所以在防火墙设计的时候，往往是采用模块的方式。就好像普通的PC，可以根据需要在主板上插一定数量的网卡。大部分防火墙在设计时也是如此设计。例如，思科的525防火墙，其包含三个PCI插槽。网络管理员可以根据需要，再安装6个附加的以太网接口。

(4)防火墙的吞吐量。在企业中，防火墙就相当于一幢大楼的大门。大门的大小直接决定了在同一时间可以通过的人数。如果大门不够大，当人数增加时就会发生拥塞。对于企业网络来说，如果防火墙的吞吐量不够大，就会引起网络的拥塞，从而大大降低企业网络的性能。

在防火墙的标签上，往往会写明其吞吐量。这个吞吐量一般指的就是防火墙处理数据的速度，是理论上的最高速度。所以在选购的时候，这个说明书上的吞吐量只是一个参考值。其实际的吞吐量还跟防火墙的接口速度、连接链路的速度和分组的大小等有关。在大部分情况下，防火墙都达不到其理论上的最大速率。

在选购防火墙的时候，网络管理员需要预估一下所需要的吞吐量。在实际选购的时候，要选购那些比这个需要的吞吐量大一点的防火墙产品。即将防火墙说明书上的吞吐量打一个八折之后，再跟实际的吞吐量进行对比。在其他条件相同的情况下，吞吐量越大，其价格也就越高。

吞吐量不够大的话，会直接影响到网络的性能。特别是某些企业，可能会在防火墙内部部署一些服务器，例如，Web服务器、FTP服务器、OA服务器等，供外网的用户访问。此时更加要确保防火墙有足够大的吞吐量。否则，通过互联网访问，速度本来就慢，再在防火墙上卡一下的话，反应就会变得更加迟钝了。

3. 选购防火墙的注意事项

防火墙是目前使用最为广泛的网络安全产品之一，用户在选购时应该注意以下几点。

(1)品质要有保证。防火墙作为企业信息安全保护最基础的硬件，在企业整体防范体系中占据至关重要的地位。一款反应和处理能力不高的防火墙，不但保护不了企业的信息安全，甚至会成为安全的最大隐患。例如，目前许多黑客就重点对防火墙进行攻击，而他一旦得逞，就可以在整个系统内为所欲为。因此，选择防火墙需谨慎，应购买具有品牌优势，质量信得过的产品。

(2)只选适合的不选最好的。面对市场上用广告宣传的技术最先进、功能最强大的各种防火墙，用户往往有点无从选择的感觉。其实，一款适合企业自身应用的防火墙，不一定是技术最高超的，而应是最能满足企业需要的。

(3)价格并非越贵越好。目前市场上的防火墙产品众多，而价格从几百元到几百万元不等。不同价格的防火墙，带来的自然是安全程度的不同。对于有条件的企业来说，最好选择整套企业级的防火墙解决方案。目前国外产品集中在行业高端市场，价格都比较昂贵，属于百万量级。对于规模较小的企业来说，可以选择国内的产品，同样能获得比较完整的安全防范解决方案，而在价格上只需十几万元，比国外品牌同类产品低很多。还有像瑞星这样的刚刚进入防火墙市场的厂商，把产品价格定在了十万元以内。

(4)服务应该细致周到。好的防火墙，应该是企业整体网络的保护者，能弥补其他操作系统的不足，并支持多种平台。而防火墙在恒久的使用过程中，可能出现一些技术问题，需要有专人进行维修和维护。同时，由于攻击手段的层出不穷，与防病毒软件一样，防火墙也需要不断进行升级来完善。因此用户在选择防火墙时，除了考虑性能与价格外，还应考虑厂商提供的售后服务。

思考：你使用过个人计算机防火墙吗？你知道防火墙有硬件防火墙和软件防火墙吗？

能力训练题 3　数字证书

【实训目的】

通过实训要求学生熟悉数字证书的申请步骤，学会申请数字证书的方法和技巧，并申请一份数字证书。

【实训要求】

1. 了解数字证书原理。
2. 掌握安全电子邮件认证书的安装、导入、导出。
3. 掌握数字证书的安装、应用。

【实训内容】

1. 下载免费的安全电子邮件认证书。
2. 体验数字证书的申请过程和应用。
3. 申请免费的电子邮件安全证书。
4. 下载 Xscan 中文简版，下载并安装。
5. 扫描本地机器，查看系统的漏洞、隐患等，并将其报告输出。

【实训步骤】

1. 进入搜索引擎相关的网站，输入寻找“数字证书申请”。
2. 进入申请数字证书相关网站。
3. 申请免费的电子邮件安全证书，并按网站相关信息的要求填入相关信息。
4. 下载 Xscan 中文简版并安装。
5. 按个人的要求对其进行设置。

【实训提醒】

选择免费的电子邮件安全证书需要根据自己的邮箱和个人的信息进行申请与填表。有些信息必须是真实的。

【实训思考】

1. 什么是数字证书？
2. 数字证书对个人有什么作用？
3. 数字证书如何进行管理？

【实训报告】

1. 实验过程

目的要求：

实验内容：

实验步骤：

如何进行申请注册：

如何下载并安装：

2. 实验结果

结果分析：

可以使用表格方式，可以使用图形方式，也可以使用文字方式。

3. 总结

通过实训，总结自己掌握程度，分析出错原因，提出改进措施。

习 题 3

一、填空题

1. 电子商务信息安全要素有________性、________性、________性、完整性、________性、________性等。

2. 电子商务面临的安全威胁有________威胁、________威胁、________威胁、________威胁、________威胁、________威胁等。

3. 电子商务面临着种种挑战有________挑战、________挑战、________挑战、________挑战、________挑战、________挑战、________挑战、________挑战等。

4. 密码学是研究________和________的技术科学。研究密码________客观规律，应用于________以保守________的，称为________；应用于________以获取________的，称为破译学，总称________。

5. 密码设计原则有________原则、________原则、________原则、________原则、________原则等。

6. 数字证书就是互联网通信中________各方身份信息的________数据，提供了一种在Internet上________的方式，其作用类似于________或日常生活中的________。

7. 身份认证是在________中确认________的过程。身份认证可分为________与________间的认证和________与主机之间的认证。

8. 防火墙指的是一个由________和________设备组合而成、在内部网和________之间、

________与公共网之间的界面上构造的________。

二、判断题

1. 密码学是研究编制密码和破译密码的技术科学。 （ ）

2. 密码是通信双方按约定的法则进行信息特殊变换的一种重要保密手段。 （ ）

3. 数字证书就是互联网通信中标志通信各方身份的通行证，有了它就不用身份认证了。 （ ）

4. CA 机构，又称为证书授证中心，作为电子商务交易中受信任的第三方，承担公钥体系中公钥的合法性检验的责任。 （ ）

5. 防火墙是企业与外界消除火灾、防止黑客的一个屏障。 （ ）

三、思考题

1. 简述电子商务信息安全要素。

2. 简述电子商务面临的安全威胁。

3. 简述电子商务安全问题所采取的对策。

4. 简述电子商务安全保障体系。

5. 简述什么是密码学。

6. 简述对称密码体制和非对称密码体制。

7. 简述什么是数字证书。

8. 简述数字证书颁发过程。

9. 简述数字证书的工作原理。

10. 简述什么是身份认证。

11. 简述什么是防火墙。

第 4 章　电子交易与支付

随着电子商务发展的深入，电子交易与支付越来越更引人注目。电子交易将不再是简单地开辟一条新的网上销售渠道。它将采用技术手段改善企业的经营模式、增加企业收入和效率；它将降低经营成本并能帮助企业与客户、供货商以及合作伙伴建立更为密切的合作关系。如何解决世界范围内的电子商务活动的支付问题？如何处理每日通过信息技术网络产生的成千上万个交易的支付问题？本章就介绍此方面的内容。通过本章的学习，要求：

- 掌握电子货币的概念
- 掌握电子交易的概念
- 掌握电子支付的概念
- 掌握电子交易的流程
- 掌握常用的几种支付模型
- 掌握 EDI 的概念

4.1　电子货币

4.1.1　电子货币概述

1. 什么是电子货币

所谓电子货币(Electronic Money)，是指以电子化机具和各类交易卡为媒介、以计算机技术和通信技术为手段、以电子数据形式存储在银行的计算机系统，并通过计算机网络以信息的传递形式实现流通和支付功能的货币。

因此，电子货币即是用一定金额的现金或存款从发行者处兑换并获得代表相同金额的数据，通过使用某些电子化方法将该数据直接转移给支付对象，从而能够清偿债务。

电子货币发行和运行的流程如图 4.1 所示。

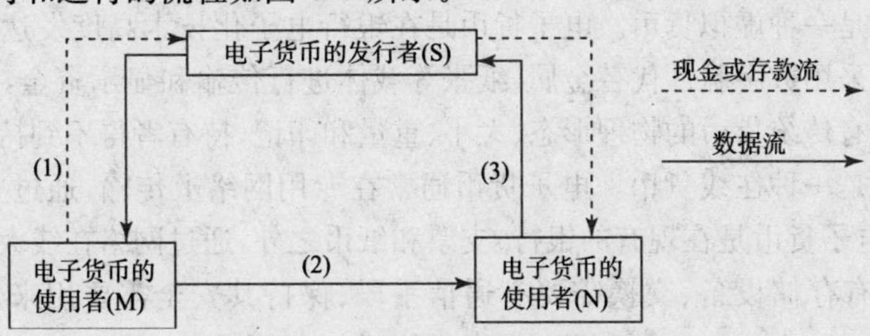

图 4.1　电子货币发行和运行流程

从图 4.1 中可知,电子货币发行和运行的流程分为以下步骤。

(1)发行,电子货币的使用者 M 向电子货币的发行者 S(银行、信用卡公司等)提供一定金额的现金或存款并请求发行电子货币,S 接受来自 M 的有关信息之后,将相当于一定金额的电子货币的数据对 M 授权。

(2)流通,电子货币的使用者 M 授受了来自 S 的电子货币,为了清偿对电子货币的另一使用者 N 的债务,将电子货币的数据对 N 授权。

(3)回收,S 根据 N 的支付请求,将电子货币兑换成现金支付给 N,或者存入 N 的存款账户。

2. 电子货币体系

电子货币体系以图 4.1 所示的基本形态为基础,尚有另一种较典型的体系,即在发行者与使用者之间有中介机构介入,例如,除基本形态中的 S、M、N 三个当事人之外,S、N 之间介入了银行 B,S、M 之间介入了银行 A,如图 4.2 所示。

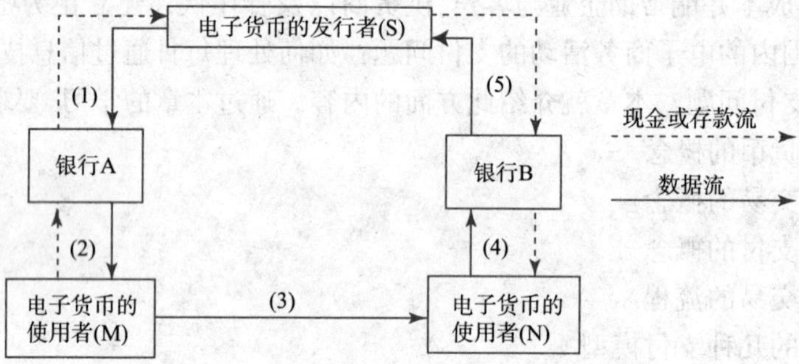

图 4.2　有中介机构介入的电子货币体系

该电子货币体系的运行分为以下几个步骤。

(1)S 根据 A 银行的请求,发行电子货币,与现金或存款交换。

(2)M 对 A 提供现金或存款,请求得到电子货币,A 将电子货币向 M 授权。

(3)M 将由 A 接受的电子货币用于清偿债务,授权于 N。

(4)N 的开户银行 B 根据 N 的请求,将电子货币兑换成现金支付给 N(或存入 N 的存款账户)。

(5)S 接受了电子货币的银行 B 的请求,与电子货币兑换将现金支付给 B(或存入 B 的存款账户)。

3. 电子货币的特点

电子货币作为现代科技和现代金融业务相结合的产物,具有以下几个突出的特点。

(1)电子货币是一种虚拟货币。电子货币是在银行电子化技术高度发达的基础上出现的一种无形货币,它采用数字脉冲代替金属、纸张等载体进行传输和显示资金,通过芯片进行处理和存储,因而没有传统货币的物理形态、大小、重量和印记,持有者得不到持有的实际感觉。

(2)电子货币是一种在线货币。电子货币通常在专用网络上传输,通过 POS,ATM 进行处理,也就是说,电子货币是在现有的银行、支票和纸币之外,通过网络在线大量流通的钱。电子货币保管需要有存储设备、交换需要有通信手段、保持其安全需要用来加密和解密的计算机。

(3)电子货币是一种信息货币。电子货币说到底只不过是观念化的货币信息,它实际上是由一组含有用户的身份、密码、金额、使用范围等内容的数字构成的特殊信息。人们使用电子货币交易时,实际上交换的是相关信息,这些信息传输到开设这种业务的银行后,银行就可以为双方交易结算,从而使消费者和企业能够通过比现实银行系统更省钱、更方便和更快捷的方式相互收付资金。

4.1.2　电子货币的表现形式

电子货币的形式是多种多样的,包括以下几种。

1. 电子支票

(1)定义。电子支票是客户向收款人签发的,无条件的数字化支付指令。它可以通过互联网或无线接入设备来完成传统支票的所有功能。

电子支票是纸质支票的电子替代物,它与纸质支票一样是用于支付的一种合法方式,它使用数字签名和自动验证技术来确定其合法性。监视器的屏幕上显示出来的电子支票样子十分像纸质支票,填写方式也相同,支票上除了必须的收款人姓名、账号、金额和日期外,还隐含了加密信息。电子支票通过电子函件直接发送给收款方,收款人从电子邮箱中取出电子支票,并用电子签名签署收到的证实信息,再通过电子函件将电子支票送到银行,把款项存入自己的账户,电子支票工作流程如图 4.3 所示。

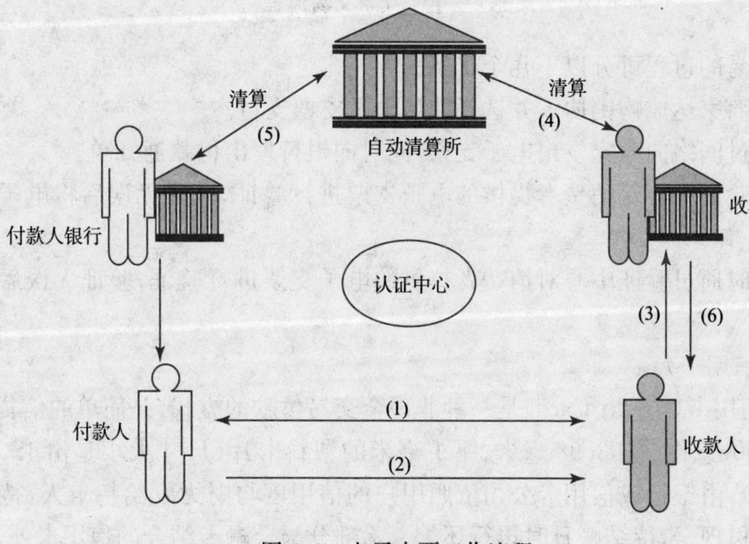

图 4.3　电子支票工作流程

(2)交易。电子支票的交易步骤如下所示。

①消费者和商家达成购销协议并选择用电子支票支付。

②消费者通过网络向商家发出电子支票,同时向银行发出付款通知单。

③商家通过验证中心对消费者提供的电子支票进行验证,验证无误后将电子支票送交银行索付。

④银行在商家索付时通过验证中心对消费者提供的电子支票进行验证,验证无误后即向商家兑付或转账。

(3)特点。电子支票具有以下几个特点。

①电子支票以传统支票为雏形，客户容易接受而且容易上手。

②电子支票较好的支持了 B2B、B2G 的电子商务市场。

③电子支票采用先进技术，提供了比传统支票更为可靠的安全防欺诈手段。

④电子支票打破境域的限制，最大限度地提高支票运转周期，减少在途资金。

⑤电子支票业务流程的自动化和网络化，节省了大量的人力、物力，极大地降低了处理成本。

(4)电子支票交易流程。电子支票交易流程如图 4.4 所示。

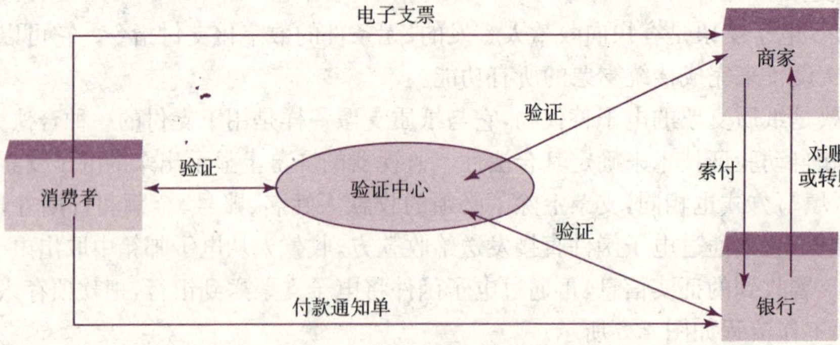

图 4.4　电子支票交易流程

电子支票交易的过程可分以下几个步骤。

①消费者和商家达成购销协议并选择使用电子支票支付。

②消费者通过网络向商家发出电子支票，同时向银行发出付款通知单。

③商家通过验证中心对消费者提供的电子支票进行验证，验证无误后将电子支票送交银行索付。

④商家索付时通过验证中心对消费者提供的电子支票进行验证，验证无误后银行即向商家兑付或转账。

2. 银行卡(信用卡)

(1)概述。信用卡(Credit Card)是一种非现金交易付款的方式，是简单的信贷服务。信用卡一般是长 85.60 毫米、宽 53.98 毫米、厚 1 毫米的塑料卡片(尺寸大小是由 ISO 7810、7816 系列的文件定义)，由银行或信用卡公司依照用户的信用度与财力发给持卡人，持卡人持信用卡消费时无须支付现金，待结账日时再行还款。除部分与金融卡结合的信用卡外，一般的信用卡与借记卡、提款卡不同，信用卡不会由用户的账户直接扣除资金。图 4.5 所示的是中国工商银行的不同类型的信用卡。

图 4.5　中国工商银行信用卡

(2)定义。信用卡是商业银行向个人和单位发行的，凭以向特约单位购物、消费和向银行存取现金，具有消费信用的特制载体卡片，其形式是一张正面印有发卡银行名称、有效期、号码、持卡人姓名等内容，背面有磁条、签名条的卡片。

通俗地说，信用卡就是银行提供给用户的一种先消费后还款的小额信贷支付工具。即当你的购物需求超出了你的支付能力或者你不希望使用现金时，你可以向银行借钱，这种借钱不需要支付任何的利息和手续费。信用卡就是银行答应借钱给你的凭证，信用卡告诉你：你可以借银行多少钱、需要什么时候还。

(3)运作过程。信用卡的运作过程如图 4.6 所示。

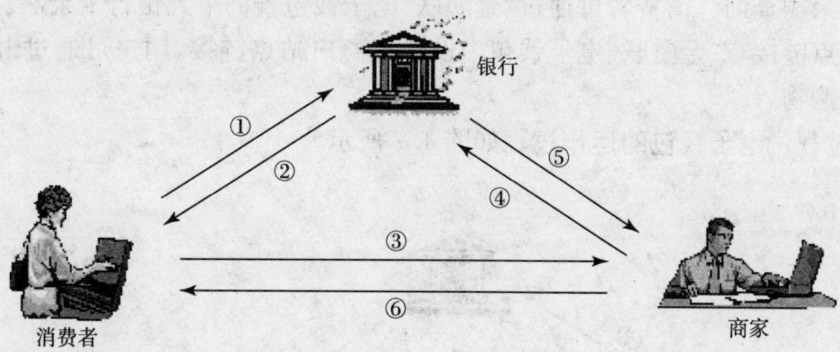

图 4.6 信用卡运作过程

①用户到银行开立一个信用卡账户。

②用户从开户行得到一张信用卡。

③用户要购买某种商品时，就把自己的信用卡号和密码提供给商家，申请购物，并在购物单上签字。

④商家得到购物申请后，与开卡行取得联系，请求开卡行进行支付确认。

⑤开卡行在确认持卡人的身份之后，给商家返回一个确认信息批准交易。

⑥商家供货给持卡人，银行则把相应的货款由持卡人的账户转到商家的账户上。

(4)特点。信用卡具有以下几个特点。

①不需存款即可透支消费，并可享有 20～56 天的免息期，按时还款分文利息不收。

②购物时刷卡不仅安全、卫生、方便，还有积分礼品赠送。

③持卡在银行的特约商户消费，可享受折扣优惠。

④积累个人信用，在信用档案中增添诚信记录，让你终生受益。

⑤通行全国无障碍，在有银联标识的 ATM 和 POS 机上均可取款或刷卡消费。

⑥可以进行电子购物。使用信用卡支付可以通过电话或网络进行。

当然，使用信用卡也存在着一些问题。其中最主要的就是安全问题。盗用信用卡的事件时有发生，如果在 SET 协议的规范下，进行安全电子交易，在一定程度上可以避免这样的事情发生。

3. 电子钱包

(1)定义。电子钱包是电子商务购物活动中常用的一种支付工具，适用于小额购物。在电子钱包内存放的是电子货币，例如，电子现金、电子零钱、电子信用卡等。使用电子钱包购物，通常需要在电子钱包服务系统中进行。电子商务活动中电子钱包的软件通常都是免费提供的。世界上有 VISA Cash 和 Mondex 两大在线电子钱包服务系统。

(2)作用。电子钱包具有以下几个作用。

①个人资料管理。消费者成功申请钱包后,系统将在电子钱包服务器为其开立一个属于个人的电子钱包档案,消费者可在此档案中增加、修改、删除个人资料。

②网上付款。电子钱包消费者在网上选择商品后,登录到电子钱包,选择入网银行卡,向"金融联"支付网关发出付款指令来进行支付。

③交易记录查询。消费者可对通过"金融联"电子钱包完成对支付的所有历史交易记录进行查询。

④银行卡余额查询。消费者可通过"金融联"电子钱包查询个人银行卡余额。

⑤商户站点链接。"金融联"电子钱包内设众多商户站点链接,用户可通过链接直接登录商户站点进行购物。

(3)运作过程。电子钱包的运作过程如图 4.7 所示。

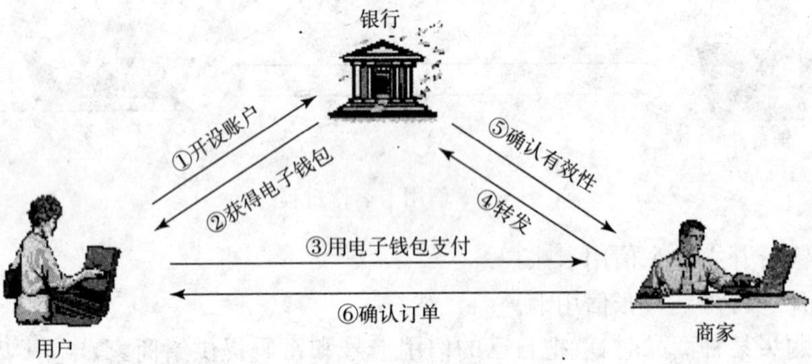

图 4.7　电子钱包运作过程

①用户向银行申请,填写相关信息。

②银行经审核后向用户发出获得电子钱包信息。

③用户通过电子钱包购买商品或服务。

④商家将相关信息转发给银行。

⑤银行经审核后,将确认有效信息返回给商家。

⑥商家收到银行的确认信息后,确定订单开始向用户发货。

4.1.3　电子货币的发展及对策

1. 电子货币的发展

电子货币是电子商务的核心,建立电子货币系统是发展电子商务的基础和保证。自从 1995 年 10 月,美国率先建立了世界第一家网络银行——"安全第一网络银行"以来,相继推出各种电子货币,如数字式货币(Digital Currency,DC、数字式现金(E—Cash)、数字式信用卡(IC)等。德国商业银行正在筹划扩大网络银行服务,包括对中小企业提供网上贷款,并为这些企业购买技术、专利等实现电子货币结算。日本至少有 10 家银行正在试验网上电子货币结算系统,富士银行在 1998 年秋季推出第一家网络银行,初期服务包括使用现金卡购物、存款或转账及提供金融商品咨询和投资咨询。许多国家正在发展适用于大笔网上交易的电子货币结算系统,并考虑筹划设立国际性的网上交易电子货币结算中心,同时建立服务于网络银行的金融保险体系。Visa国际组织中国区总经理认为，电子商务的迅猛发展必将促进货币电子化的进程，电子货币取代现金支付是不可逆转的潮流。

在英国Swindon市推行的电子货币实验是由英国最大的零售银行之一的米德兰银行(Midland Bank)和五大银行之国民西敏寺银行(National Westminster Bank)共同出资开办了名为“MondexUK”的IC卡。在这个IC卡内，装入了一个集成电路芯片(即IC芯片)，其中存入的电子信息代表着一定金额的货币信息，该电子信息即相当于电子货币。Mondex卡的持有者在参加实验的商店内，可以使用卡中存储的电子货币购物。当然，不仅在商店，在火车站售票处、机动车停车场、自动售货机等场所，也可使用Mondex卡购物和消费。商家对顾客提交的Mondex卡，使用为该卡专门设计的读卡终端机读取，首先插卡并输入商品的销售金额，然后只需按“确认”键，即可完成支付。以Mondex卡代替现金支付，其处理过程是将相当于销售金额的电子信息(电子货币)IC卡写入(移动)到商家的终端机内。

当Mondex卡的余额不足或余额用完时，可使用自动柜员机(ATM)或是专用的电话机，以联机方式从自己的银行账户上把电子货币移动(补充)到Mondex卡内。该过程相当于从自己的账户支出一部分存款，再将该存款作为电子货币储蓄到Mondex卡内。不过，一枚Mondex卡存储的电子货币的金额设置有上限，现阶段设为500英镑。

Mondex卡通过专用的便携式终端，还可从某一枚个人卡往另一枚个人卡上转移电子货币，即与普通的现金一样可用于个人之间的支付。若使用专为Mondex卡开发的专用电话机，即使是远距离相隔的个人用户，也可在瞬间完成电子货币的移动。这种联网操作，不仅可以使用普通的电话网络，而且目前还正在研究和实验通过Internet网络移动电子货币。而作为一般的信用卡、储值卡是不具备上述功能的。正因为Mondex卡正在实验和实施一般信用卡和储值卡尚不具备的功能，所以引起人们对电子货币的格外关注。

除了Mondex之外，目前世界各国争先恐后地开展着一系列花样繁多的关于电子货币的研究和实验项目，并逐渐走向实用化。例如，美国的“计算机现金”和“第一虚拟”、荷兰的“e-cash”、丹麦的“DANMONT”、法国的“小电子钱包”、瑞士的“邮政卡”、芬兰的“先驱者”等，不胜枚举。亚洲有中国台湾的“FIS卡”、新加坡的“NETS”、中国香港面向21世纪交通售票系统开发的“IC卡”等，而且上述的Mondex卡已计划由香港汇丰银行进行实验。日本以富士银行、第一劝业银行、樱花银行等大商业银行为首，在一些区域推行了IC卡实验项目。中国国务院批准成立的国家金卡工程在协调领导小组的领导下，有电子工业部、中国人民银行、邮电部、内贸部、国家旅游局等部门参加，规划实施的“金卡工程”，正在顺利推进。

2. 电子货币发展对策

目前，我国网络建设正处于起步阶段，金融电子化程度还不理想，电子商务的发展还不成熟，与发达的欧美国家相比，电子货币的占有率和使用率都较低，美国通过银行卡进行的个人日常支出比例已占到25%，而我国不到1%。毫无疑问，谁优先发展网络银行和电子货币技术，谁将优先掌握未来金融竞争的主动权，我们必须加快制定和实施我国电子货币发展的对策和措施，以迎接电子商务时代的到来。

(1)加快电子货币系统的集成。电子货币的产生和运用不仅仅是金融业务利用信息技术和高科技手段辅助工作，其实质是信息技术带动的金融创新。应把研究重点放在如何利用信息技术实现金融业务的创新上，把握电子货币的发展趋势；应对现有金融支付系统进行全面分析和研究，改进和集成现有电子货币的品种，制定出我国电子货币分步骤的发展方案，分步实施。

(2)发展和完善公共网络电子支付系统。我国金融电子化在其发展之初,由于技术、资金等方面的制约,网络系统建设走的是先商业银行分散发展,后中央银行系统发展的由下而上道路,没有实现系统化、标准化的要求。因此,一方面应按照跨系统、综合性、技术先进、安全可靠的要求,加快全国性金融数据通信网络的建设,协调各银行间的冲突;另一方面应积极建立国际间金融互联网,从而建立起全方位的基础设施,为网络银行及电子货币支付系统的发展奠定基础。

(3)积极开发和推广电子货币。目前特别是要注重智能卡的开发使用。一是可以利用已有的独立付款网络,逐步将信用卡由磁卡转换成带微晶片的IC卡。一方面能扩大购物时从银行户头取款和预付款项,另一方面IC卡中微晶片比磁条码更安全,更难伪造或违法使用,而且IC卡引进成本已不足3美元,由使用者和发卡银行双方共同负担完全可行。二是在自动柜员机发展的基础上着手小额现金的电子化。由于小额现金不需取得授信,可直接使用,从基础架构上来看成本很低。因此,智能卡替代现金几乎不花认证成本,从户头提取电子现金,使用于公共电话或自动售货机等上,它能充分发挥计算余额、换算汇率和密码化功能,余额用完时可在自动柜员机上重复充值,从而起着电子钱包的作用。对电子货币工具必须统一管理,做到互通操作,全国流通。

(4)保障网络安全。我国目前使用的网络安全产品不少还依赖进口,作为全国商业金融机构主管机关和中国金融网建设主体单位的人民银行应高度重视网络的安全问题,从宏观政策及措施上确保金融电子系统的安全。对已制定的金融电子化标准规范如《金融电子化系统标准化总体规范》中有关安全性的内容加以调整和修改,加强安全标准要求。对目前我国金融单位中已使用的外来网络安全产品,应对其安全可信度进行评估,并逐步用国产安全产品加以改造。要发展密钥技术和建立相应密钥托管机制,使央行有获得私人密钥的能力,以便对电子货币洗钱等犯罪活动进行监控。

(5)完善机制。建立完善的电子货币发行、交易流量监测与统计机制,及时采取手段调控电子货币走势,建立统一的电子货币工具管理模式。要保证对电子货币信息及时、准确的传递、汇总和分析。

思考:你在进行电子商务活动时使用哪些电子货币购物?请举例说明。

4.2 电子交易与支付

4.2.1 电子交易概念

1. 什么是电子交易

所谓电子交易(Screen Trading),是指通过电子系统进行的交易,不同于在交易所交易大厅面对面进行的交易。电子交易将降低经营成本并能帮助企业、客户、供货商以及合作伙伴建立更为密切的合作关系。

Internet上的电子交易可以分为三个方面：信息服务、交易和支付。主要内容包括：电子商情广告；电子选购和交易、电子交易凭证的交换；电子支付与结算，以及售后的网上服务等。主要交易类型有企业与个人的交易（B2C）和企业之间的交易（B2B）两种。参与电子交易的实体有四类：顾客（个人消费者或企业集团）、商户（销售商、制造商、储运商）、银行（发卡行、收单行）及认证中心。

2. 电子交易的特征

电子交易是一种新的交易形式，与传统的交易方式相比，具有以下特点。

(1)虚拟交易。通过以Internet为代表的计算机互联网络进行的贸易，买卖双方可以在网上提供信息并搜寻对方，通过信息的推拉互动，签订电子合同，完成交易并进行电子支付。整个交易都在网络这个虚拟的环境中，无需当面进行。

(2)直接交易。电子交易大大简化了商品流通环节，提高了交易效率。电子交易利用计算机网络快捷、便利的通信手段，在更广阔的时空里实现了商品流通，信息的咨询、交换，以至直接开展网上贸易。在这里，Internet用一条前所未有的纽带把全世界的商品供需双方联系在一起，客户在不与商家碰面的情况下即可完成意向洽谈、看样订货、实际购买和支付货款的交易全过程。电子交易模式的出现，取代了商品流通中大量的中间行为，商品代理制、分销商、层层叠叠的批发，以及展览会、展销会等都有可能随着电子交易这种新型销售方式的崛起而变得不再那么重要。

(3)实时交易。电子商务时代的交易是实时交易，服务的特征为不间断的全天候型。电子商务实时交易运作的神速，可以称为"商业的魔术"。电子商务的电子商店是一个全天候永不关闭的展览厅，供访问者随时参观和接受反馈意见。

(4)便利交易。电子商务在时空上缩短了距离。在电子商务时代，电子通信将完全代替了交通，这是电子商务的一大特点。很多商业活动可以在网上完成，不必到商店办理。有一个统计数表明，日本一家制造企业按传统的方式实现销售100万美元的目标，要花费一个人100公里的交通费和10小时的时间。如果利用网上完成，则可以节省这部分的费用和时间。对于家庭购物更是方便，有人作过一个测试，一个普通的三口之家，要购买其生活所需品，每个月花费在购物的时间是15～20小时，如果再加上交通时间，就更长了。在网上购物，足不出户，就可以购买到自己所需的产品，节省了大量的购物时间。

(5)透明交易。买卖双方从交易的洽谈、签约以及货款的支付、交货通知等整个交易过程都在网络上进行。通畅、快捷的信息传输可以保证各种信息之间互相核对，可以防止伪造信息的流通。例如，在典型的许可证EDI系统中，由于加强了发证单位和验证单位的通信、核对，所以假的许可证就不易漏网。海关EDI也帮助杜绝边境的假出口、兜圈子、骗退税等行径。

(6)高效交易。由于因特网将贸易中的商业报文标准化，使商业报文能在世界各地瞬间完成传递与计算机自动处理，原料采购、产品生产、需求与销售、银行汇兑、保险、货物托运及申报等过程无须人员干预就可在最短的时间内完成。传统贸易方式中，用信件、电话和传真传递信息，必须有人的参与，每个环节都要花不少时间。有时由于人员合作和工作时间的问题，会延误传输时间，失去最佳商机。电子交易克服传统贸易方式费用高、易出错、处理速度慢等缺点，极大地缩短了交易时间，使整个交易非常快捷与方便。

(7)优质交易。顾客可以通过网络直接与厂家见面和交谈，与每个商品厂家都有实时的联系，建立对话关系，这是传统报刊、杂志和电视广告无法做到的。顾客可以在网上听取厂家对商品的介绍，厂家也以解答顾客的疑问，这样会有良好的顾客关系和销售成果。

4.2.2 电子支付概念

1. 什么是电子支付

电子支付是指电子交易的当事人，包括消费者、厂商和金融机构，使用安全电子支付手段，通过网络进行的货币支付或资金流转。电子支付是电子商务系统的重要组成部分。

电子支付是指通过互联网为载体进行资金的转移，利用银行所支持的某种数字金融工具，发生在购买者和销售者之间的金融交换，而实现从买者到金融机构、商家之间的在线货币支付、现金流转、资金清算、查询统计等过程，由此为电子商务服务和其他服务提供金融支持。

支付宝（Alipay）最初作为淘宝网公司为了解决网络交易安全所设的一个功能，该功能为首先使用的“第三方担保交易模式”，由买家将货款打到支付宝账户，由支付宝向卖家通知发货，买家收到商品确认后指令支付宝将货款支付于卖家，至此完成一笔网络交易。支付宝于2004年12月独立为浙江支付宝网络技术有限公司，是阿里巴巴集团的关联公司。

2. 电子支付工作流程

电子支付工作流程如图4.8所示。

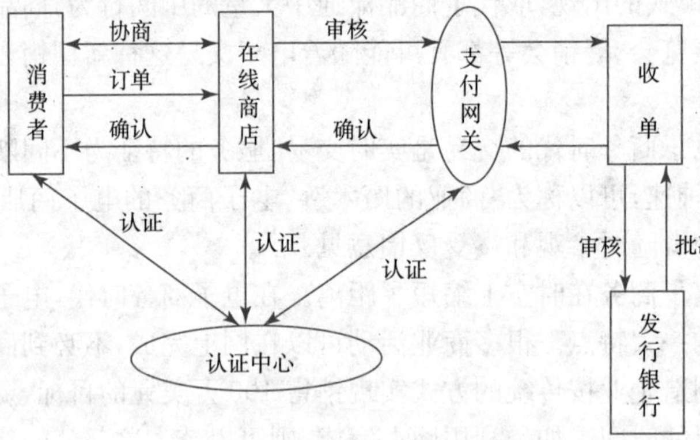

图4.8 电子支付工作流程

从图4.8中可知，整个电子支付工作程序分为下面七个步骤。

(1)消费者利用自己的PC通过互联网选定所要购买的物品，并在计算机上输入订货单，订货单上需包括在线商店、购买物品名称及数量、交货时间及地点等相关信息。

(2)通过电子商务服务器与有关在线商店联系，在线商店做出应答，告诉消费者所填订货单的货物单价、应付款数、交货方式等信息是否准确，是否有变化。

(3)消费者选择付款方式，确认订单，签发付款指令。此时SET开始介入。

(4)在SET中，消费者必须对订单和付款指令进行数字签名。同时利用双重签名技术保证商家看不到消费者的账号信息。

(5)在线商店接受订单后，向消费者所在银行请求支付认可。信息通过支付网关到收单银行，再到电子货币发行公司确认。批准交易后，返回确认信息给在线商店。

(6)在线商店发送订单确认信息给消费者。消费者端软件可记录交易日志，以备将来查询。

(7)在线商店发送货物或提供服务；并通知收单银行将钱从消费者的账号转移到商店账

号，或通知发卡银行请求支付。

3. 电子支付特征

与传统的支付方式相比，电子支付具有以下特征。

(1)电子支付是采用先进的技术，通过数字流转来完成信息传输的，其各种支付方式都是通过数字化的方式进行款项支付的；而传统的支付方式则是通过现金的流转、票据的转让及银行的汇兑等物理实体来完成款项支付的。

(2)电子支付的工作环境基于一个开放的系统平台(即互联网)；而传统支付则是在较为封闭的系统中运作。

(3)电子支付使用的是最先进的通信手段，如 Internet、Extranet，而传统支付使用的则是传统的通信媒介；电子支付对软、硬件设施的要求很高，一般要求有联网的计算机、相关的软件及其他一些配套设施，而传统支付则没有这么高的要求。

(4)电子支付具有方便、快捷、高效、经济的优势。用户只要拥有一台上网的计算机，便可足不出户，在很短的时间内完成整个支付过程。支付费用仅相当于传统支付的几十分之一，甚至几百分之一。

在电子商务中，支付过程是整个商贸活动中非常重要的一个环节，同时也是电子商务中准确性、安全性要求最高的业务过程。电子支付的资金流是一种业务过程，而非一种技术。但是，在进行电子支付活动的过程中，会涉及很多技术问题。

4.2.3 电子交易模型

1. B2C 直销模式及其特点

B2C 直销模式实质上就是通过简化中间商，来降低产品的流通成本，并满足顾客利益最大化需求。在非直销模式中，有两支销售队伍，即制造商到经销商，再由经销商到顾客。直销模式的最大特点是供需直接见面、环节少、速度快、费用低。其流转过程如图 4.9 所示。

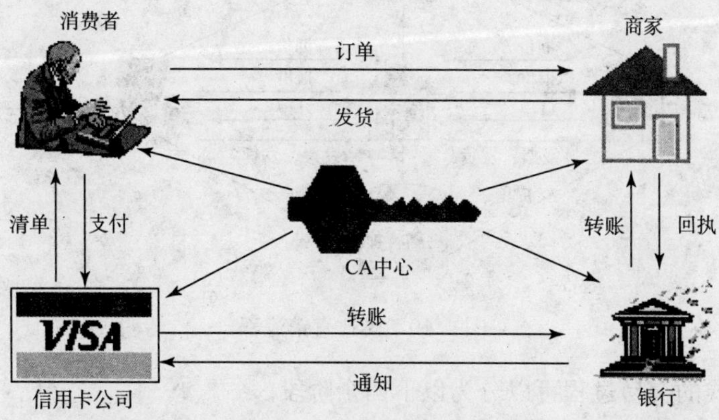

图 4.9 B2C 直销流程

B2C 直销模式过程可以分为以下六个步骤。

(1)消费者进入 Internet，查看企业和商家的主页。

(2)消费者通过购物对话框填写姓名、地址、商品品种、规格、数量、价格。

(3)消费者选择支付方式，如信用卡，也可选用借记卡、电子货币或电子支票等。

(4)企业或商家的客户服务器检查支付方服务器,确认汇款额是否认可。

(5)企业或商家的客户服务器确认消费者付款后,通知销售部门送货上门。

(6)消费者的开户银行将支付款项传递到消费者的信用卡公司,信用卡公司负责发给消费者收费单。

在整个过程中,需要第三方证书授权(CA),以确认在 Internet 上经商者的真实身份。所有这些过程均在 SET 协议下进行,应用在安全电子商务交易的四个环节中,即从消费者、商家、支付网关到认证中心。

B2C 网上直销的特点如下所示。

(1)信息特点。B2C 模式通过掌握大量个人和客户的信息,甚至购买习惯和个性需求,开展有针对性的网上促销和个性化服务。

(2)短渠道特点。B2C 越过了销售渠道的重要环节——传统的代理商,这使得一些厂商或超大型的公司利用传统的商品价格及物流仓储优势,通过网络实现销售给最终用户,这样的边际利润率相对较高。

(3)客户忠诚度特点。B2C 模式培养了客户对产品的好感,形成了偏好,一方面会重复购买同样的产品,另一方面也会向亲朋好友宣传介绍产品,使之成为忠诚客户。

(4)资金的安全特点。B2C 在支付环节上通常不会有很大的矛盾。个人购物通常都习惯以现金或信用卡在完成购买流程后即时支付,这对于网络公司的资金周转是非常有利的。至少,公司可以通过流程来控制和预计资金的流出和流入,而且出入比较小,便于管理和控制资金流量,坏账的可能性非常小。

2. B2B 直销模式

B2B 直销模式如图 4.10 所示。

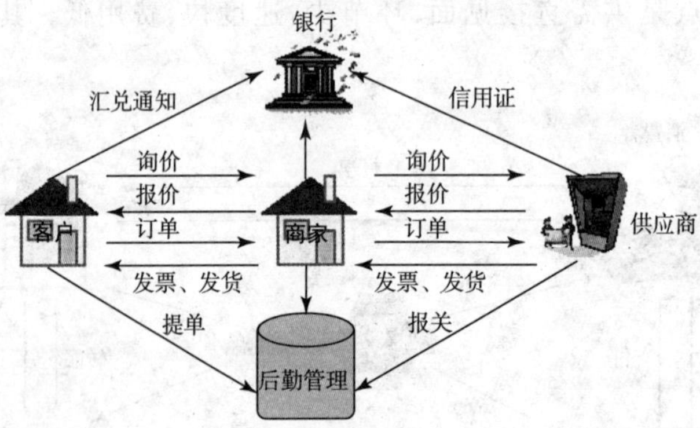

图 4.10　B2B 直销流程

B2B 直销模式的交易过程可以分为以下四个阶段。

(1)交易前的准备。这一阶段主要是指买卖双方和参加交易各方在签约前的准备活动。

①买方根据自己要买的商品,准备购货款、制订购货计划、进行货源市场调查和市场分析,反复进行市场查询,了解各个卖方国家的贸易政策,反复修改购货计划和进货计划,确定和审批购货计划。再按计划确定购买商品的种类、数量、规格、价格、购货地点和交易方式等,尤其要利用 Internet 和各种电子交易网络寻找自己满意的商品和商家。

②卖方根据自己所销售的商品,召开商品新闻发布会,制作广告进行宣传,全面进行市场

调查和市场分析，制订各种销售策略和销售方式，了解各个买方国家的贸易政策，利用 Internet 和各种电子交易网络发布商品广告，寻找贸易伙伴和交易机会，扩大贸易范围和商品所占市场的份额。其他参加交易的各方如中介方、银行金融机构、信用卡公司、海关系统、商检系统、保险公司、税务系统、运输公司也都为进行电子交易做好准备。

(2)交易谈判和签订合同。这一阶段主要是指买卖双方对所有交易细节进行谈判，将双方磋商的结果以文件的形式确定下来，即以书面文件形式和电子文件形式签订贸易合同。电子交易的特点是可以签订电子交易贸易合同，交易双方可以利用现代电子通信设备和通信方法，经过认真谈判和磋商后，将双方在交易中的权利、所承担的义务、对所购买商品的种类、数量、价格、交货地点、交货期、交易方式和运输方式、违约和索赔等合同条款，全部以电子交易合同做出全面详细的规定，合同双方可以利用电子数据交换(EDI)进行签约，可以通过数字签名等方式签名。

(3)办理交易进行前的手续。这一阶段主要是指买卖双方签订合同后到合同开始履行之前办理各种手续的过程，也是双方贸易前的交易准备过程。交易中要涉及有关各方，即可能要涉及中介方、银行金融机构、信用卡公司、海关系统、商检系统、保险公司、税务系统、运输公司等，买卖双方要利用 EDI 与有关各方进行各种电子票据和电子单证的交换，直到办理完可以将所购商品从卖方按合同规定开始向买方发货的一切手续为止。

(4)交易合同的履行和索赔。这一阶段是从买卖双方办完所有各种手续之后开始，卖方要备货、组货，同时进行报关、保险、取证、发信用证等，卖方将所购商品交付给运输公司包装、起运、发货，买卖双方可以通过电子交易服务器跟踪发出的货物，银行和金融机构也按照合同，处理双方收付款、进行结算，出具相应的银行单据等，直到买方收到自己所购商品，完成了整个交易过程。索赔是在买卖双方交易过程中出现违约时，需要进行违约处理的工作，受损方要向违约方索赔。

参加交易的买卖双方在做好交易前的准备之后，通常都是根据电子交易标准规定开展电子交易活动，电子交易标准规定了电子交易应遵循的基本程序简述如下。

①客户方向供货方提出商品报价请求，说明想购买的商品信息。

②供货方向客户方回答该商品的报价，说明该商品的价格信息。

③客户方向供货方提出商品订购单，说明初步确定购买的商品信息。

④供货方向客户方提出商品订购单的应答，说明有无此商品及规格型号、品种、质量等信息。

⑤客户方根据应答提出是否对订购单有变更请求，说明最后确定购买商品的信息。

⑥客户方向供货方提出商品运输说明，说明运输工具、交货地点等信息。

⑦供货方向客户方发出发货通知，说明运输公司、发货地点、运输设备、包装等信息。

⑧客户方向供货方发回收货通知，报告收货信息。

⑨交易双方收发汇款通知，买方发出汇款通知，卖方报告收款信息。

⑩供货方向客户方发送电子发票，买方收到商品，卖方收到货款并出具电子发票，完成全部交易。

4.2.4 电子支付模型

电子支付功能是网上购物的关键问题，既要方便消费者，又要保证交易各方的安全保密，这就需要一个比较完善的电子交易模型。目前，电子支付模型有以下几种。

1. 支付系统无安全措施的模型

(1)流程。用户从商家订货,并把信用卡信息通知商家。信用卡信息的传递方法有两种:一种是通过电话、传真等非网上手段;另一种是通过网络传送,但没有安全措施。信用卡信息的合法性检查是在商家和银行之间进行的。其运作流程如图 4.11 所示。

图 4.11 支付系统无安全措施模型的流程

(2)特点。

①风险由商家承担。

②商家完全掌握用户的信用卡信息。

③信用卡信息的传递无安全保障。

(3)不足。

①商家得到了用户的信用卡信息,这样商家就有义务妥善保护用户的这些信息,否则用户的隐私权很容易遭到侵犯。事实上,有些商家并未履行这个义务,而是为了商业利益把信息透露给第三方。

②信用卡信息的传递没有安全保障,这样就很容易被人截获或篡改。由此可以看出,这种模型是很不安全可靠的。

2. 通过第三方经纪人支付的模型

(1)流程。用户首先需要在网上经纪人处开一个账户,网上经纪人持有用户的账户和信用卡号。用户用这个账户向商家订货,商家将用户账户提供给经纪人验证,经纪人验证商家身份和用户身份后,给用户发送电子邮件,要求用户确认购买和支付后,经纪人将信用卡信息传给银行,完成支付过程。其运作流程如图 4.12 所示。

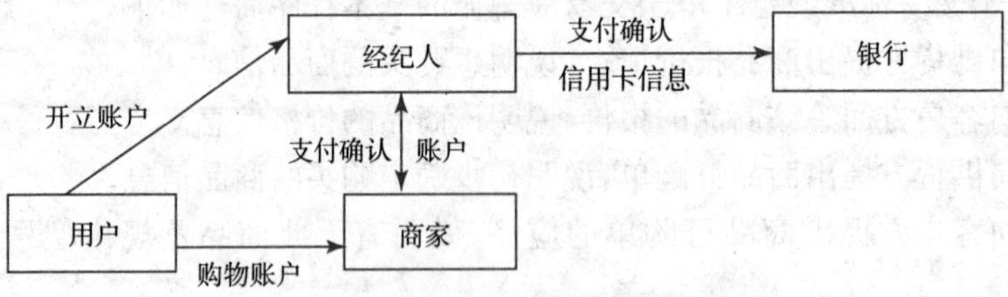

图 4.12 通过第三方经纪人支付的模型

(2)特点。

①用户账户的开设不通过网络。

②信用卡信息不在开放的网络上传送。

③通过电子邮件来确认用户身份。

④商家自由度大,风险小。

⑤支付是通过双方都信任的第三方(经纪人)完成的。

这种方式的关键在于第三方,交易双方都对它有较高的信任度,风险主要由它承担,保密等功能也由它实现。

3. 数字现金支付模型

(1)流程。用户在银行开立数字现金账户,购买兑换数字现金。然后使用个人计算机数字现金终端软件从银行账户取出一定数量的数字现金存在硬盘上。用户从商家订货(该商家同意接收数字现金),使用数字现金支付所购商品的费用。接收数字现金的商家与用户银行之间进行清算,用户银行将用户购买商品的钱支付给商家。其运作流程如图 4.13 所示。

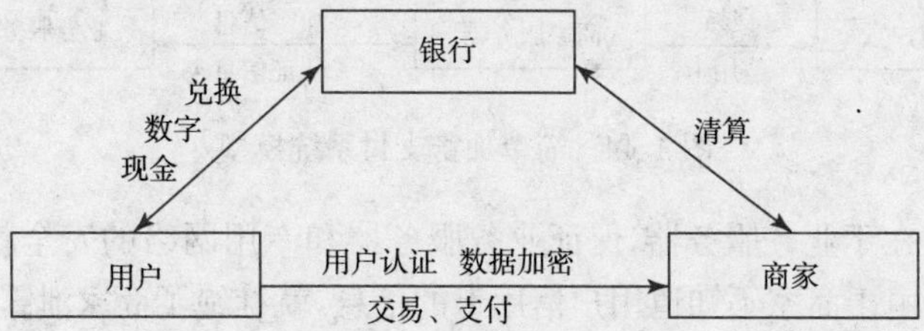

图 4.13 数字现金支付模型

(2)特点。

①银行和商家之间应有协议和授权关系。

②用户、商家和数字现金的发行都需要使用数字现金软件。

③适用于小额交易。

④身份验证是由数字现金本身完成的。数字现金的发行在发放数字现金时使用数字签名。商家在每次交易中将数字现金传送给银行,由银行验证数字现金的有效性。

⑤数字现金的发行行负责用户和商家之间实际资金的转移。

⑥数字现金与普通现金一样,可以存、取和转让。

4. 简单加密支付系统模型

(1)流程。用户在银行开立一个信用卡账户,并获得信用卡号。用户向商家订货后,把信用卡信息加密后传给商家服务器。商家服务器验证接收到信息的有效性和完整性后,将用户加密的信用卡信息传给业务服务器,商家服务器无法看到用户的信用卡信息。业务服务器验证商家身份后,将用户加密的信用卡信息转移到安全的地方解密,然后将用户信用卡信息通过安全专用网传送到商家银行。商家银行通过普通电子通道与用户信用卡发生联系,确认信用卡信息的有效性。得到证实后,将结果传送给业务服务器,业务服务器通知商家服务器交易完成或被拒绝,商家再将结果通知用户。

整个过程只要经历很短的时间。交易过程的每一步都需要交易方以数字签名来确认身份,用户和商家都必须使用支持此种业务的软件。数字签名是用户、商家在注册系统时产生的,不能修改。用户信用卡加密后的信息一般都存储在用户的家用计算机上。其运作流程如图 4.14 所示。

(2)特点。

①信用卡等关键信息需要加密。

②使用对称和非对称加密技术。

③可能要启用身份认证系统。

④以数字签名确认信息的真实性。

⑤需要业务服务器和服务软件的支持。

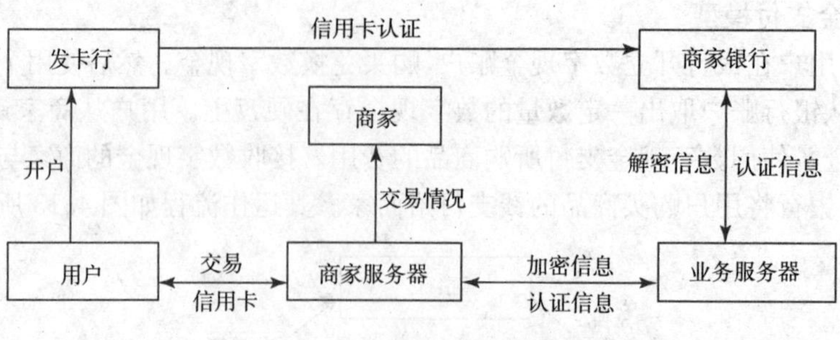

图 4.14　简单加密支付系统模型

这种模型的关键在于业务服务器,保证业务服务器和专用网络的安全就可以使整个系统处于比较安全的状态。由于商家不知道用户信用卡的信息,就杜绝了商家泄露用户隐私的可能性。

5. SET(Security Electronic Transaction)**模型**

安全电子交易简称为 SET,是在开放的因特网上实现安全电子交易的一个国际协议和标准。SET 最初是由 Visa Card 和 Master Card 合作开发完成的,其他合作开发伙伴还包括 GTE、IBM、Microsoft、Netscape、SAIC、Terisa、Verisign 等。

(1)SET 是以信用卡支付为基础的网上电子支付系统规范,为了满足用户、银行和软件厂商的多方需求,它必须实现以下目标。

①信息在因特网上安全传输,不能被窃听或篡改。

②用户资料要妥善保护,商家只能看到订货信息,看不到用户的账户信息。

③持卡人和商家相互认证,以确定对方身份。

④软件遵循相同的协议和消息格式,具有兼容性和互操作性。

(2)SET 标准的内容。

①加密算法。

②证书信息及格式。

③购买信息及格式。

④认可信息及格式。

⑤划账信息及格式。

⑥实体之间消息的传输协议。

(3)流程。SET 协议的工作流程与实际购物流程非常接近,但一切操作都是通过 Internet 完成的。用户在银行开立信用卡账户,获得信用卡。用户在商家的 Web 主页上查看商品目录选择所需商品。用户填写订单并通过网络传递给商家,同时附上付款指令。订单和付款指令要有用户的数字签名并加密,使商家无法看到用户的账户信息。商家收到订单后,向发卡行请求支付确认。发卡行确认后,批准交易,并向商家返回确认信息。商家发送订单确认信息给用户,并发货给用户。然后,商家请求银行支付货款,银行将货款由用户的账户转移到商家的账户。其运作流程如图 4.15 所示。

(4)SET 协议的安全措施。

①加密技术:同时使用私钥与公钥加密法。

②电子认证:电子交易过程中,必须确认用户、商家及其他相关机构身份的合法性,这要求建立专门的电子认证机构(CA)。

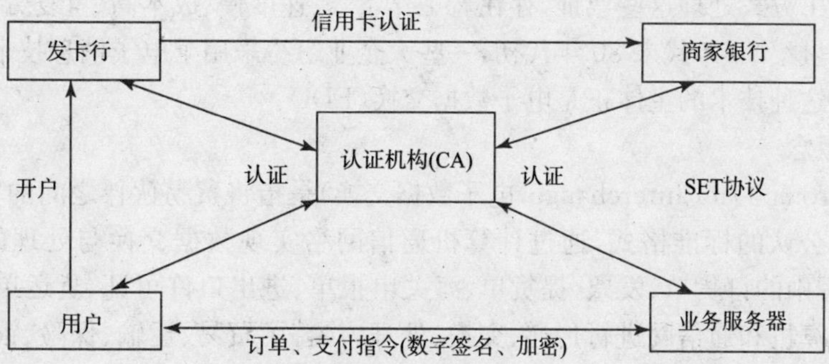

图 4.15　SET 模型

③电子信封：为了保证信息传输的安全性，交易所使用的密钥必须经常更换，SET 使用电子信封的方式更换密钥。方法是，由发送方自动生成专用密钥，用它加密明文，再将生成的密文同密钥一起用公钥密钥的手段加密传出去。收信人用公钥方法解密后，得到专用密钥，再次解密。

④自动柜员机(ATM)。客户可以在银行营业网点、大商场、宾馆等场所的自动取款机上获得包括存款、取款、转账、查询在内的各种服务。自动取款机不受银行工作日的限制，客户可得到一周七天、每天 24 个小时的全天候服务。

⑤售货终端机(POS)。银行在饭店、商场等消费场所设置 POS 机，客户在消费时凭银行卡在 POS 机上进行支付。

⑥电话和客房终端。客户通过电话、客房终端等接受银行提供的金融服务，例如，账户信息查询、转账、证券买卖等。

⑦电子钱包。电子钱包是电子商务购物(尤其是小额购物)活动中常用的一种支付工具。在电子钱包内存放的是电子货币，如电子现金、电子零钱、电子信用卡等。使用电子钱包购物，通常需要在电子钱包服务系统中进行。电子商务活动中电子钱包的软件通常都是免费提供的。

⑧SWIFT。SWIFT 是一种专用金融服务系统，用于处理电子票据的安全传输。SWIFT 使用专用网络进行电子支付，软件系统是专门设计的，对安全有严格要求，应用范围主要是企业与企业之间(如银行与银行或银行与普通企业)。

思考：你在网上商店购物吗？购物时使用什么方式进行交易和支付的？请举例说明。

4.3　EDI 技术

4.3.1　EDI 概述

在电子商务活动中，特别是国际贸易中，往往会涉及交易双方、进出口代理商、海关、商检、金融、保险、承运等部门，这些部门相互之间需要交换大量的信息。过去，这些信息的交换主要是依靠纸张，表现为各种单证、票据的形式。所以一笔外贸业务所需的票证可能会多达几十种，用传统的人工方式处理这些票证，存在着工作量大、速度慢、成本高、重复劳动多、容易出错等缺点。在 20 世纪 70 年代末 80 年代初，一些大企业纷纷采用了电子消息技术这种新型的信息传递手段，而这种技术的主体正是电子数据交换(EDI)。

1. EDI 的概念

EDI(Electronic Data Interchange，电子数据交换)是指将贸易伙伴之间的单证、票据等商业文件，用国际公认的标准格式，通过计算机通信网络实现数据交换与处理的电子化手段。EDI 将贸易过程中的订货单、发票、提货单、海关申报单、进出口许可证、货运单等数据以标准化格式，通过计算机和通信网进行传递、交换、处理，代替了贸易、运输、保险、银行、海关、商检等行业间人工处理信息、邮递互换单证的方式，使交易行为更加快速、安全和高效。

EDI 取代纸面贸易，信息传递快，可靠性强，提高工作效率和竞争能力，在贸易伙伴间建立更好、更密切的关系。EDI 从根本上改变了现代产业的结构、组织管理和贸易方式，因此，EDI 被认为是一场全球性的商业大革命。

正确理解 EDI 的含义，要把握以下要点。

(1)EDI 处理和传输的数据是参与贸易各方之间的商业文件。

(2)文件传输采用国际公认的 EDI 标准报文格式，通过专门的计算机网络实现。

(3)信息的发送，接收与处理是由计算机自动进行的，无须人工干预。可以直接从一方的计算机管理信息系统(MIS)中提取数据，经处理后发送，接收的数据也可直接送到计算机管理信息系统中去，而不需要人工重新输入。

2. EDI 的工作原理

EDI 的工作原理如图 4.16 所示。

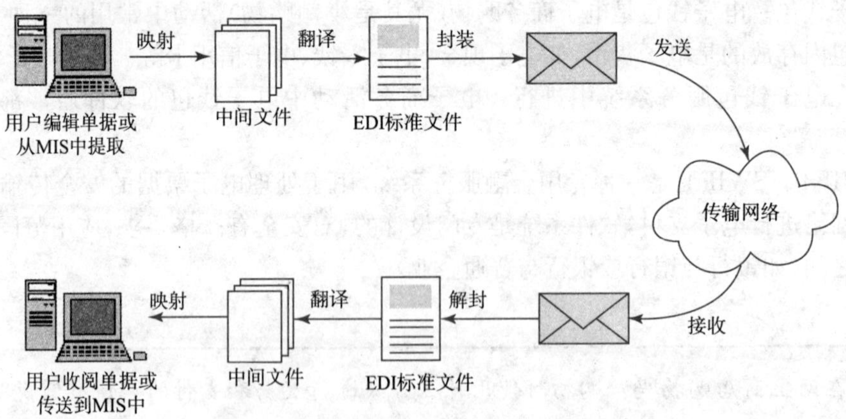

图 4.16　EDI 工作原理

(1)映射——生成中间文件。用户将利用 EDI 应用系统编辑的数据(如单证、票据)或数据库中直接导出的数据，组成一种标准的中间文件。这一过程被称为映射(Mapping)。

中间文件是用户通过应用系统直接编辑、修改和操作的单证或票据文件，它可直接阅读、显示和打印输出。

(2)翻译——生成 EDI 标准文件 。翻译是将中间文件通过翻译软件生成 EDI 标准格式文件。EDI 标准文件，就是所谓的 EDI 电子单证，或称电子票据。它是 EDI 用户之间进行贸易和业务往来的依据。EDI 标准文件是一种只有计算机才能阅读的 ASCII 文件，具有统一的标准和格式。

(3)封装、发送。接下来是给 EDI 标准文件加上通信交换信封。然后接入 EDI 信箱系统，将 EDI 电子单证通过 VAN(增值服务网络)或直接投递到对方的信箱中。并按照通信协议的要求，为电子单证加上信封、信头、信尾、投送地址、安全要求及其他辅助信息。

(4)EDI 文件的接收、解封。接收、解封过程是封装、发送过程的逆过程。首先需要接收用户通过通信网络接入 EDI 信箱系统，打开自己的信箱，解封，将来函接收到自己的计算机中，经格式校验、翻译、映射还原成应用文件。最后对应用文件进行编辑、处理和回复。

在实际操作过程中，EDI 系统为用户提供了 EDI 应用软件包，包括了应用系统、映射、翻译、格式校验和通信连接等全部功能。其处理过程，用户可看作是一个"黑匣子"，完全不必关心里面具体的过程。

3. EDI 功能

按照 EDI 的功能，可分为四类。

(1)订货信息系统。该系统又称为贸易数据互换系统 TDI(Trade Data Interchange)，它用电子数据文件传输订单、发货票和各类通知。

(2)电子资金转账系统。该系统简称 EFT(Electronic Funds Transfer)，即在银行和其他组织之间进行电子费用汇兑。

(3)交互式应答系统。该系统简称 IQR(Interactive Query Response)它可应用在旅行社或航空公司作为机票预订系统。

(4)图形资料自动传输的 EDI。最常见的是计算机辅助设计(CAD)图形的自动传输。

4. EDI 的应用范围

基于 VAN 的 EDI 由于其相当高的成本，从而只有少数大公司才能够使用得起，但随着互联网的普及，基于 Internet 的 EDI 的出现使其的应用已经扩大到许多领域，涵盖了金融、商业、外贸、工业、医疗、保险、运输、政府机关等，这些领域的应用一般是互为联系、交叉的。对于国内 EDI，需要涉及贸易双方、银行、运输业；国际贸易 EDI 要涉及进出口公司、运输公司、保险公司、海关、商检、银行和外贸管理等部门，图 4.17 展示了国际贸易 EDI 的结构。

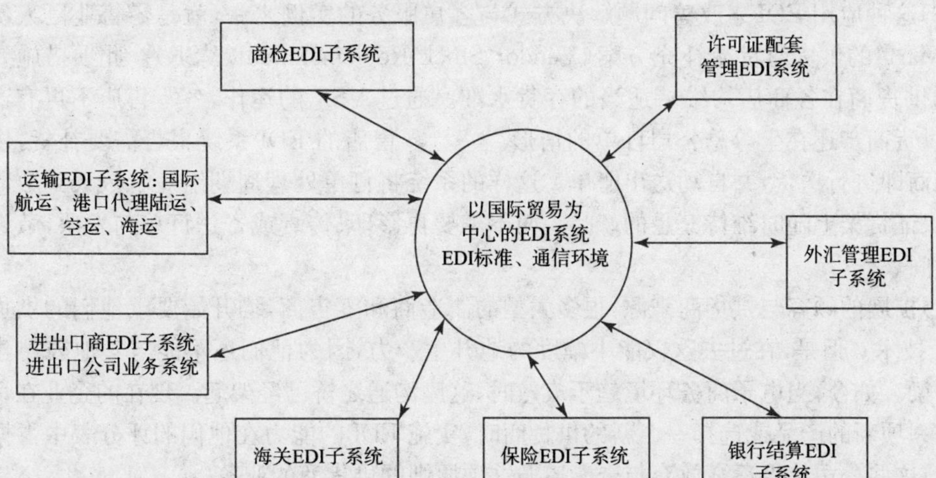

图 4.17 国际贸易 EDI 结构

4.3.2 EDI 系统结构和特点

1. EDI 系统结构

由于 EDI 标准文件必须适用于所有业务的需求，EDI 标准不但广泛且具一般性，而且所有信息都必须具备下列的共同结构。

(1)交易组(Transaction Set)相当于一份商业文件，如采购单。每一个交易组是由数个数据段组成。

(2)数据段(Datasegments)是资料项的逻辑组合，共同传达一项信息，例如发票条件、运送信息或采购项目。

(3)资料项(Dataelements)为个别的数据域位，例如采购单号码、订购数量、单价。

EDI 的观念和理论也已从固定长度、专属格式的数据传输，演变为变动长度、标准格式的数据传输。如果没有这些标准格式，产业界在计算机对计算机通信技的应用成效，将因不同的格式与资料内容而大打折扣。

早期的 EDI 仅限于单一的应用(如采购作业)，一套或两套交易组(如发票或采购单)，以及数量有限的交易对象。近年来跨产业标准的发展，则使 EDI 大放异彩，在各种作业里，成百上千的交易组可适用于各类的商业交易。

2. EDI 的特点

EDI 具有下列几个明显的特点。

(1)减少纸张的作业制度：EDI 将会影响组织在维护记录、纸张用品、档案橱柜及其他储存制度，还会影响管理这些事务的人员方面的需求与成本。电子化的交易取代了纸张的大部分功能，并因为自动化而大幅减少作业处理的时间。此外，由于不再需要寄送文件，EDI 还将节省相关的邮费。

(2)改善的问题解决方式与客户服务：EDI 能够减少企业花在追踪及解决与业务往来对象问题的时间。很多此类问题都起因于资料输入的错误，EDI 可以避免这些错误。此外，由于 EDI 能够迅速传输业务文件与减少处理错误，再加上自动的稽核轨迹可使会计人员有较多的时间从事更具生产力的工作，客户服务将因此而改善。

(3)这种应用 EDI 来改善问题解决方式与客户服务的实例之一，就是零售业巨人沃尔玛(Wal Mart)的供货商货品补充方案(Vendor Stock Replenishment，VSR)。此项措施要求该公司的供货商在各商店均维持适当的存货水准。通过 VSR 的运作，各零售店不再有产品售罄，而供货商却还在坐等总公司订单的情形。一旦零售店的 EDI 系统报告需要补货，供货商与配销商即进行送货，并自动送出账单。这样的系统将订单处理周期缩短了数天到数周的时间，并保证货架上随时维持充足的产品。而不需要再影印、传真或寄送订单与发票，节省了不少的时间。

(4)扩展的顾客与供货商来源：很多大型的制造商和零售商，均开始要求他们的供货商引进 EDI 技术。但是，在过去这仅能小幅度的地升生产力，因为他们还不能与其他公司建立联系的桥梁。如今，当电子商务环境趋于成熟时，这座沟通之桥已经架起。现在的企业在评估是否销售一项新的产品或选择一个新的供货商时，实施 EDI 的能力在他们的评分表中占据很重的分量，这些公司势将逐渐放弃与未能遵循这项原则的供货商的业务。

4.3.3 EDI 系统的组成

EDI 数据标准、EDI 软件、EDI 硬件、通信网络是构成 EDI 系统的四大要素。

1. EDI 数据标准

由于各个企业的计算机应用软件通常是按照企业自身的需要而设计的，如果要求企业的每个 EDI 贸易伙伴都修改自己的应用软件以便与其他的贸易伙伴互相通信，这是不现实的。因此，贸易伙伴之间必须共同讨论、制订一套共用的标准用于表示所交换的数据。目前，世界各国都把 UN/EDIFACT 作为本国用于表示所交换数据的标准。

2. EDI 软件

EDI 软件的功能是将用户数据库系统中的信息译成 EDI 的标准格式的文件，以供传输交换。EDI 标准具有相当的灵活性，可以适应不同行业的众多需求。然而，每个公司有其自己规定的信息格式，因此，当需要发送 EDI 电文时，必须用某些方法从公司的专有数据库中提取信息，并把它翻译成 EDI 标准格式再进行传输，这就需要 EDI 相关软件的帮助。

EDI 软件包括以下部分。

(1)转换软件。转换软件可以帮助用户将原有计算机系统文件转换成翻译软件能够理解的中间文件或是将从翻译软件接收来的中间文件转换成原计算机系统中的文件。

(2)翻译软件。将中间文件翻译成 EDI 标准文件，或者将接收到 EDI 标准文件翻译成中间文件。

(3)通信软件。给 EDI 标准文件的外层加上通信信封，再传送到 EDI 系统交换中心的邮箱，或从 EDI 系统交换中心的邮箱内，将接收到的文件取回。

3. EDI 硬件

EDI 所需的硬件设备大致有：计算机、通信线路及连网设备。

(1)计算机。企业现有的计算机(PC、工作站、小型机、主机等)，一般均能满足 EDI 的要求，不必作特殊处理。

(2)通信线路。通信线路一般最常用的是普通电话线路，如果对传输速率有较高要求，可以考虑使用 ISDN 或 ADSL，甚至租用专用线路 DDN 或 X2. 5 等。

(3)连网设备。连网设备与选择的通信线路有关，目前采用电话线路进行通信是最为普遍的方法，因此调制解调器(Modem)是最常见的硬件设备。如果选择其他通信线路，则必须选配相应的连网设备(如网卡、HUB、交换机、路由器等)。

4. 通信网络

通信网络是实现 EDI 的基础。早期的 EDI 通信是采用贸易伙伴之间的专用通信网络实现的，结构均比较简单，我们称这种 EDI 网络为直接连接网络，如图 4. 18 所示。

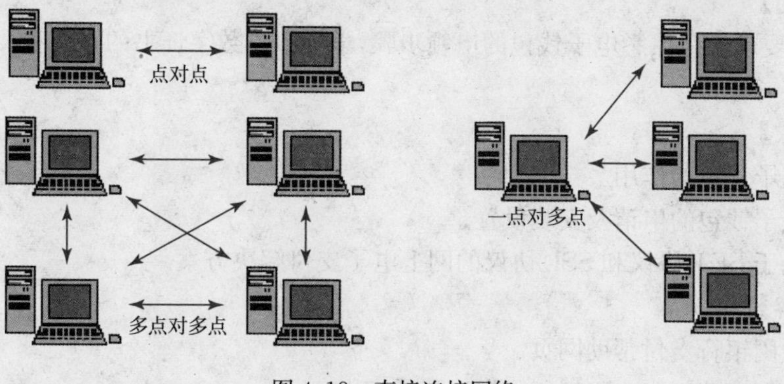

图 4. 18 直接连接网络

但随着贸易伙伴数目的增多，当多个企业的计算机直接通信时，会出现由于计算机厂家不同、通信协议相异以及工作时间不易配合等问题，造成相当大的困难。为了克服这些问题，许多公司逐渐采用第三方网络与贸易伙伴进行 EDI 通信，即增值网络（VAN）方式，如图 4.19 所示。

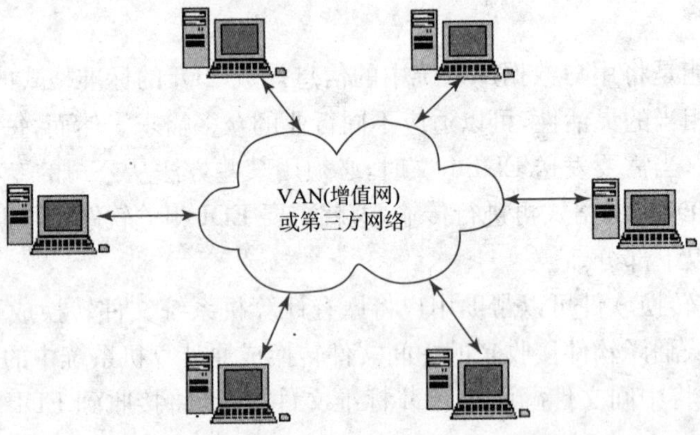

图 4.19　增值网络方式

第三方网络类似于邮局，为发送者与接收者维护邮箱，并提供存储转送、记忆保管、通信协议转换、格式转换、安全管制等功能。因此通过增值网络传送 EDI 文件，可以大幅度降低相互传送资料的复杂度和困难度，大大提高 EDI 的效率。

思考：EDI 在 60 年代应用于航运业，70 年代应用于银行，80 年代应用于商业，90 年代应用于税务，那么现在应用于什么领域呢？请举例说明。

能力训练题 4　电子钱包申领

【实训目的】

通过实训要求学生熟悉电子钱包的申领步骤，学会申请数字证书的方法和技巧，申请一个电子钱包。

【实训要求】

1. 了解电子钱包的作用。
2. 掌握电子钱包的申请及安装设置。
3. 掌握基于 SET 协议和 SSL 协议的网上电子支付解决方案。

【实训内容】

1. 进入中国银行支付帮助网页。
2. 阅读如何申请一张中国银行长城电子借记卡。

3. 阅读如何获得中银电子钱包。

4. 阅读如何安装中银电子钱包。

5. 阅读如何申请电子证书。

6. 阅读中银电子钱包使用功能。

7. 进行实地操作并记录好数据。

【实训步骤】

1. 进入中国银行支付帮助网页，地址是：http://www.chinajob.com/purchase/zgy-hdzjjk.html。

2. 阅读相关资料。

3. 申请电子钱包。下载电子钱包软件，并运行该软件，按照系统提示进行操作。

4. 申请电子证书。访问认证中心：单击“获取证书”后，刚安装好的“电子钱包”会自动打开，输入用户名和口令后，进入“电子钱包”。首先电子钱包会提示添加卡账户信息，接下来的操作按提示进行即可。

5. 获取证书。单击“获取证书”按钮，可以看到电子钱包的左下脚出现“等待初始化响应”、“正在处理证书初始化响应”的信息提示，最后屏幕上出现“中国银行认证中心电子证书管理规定”，阅读相关资料后，单击“接受”即可。

6. 进入电子商务网站，选购商品并进行交易支付。

【实训提醒】

要仔细阅读“中国银行认证中心电子证书管理规定”，了解用户所拥有的权益和法律责任。一张借记卡最多只能申请十张证书，如果超过十次，用户还想进行网上购物，只有重新办理一张新的借记卡。但这并不是说明用户以前的卡失效了，它同样可以进行存款、取款、转账、在商场消费，只是不能在网络上消费了。

证书的有效期为一年，到期后证书自动失效，用户需要重新获取证书。如果用户在网上消费时，不慎泄漏了自己借记卡的密码，为了用户的账户安全，请用户像平使用借记卡一样到中国银行办理挂失。用户在网上消费时，如果与商家发生对货品的纠纷请直接与商家联系。

【实训思考】

1. 如何使用电子钱包？

2. 为什么一定要下载电子证书呢？

3. 如何在网上进行电子支付？

4. 网上交易与支付有哪些优点和缺点？

【实训报告】

1. 实验过程

目的要求：

实验内容：

实验步骤：

如何进行申请注册：

如何使用安全的支付模型：

2. 实验结果

结果分析：

可以使用表格方式，可以使用图形方式，也可以使用文字方式。

3. 总结

通过实训，总结自己掌握程度，分析出错原因，提出改进措施。

习　题　4

一、填空题

1. 所谓电子货币是指以______和各类______为媒介、以计算机技术和______为手段、以______形式存储在______的计算机系统，并通过计算机______以信息的______形式实现______和支付功能的货币。

2. 电子支票是______向______人签发的，无条件的______支付指令。它可以通过______或______设备来完成传统支票的所有功能。

3. 信用卡是一种______付款的方式，是简单的______。信用卡一般是长______毫米、宽______毫米、厚______毫米的塑料卡片，由______或______公司依照用户的______与______发给持卡人，持卡人持信用卡消费时______现金，待______时再行还款。

4. 电子钱包是电子商务______活动中常用的一种______工具，适用于______。在电子钱包内存放的是______。

5. 电子交易具有的特点是：______、______、______、______、______、______、______等特点。

6. 常用的电子支付模型有：______、______、______、______、______。

7. EDI是指将______之间的______、______等商业文件，用______标准格式，通过计算机______实现______与处理的______手段。

8. EDI系统构成有______元素、______元素、______元素、______四大元素组成。

二、判断题

1. 电子货币与传统的货币一样，只不过它用在网络上的。（　）

2. 电子货币就是电子支票和电子钱包。（　）

3. 电子支票和电子钱包就是电子货币。（　）

4. 所谓电子交易是指通过电子系统进行的交易。（　）

5. EDI是将贸易伙伴之间的单证、票据等商业文件，用国际公认的标准格式和手段进行，并只能应用于外贸行业。（　）

三、思考题

1. 简述电子货币的基本概念。

2. 简述电子货币的特点。

3. 简述电子支票的概念。

4. 简述信用卡的概念。

5. 简述电子钱包的概念。

6. 简述电子交易的概念。

7. 简述电子支付的概念。
8. 简述常用的电子支付模型。
9. 简述DEI的概念。
10. 简述DEI的特点。
11. 简述DEI系统的组成。
12. 简述DEI的应用领域。

第 5 章　网络营销与策划

网络营销(On-line Marketing 或 E-Marketing)就是以国际互联网络为基础,利用数字化的信息和网络媒体的交互性来辅助营销目标实现的一种新型的市场营销方式。其实质是利用 Internet 对产品的售前、售中和售后各环节进行跟踪服务。它自始至终贯穿于企业经营全过程,包括寻找新客户、服务老客户,是企业以现代营销理论为基础,利用 Internet 技术和功能,最大限度地满足客户需求,以达到开拓市场、增加赢利为目标的经营过程。也就是说,网络营销就是以互联网为主要手段进行的,为达到一定营销目的的营销活动。本章就介绍此方面的内容。通过本章的学习要求:

- 掌握网络营销的概念。
- 掌握网络营销的定义和特点。
- 掌握网络营销的职能。
- 掌握网络营销的策略。
- 学会撰写网络营销的策划书。

5.1　网络营销概述

5.1.1　网络营销产生的原因及定义

1. 网络营销产生的原因

网络营销产生的原因概括起来有以下几种。

(1)网络营销产生的基础是信息化的发展。网络营销是科学技术的发展、消费者价值观的变革和商业竞争等综合因素共同作用下产生的。信息化是网络营销产生的基础,信息化促使科技、经济和社会的发展,使它们发生了重大变革。信息网络时代,网络的应用改变了信息的分配和接收方式,改变了人们的生活、工作、学习和交流的环境。企业也需要利用网络新技术的快速便车,促进企业飞速发展。网络营销是以互联网为媒体,以新的方式、方法和理念实施营销活动,更有效地促进个人和组织交易活动的实现。企业如何在如此潜力巨大的市场上开展网络营销、占领新兴市场,对企业既是机遇又是挑战。

(2)网络营销产生的内因是价值观的变革。消费者价值观的变革是网络营销产生的内因。满足消费者需求,无论在何时何地,都是一个企业的经营核心。随着 Internet 的用途由学术研究向商业应用的逐步转变,世界各地企业纷纷上网为消费者提供各种类型的信息服务,并将抢占这一科技制高点视为获取未来竞争优势的重要途径。

当今企业正面临前所未有的激烈竞争，市场已由卖方市场演变为买方市场，消费者将面对更为纷繁复杂的商品和品牌选择，这一变化使当代消费者心理与以往相比呈现出一种新的特点和趋势。网络营销的产生则适应了消费者新的价值观，主要表现在以下几方面。

①个性消费的回归。消费者以个人心理愿望为基础挑选和购买商品或服务，心理上的认同感是做出购买决策的先决条件，以商品供应千姿百态为基础的单独享有成为社会时尚。

②消费主动性的增强。由于商品生产的日益细化和专业化，消费者购买的风险感随选择的增多而上升。消费者会主动通过各种途径获取与商品有关的信息，并进行分析比较，以减少购买失误的可能。

③对购物方便性的追求。由于现代人工作负担较重，消费者希望购物方便，尽量节省时间和精力的支出，特别是对某些品牌的消费品已经形成固定偏好的消费者，这一需要尤为重要。

④对购物乐趣的追求。现代人的生活丰富多彩，购物活动不仅是消费需要，也是心理需要，很多消费者以购物为生活内容，从中获得享受。

⑤价格仍然是影响购买的重要因素。虽然现代市场营销倾向于以各种策略来削减消费者对价格的敏感度，避免恶性价格竞争，但价格始终对消费者产生重要的影响。只要价格削减的幅度超过消费者的心理预期，就难免会影响消费者既定的购物原则。

(3)网络营销产生的外部因素是商业竞争的激烈化。

网络营销还产生于商业的竞争，随着市场竞争的日益激烈化，为了在竞争中占有优势，各企业都使出了浑身的解数，想方设法的吸引顾客，很难说还有什么新颖独特的方法出奇胜。开展网络营销，可以节约大量昂贵的店面租金，可以减少库存商品资金占用，可使经营规模不受场地的制约，可便于采集客户信息等。这些都可以使得企业经营的成本和费用降低，运作周期变短，从根本上增强企业的竞争优势，增加盈利。

2. 网络营销定义

网络营销有广义和狭义的定义。

(1)广义的网络营销。广义的网络营销是指以互联网为主要手段(包括企业内部网(Intranet)、企业外联网(Extranet)、因特网(Internet)等)开展的营销活动。

(2)狭义的网络营销。狭义的网络营销是指组织或个人基于开放便捷的互联网络，对产品、服务所做的一系列经营活动，从而达到满足组织或个人需求的目的。

3. 网络营销特点

网络营销具有以下几个特点。

(1)虚拟性。网络营销以 Internet 为背景，本身依附于虚拟空间，业务的全过程在一种“虚拟”的网络环境中进行，网络营销是在没有实物和现场环境的气氛下进行的一种商业活动。

(2)全天候性。网络营销的虚拟性突破了传统工业化社会时空界限以及企业经营活动范围的束缚，以全天候的形式为消费者提供服务。

(3)时域性。网络营销的最终目的是占有市场份额，由于互联网能够超越时间约束和空间限制进行信息交换，使得营销脱离时空限制进行交易变成可能，企业有了更多时间和更大的空间进行营销，可随时随地提供全球性营销服务。

(4)富媒体。网络营销要向消费者提供高质量、多数量的商务信息，使产品更加真实可信、更具亲和力。互联网被设计成可以传输多种媒体的信息，例如，文字、声音、图像等，使得为达成交易进行的信息交换能以多种形式存在和交换，可以充分发挥营销人员的创造性和能动性。

(5)个性化。互联网上的促销是在一对一的前提下，由理性的消费者主导，具有非强迫性和循序渐进的特点。是一种低成本与人性化的促销，应避免推销员强势推销对消费者造成干扰，并通过信息提供与交互式交谈，与消费者建立长期良好的关系。

(6)交互式。网络营销与消费者之间的沟通表现为信息交流的互动性、产品交易的互动性及客户服务的互动性。通过互联网展示商品图像，查询商品信息资料，来实现供需互动与双向沟通。还可以通过互联网进行产品测试与消费者满意调查等活动。互联网为产品联合设计、商品信息发布，以及各项技术服务提供最佳途径。

(7)技术性。网络营销的信息传递及服务都是通过强大的技术性支持来完成的，这些技术包括网络技术、计算机技术、通信技术、多媒体技术等。网络营销的成熟与否在很大程度上取决于其技术使用的范围和先进程度。

(8)整合性。互联网上的营销可由发布商品信息、实现商品销售以及售后服务一气呵成，因此也是一种全程的营销渠道。另一方面，可以借助互联网将不同的传播营销活动进行统一设计规划和协调实施，以统一的传播咨讯向消费者传达信息，避免不同传播中不一致性产生的消极影响。

(9)经济性。网络营销无店面租金成本，且能实现产品直销，能帮助企业减轻库存压力，实现零库存的目标，从而降低营销成本。通过互联网进行信息交换，代替以前的实物交换，一方面可以减少印刷与邮递成本，还可以实无店面销售，免交租金，节约水电与人工成本；另一方面可以减少由于迂回交换带来的损耗。

(10)超前性。互联网是一种功能强大的营销工具，它同时兼具渠道、促销、电子交易、与顾客互动，以及市场信息分析与提供等多种功能。它所具备的一对一营销能力，正符合定制营销与直复营销的未来趋势。

5.1.2 网络营销的核心思想

网络营销的核心思想就是“营造良好的网上经营环境”。所谓网上经营环境，是指企业内部和外部与开展网上经营活动相关的环境，包括企业网站本身、顾客、网络服务商、合作伙伴、供应商、销售商、相关行业的网络环境等，网络营销的开展就是与这些环境建立关系的过程，这些关系处理好了，网络营销也就卓有成效了。

1. 企业网站

企业网站，就是企业在互联网上进行网络建设和形象宣传的平台。企业网站就相当于一个企业的网络名片，不但对企业的形象是一个良好的宣传，同时可以辅助企业的销售，甚至可以通过网络直接帮助企业实现产品的销售，企业可以利用网站来进行宣传企业文化、介绍企业的历史和商品信息、提供客户服务、进行招聘等。

企业网站的作用就是展现公司形象、加强客户服务、完善网络业务，还可以与潜在客户建立商业联系。随着网络的发展，出现了以提供网络资讯为盈利手段的网络公司，通常这些公司的网站上提供人们生活各个方面的资讯，例如，时事新闻、旅游、娱乐、经济等。

2. 顾客

从外到内对网络营销顾客群体细分，可分以下几类：分为全球人类、社区网民、网站新客、产品或服务的客户和常客，如图5.1所示。

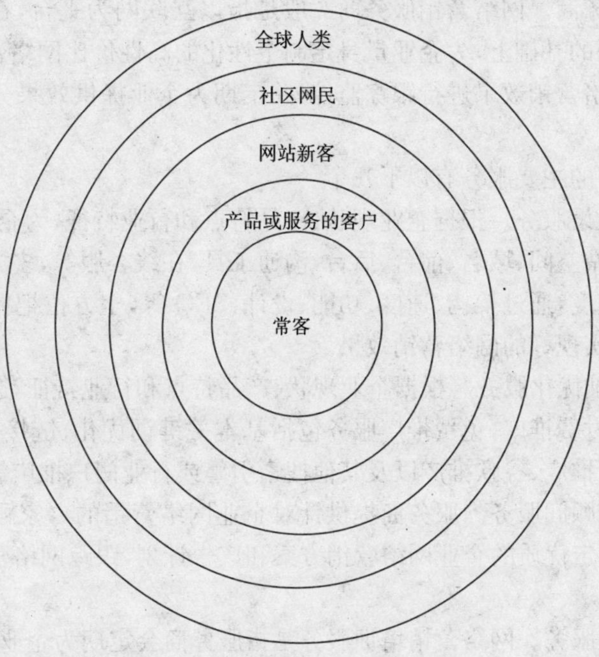

图 5.1　网络营销顾客群体细分

(1)全球人类。这类客户指的是不论什么国家、什么民族、什么地域的人,只要是在网上冲浪的网民,都可成为企业的客户。他们普遍的心态是:我要找的东西究竟在哪里？对于这类客户,你要尽可能将其注意力吸引到你企业的网站中来。

(2)社区网民。这类客户指的是已经成为某社区的网民。他们的普遍心态是:我希望能学到一些东西,并且找到一位言之有物的社区网友,可以经常交谈、取经,同时也很希望能找到一些与他有关的产品信息。对于他们,你要成为有帮助的信息源泉,从而吸引来访者,而不是一味地做强势宣传。

(3)网站新客。这类客户指的是偶尔进入了网站的网民。他们的普遍心态是:这里有一些非常有价值的信息,我可以收集一些商品信息,但凭一纸订单,我能相信吗？对于他们,就需要提供有价值、容易寻找的信息,使其建立 Bookmark,并留下 E-mail 地址,让你的网站给他留下尽量深的印象。

(4)产品或服务的客户。这类客户指的是第一次填写订货单或联系单,即将成为你产品或服务的客户。他们的普遍心态是:我的订单能否兑现,最快多久能交货呢？我的信用卡会安全吗？这会不会是个皮包公司？对于他们,要设法使他们消除顾虑,使他们对你的产品或服务产生一种安全感,并建立一种简洁、有效、信任的机制。

(5)常客。这类客户指的是经常光顾网站,并对产品或服务比较满意的客户,他们的普遍心态是:啊,好极了,我订的货今天到了,而且没用多长时间,下次买东西,我可知道去哪里了。对于常客,你要和他们建立一种友好的联系,提供增值服务,提供信息,争取使其成为你一生的客户,并由此而带来一些新客户。

3. 网络服务商

网络服务商包括网络营销服务商和网络连接服务商两种。

(1)网络营销服务商。网络营销服务商一般是指以互联网为平台，在深入分析企业现状、产品特点和行业特征的基础上，为企业量身定制个性化的高性价比网络营销方案，全面负责方案的有效实施，对网络营销效果进行跟踪监控，并定期为企业提供效果分析报告，让企业真正通过网络营销盈利。

网络营销服务商的主要服务有以下几个。

①营销型网站建设服务。根据企业现状、产品特点和行业特征，为企业架构适合网络营销的网站平台，包括网站空间、域名、前台、后台，沟通工具，在线客服等，多方位展示企业优势，实现均衡稳定的访问速度，通过架构、速度、功能、设计、SEO 等，全方位把握意向客户，最大化地将访客转化为顾客，实现好的网络营销效果。

②网站 SEO 基础优化服务。根据企业现状、产品特点和行业特征，进行 SEO 基础优化服务，包括免费推广和付费推广，免费推广服务包括基本关键词优化、链接优化、内容优化等，付费推广服务包括百度推广、谷歌推广以及其他搜索引擎或行业门户推广等。

③网络营销专家顾问服务。服务商提供针对企业网络营销的专家顾问咨询服务，为企业进行 SWOT 分析，制定优质的企业网络营销方案和广告计划，跟踪网络营销效果，并进行效果分析和服务报表。

④网络营销培训服务。网络营销培训服务是指服务商会定期为企业量身设计网络营销课程，制订具有针对性的企业培训方案，明确企业对网络营销的认识，全程教授企业网络营销实战操作，分享成功经验。

⑤特殊增值服务。除上述四大基本服务外，一些较具实力的网络营销服务商还会提供网络营销增值服务，如广告增值服务等。

(2)网络连接服务商。网络连接服务商 ISP(Internet Service Provider)，即向广大用户综合提供互联网接入业务、信息业务和增值业务的电信运营商。ISP 是经国家主管部门批准的正式运营企业，享受国家法律保护。

中国三大基础运营商：

①中国电信，服务内容有：拨号上网、ADSL、1X、CDMA1X，EVDO rev. A、FTTx；

②中国移动，服务内容有：GPRS 及 EDGE 无线上网、TD-SCDMA 无线上网，一少部分 FTTx；

③中国联通，服务内容有：GPRS，W-CDMA 无线上网、拨号上网、ADSL、FTTx。

电信重组之后，中国网通并入中国联通，剔除中国联通 CDMA，组成新联通；中国铁通并入中国移动，为其旗下全资子公司；中国联通 CDMA 并入中国电信组成新电信。

4. 合作伙伴

合作伙伴指的是人与人之间或企业与企业之间达成的最高层次的合作关系，它是指在相互信任的基础上，双方为了实现共同的目标而采取的共担风险、共享利益的长期合作关系。这种关系有以下几层。

(1)发展长期、信赖的合作关系。

(2)这种关系由明确或口头的合约确定，双方共同确认并且在各个层次都有相应的沟通。

(3)双方有着共同的目标，并且为着共同的目标有挑战性的改进计划。

(4)双方相互信任、共担风险，共享信息。

(5)共同开发，创造。

5. 供应商

供应商是指直接向零售商提供商品及相应服务的企业及其分支机构、个体工商户，包括制造商、经销商和其他中介商。或称为“厂商”，即供应商品的个人或法人。

供应商可以是农民、生产基地、制造商、代理商、批发商(限一级)、进口商等，应避免太多中间环节的供应商。例如，二级批发商、经销商、或亲友所开的公司。

6. 销售商

经销商分为普通经销商和特约经销商。前者一般没有特别限制，而后者则和大的代理商或厂家有某些在销售额，产品价格等方面的特别约定。分销商介于代理商和经销商之间。代理商是指某产品在销售过程中由生产厂家授权在某一区域有资格销售该产品的商家。它分为地区级、国家级、省市县级等，又分为独家代理、总代理、分级代理，所有代理商家都有相应的特权，代理级别低的原则上由高一级的代理商管理。

5.1.3 网络营销的职能

网络营销的职能包括以下八个方面的内容，即网上调研、信息发布、网络品牌、网站推广、销售促进、销售渠道、顾客服务、顾客关系。网络营销策略的制订和各种网络营销手段的实施都是以发挥这些职能为目的的。

1. 网络调研

网络调研是网络营销的关键职能之一。网络调研是指利用 Internet 技术进行调研的一种方法。其大多应用于企业内部管理、商品行销、广告和业务推广等商业活动中。

通过在线调查表或者电子邮件等方式，可以完成网络市场调研，相对传统市场调研，网络调研具有高效率、低成本的特点。

利用互联网进行市场调查是一种非常有效的方式，许多网站都设置在线调查表，用以收集用户反馈信息，在线调查常用于产品调查、消费者行为调查、顾客意见调查、品牌形象调查等方面，是获得第一手调研资料的有效工具。但是，在线调查也存在种种局限，尤其在企业网站访问量比较小、客户资料还不够丰富的情况下，获得的有效问卷数量较少，调查结果有时会出现较大的误差。尽可能提高在线调查结果的质量，是开展网络市场调研过程中每个环节都要考虑的问题。

2. 信息发布

信息发布是网络营销的主要方法之一。网站是一种信息载体，通过网站可以发布各种信息资源，同时，信息发布也是网络营销的基本职能，所以也可以这样理解，无论哪种网络营销方式，结果都是将一定的信息传递给目标人群，包括新老顾客、媒体、合作伙伴、竞争者等。

网络营销可以将信息发布到全球任何一个地方，既可以实现信息的广覆盖，又可以形成地毯式的信息发布链；既可以创造信息的轰动效应，又可以发布隐含信息。信息的扩散范围、停留时间、表现形式、延伸效果、公关能力、穿透能力等都是最佳的。特别要提出的是，在网络营销中，网上信息发布以后，可以能动地进行跟踪，获得回复，可以进行回复后的再交流和再沟通。因此，信息发布的效果明显。

3. 网络品牌

网络品牌是网络营销的重要任务之一，即如何在互联网上建立并推广自己企业的品牌。知名企业的网下品牌可以在网上得以延伸，一般企业则可以通过互联网加快树立企业的品牌形象，并提升企业的知名度。网络品牌建设是以企业电子商务网站建设为基础，通过一系列的推广措施，使顾客和公众对企业有一定的认知和认可。在一定程度上说，网络品牌的价值甚至高于通过网络获得的直接收益。

技术的进步和互联网的发展，不仅给品牌带来了新的生机和活力，而且推动和促进了品牌的拓展和扩散。实践证明，互联网不仅拥有品牌、承认品牌，而且对于重塑品牌形象、提升品牌的核心竞争力、打造品牌资产方向，具有其他媒体不可替代的效果和作用。

4. 网站推广

网站推广是网络营销最基本的职能之一，所谓网站推广指的是企业在网上利用网络的各种服务和功能，向新老顾客推广本企业的网站，以便让更多的人来访问该企业的网站，了解企业的各种信息，达到网络营销的目的。在几年前，甚至认为网络营销就是网站推广。相对于其他功能来说，网站推广显得更为迫切和重要，网站所有功能的发挥都要以一定的访问量为基础，所以，网站推广是网络营销的核心工作。

5. 销售促进

销售促进是网络营销的基本目的之一，大部分网络营销方法都直接或间接与销售促进有关，但销售促进并不限于促进网上销售，事实上，网络营销在很多情况下对于促进网下销售十分有价值。

销售促进是作为一种非价格竞争的促销手段，能刺激客户的实际需要，激发客户使用某种产品和服务的兴趣，这在商业银行实行利率竞争和费用竞争有限度的条件下，是具有特殊的作用和意义的。一方面，可促进商业银行的交易机会，另一方面，可使客户接受全面、高质量的商业银行的服务，从而与商业银行建立长期的信用关系。

6. 销售渠道

销售渠道是网络营销的一个重要的场所之一。一个具备网上交易功能的企业网站本身就是一个网上交易场所，网上销售是企业销售渠道在网上的延伸，网上销售渠道建设也不限于网站本身，还包括建立在综合电子商务平台上的网上商店，以及与其他电子商务网站不同形式的合作等。

网络具有极强的进击力和穿透力，传统经济时代的经济壁垒、地区封锁、人为屏障、交通阻隔、资金限制、语言障碍、信息封闭等，都不能阻挡网络营销信息的传播和扩散。新技术的诱惑力，新产品的展示力，图文并茂和声像俱显的昭示力，地毯式发布和爆炸式增长的覆盖力，将整合为一种综合的信息进击能力，快速地打通封闭的坚冰，疏通种种渠道，打开进击的路线，实现和完成市场的开拓使命，这是任何其他手段都无法比拟的。

7. 顾客服务

顾客服务是网络营销效果的重要的手段之一，21 世纪竞争的焦点是顾客服务。网络营销不是提供一般的服务功能，而是提供一种特色服务功能，服务的内涵和外延都得到了扩展和延伸。互联网提供了更加方便的在线顾客服务手段，顾客不仅可以获得形式最简单的 FAQ（常见问题解答）、邮件列表、网络论坛（也称 BBS，电子公告牌）、聊天室等各种即时信息服务，还可以获取在线收听、收视、交款等选择性服务，以及无假日的紧急需要服务和信息跟踪、信息订制，直到智能化的信息转移、手机接听服务以及网上选购、送货到家的上门服务等。这种服务以及服务之后的跟踪延伸，不仅极大地提高了顾客的满意度，使以顾客为中心的原则得以实现，而且客户成了商家的一种重要的战略资源。

8. 顾客关系

顾客关系是网络营销能否取得成效的必要条件之一，通过网站的交互、顾客信息反馈表、用户调查表、对顾客的承诺以及顾客的参与等方式，在为顾客服务的同时，也增进了顾客的情感关系。

在传统的经济模式下，由于认识不足或自身条件的局限，企业在管理客户资源方面存在着较为严重的缺陷。针对这种情况，在网络营销中，通过客户关系管理，将客户资源管理、销售管理、市场管理、服务管理、决策管理等融为一体，将原本疏于管理、各自为战的计划、销售、市场、售前和售后服务与业务统筹协调起来，既可跟踪订单，帮助企业有序地监控订单的执行过程，规范销售行为，了解新老客户的需求，提高客户资源的整体价值，又可以避免销售隔阂，帮助企业调整营销策略，收集、整理、分析客户反馈信息，全面提升企业的核心竞争能力，客户关系管理还具有强大的统计分析功能，可以为我们提供"决策建议书"，以避免决策失误而造成的损失，为企业带来可观的经济效益。

综上所述，开展网络营销的意义就在于充分发挥各种职能，让网上经营的整体效益最大化，因此，仅仅由于某些方面效果欠佳就否认网络营销的作用是不合适的。网络营销的职能是通过各种网络营销方法来实现的，网络营销的各个职能之间并非相互独立的，同一个职能可能需要多种网络营销方法的共同作用，而同一种网络营销方法也可能适用于多个网络营销职能。

思考：网络营销的核心思想是"营造良好的网上经营环境"，你是怎样理解的？请举例说明。

5.2 从4P到4V理论

5.2.1 网络营销理论框架

1. 理论框架

网络营销的理论框架结构如图5.2所示。

从图5.2中可以看出，最里面的一层是"网络市场"，企业的各种工作都将围绕它进行，并以它为中心。在"网络市场"的外层是顾客、成本、方便、沟通，它们是企业网络营销的战略。最外层是影响企业网络营销的因素，它们是企业的资源条件和目标、人口环境和素质、政治环境、社会和文化环境、政策法律及隐私、经济环境、Internet技术、数据库技术及其他各种网络技术、网络基本设施等。

网络的特征在营销中所起到的作用可以概括为：使顾客这个角色在整个营销过程中的地位得到提高。网络互动的特性使顾客真正参与到整个营销过程中来成为可能；顾客不仅是参与的主动性增强，而且选择的主动性也得到加强，因为网络上信息丰富的特征使顾客的选择余地变得很大，在满足个性化消费需求的驱动之下，企业必须严格地执行以消费者需求为出发点，以满足消费者需求为归宿点的现代化市场营销思想，否则顾客就会选择其他企业的产品。这样，网络营销首先要求把顾客整合到整个营销过程中来，从他们的需求出发开始整个营销过程。不仅如此，在整个营销过程中要不断地与顾客交互，每一个营销决策都要从消费者出发，

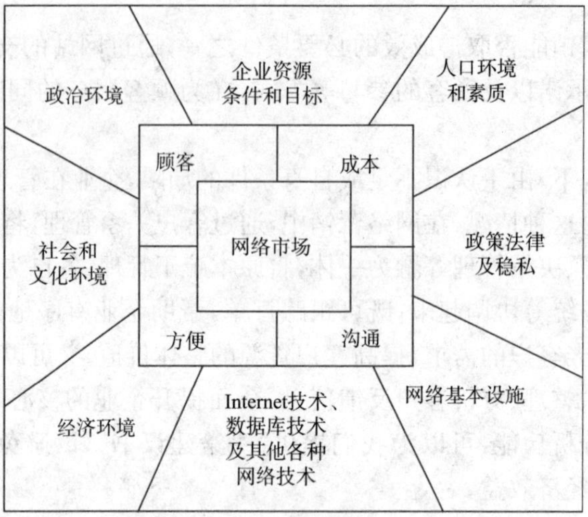

图 5.2 网络营销的理论框架结构

而不是像传统营销理论那样主要从企业自身的角度出发。

2. 企业网络营销战略特征

随着 Internet 及万维网的盛行,从市场运作的机制看,网络营销战略的基本特征如下。

(1)无店铺的经营方式。主要是在网上展开营销活动,是虚拟商店。它不需要店面、装潢、摆放的货品和服务人员等,它使用的媒体为 Internet。

(2)无存货的经营形式。网上商店接到顾客订单后,再向厂家订货,而无须将商品陈列出来,只需在网页上打出货物菜单以供选择。

(3)无国界、无区域界限的经营范围。Internet 创造了一个即时全球社区,它消除了同其他国家客户做生意的时间和地域障碍。

(4)无时间限制的全天候经营形式。虚拟商店不需要雇佣经营服务人员,经营的时间可以做到一天 24 小时,一年 365 天。

(5)双向互动的信息传播方式。Internet 能够实现双向沟通,即信息的传播不再会保持目前的这种单向的传播模式,而是逐步演变为双向的信息需求和传播模式。在这种交互的双向传播模式下,信息源积极向信息需求者展现自己的信息产品的同时,信息需求者也在积极主动地向信息源索要自己所需的信息。

(6)成本低廉的竞争策略。网上商店的成本主要涉及自设网站成本、软硬件费用、网络使用费,以及以后的维持费用。它通常比普通商店经常性的成本要低得多,这是因为普通商店需要昂贵的店面租金、装潢费用、水电费、营业税以及人事管理费用。

3. 企业网络营销战略的条件和环境

无论什么样的营销活动,都离不开两个基本因素,即营销环境和营销资源。因此,开展网络营销需要具备企业外部的基本环境和内部的基本条件。

网络营销的外部环境包括法律环境、政治环境、一定数量的上网企业和上网人口,以及 Internet 信息服务资源等,这些环境因素不是一个企业可以决定的,但却影响着企业网络营销的应用状况,企业的网络营销活动需要与外部环境相适应,并且从外部环境获得外部网络营销资源。

企业的内部条件即创造必要的网络营销资源，包括基本的上网条件、合适的专业人员、必要的营销预算等，在此基础上，可以根据企业的经营策略制订网络营销计划，包括企业网站建设与推广，建立和保持顾客关系，提供在线顾客服务，并进一步积累网络营销资源，从而最终实现提升企业品牌形象、提高竞争力、增加顾客忠诚度、增加收益的目的。

网络营销战略的实施是系统工程，首先应加强对规划执行情况的评估，判定是否充分发挥此战略的竞争优势和有无改进余地；其次是对执行规划时的问题应及时识别和加以改进；再次是对技术的评估和采用。网络营销的整体实施不是简单的某一个技术方面的问题或某一个网站建设的问题，它还需要从整个营销战略方面、营销部门管理和规划方面，以及营销策略制订和实施方面进行调整。

4. 企业网络营销战略分析

企业战略是指企业为了适应未来环境的变化寻找长期生存和稳定发展的途径，并为实现这一途径优化配置企业资源，制定总体性和长远性的谋划与方略。企业的网络营销战略是以"网络市场"为中心的，围绕着"网络市场"周围的是"网络营销组合"，即网络营销战术。在网络营销观念指导下，企业网络营销管理工作都必须以网络市场为中心。

随着 Internet 的发展，从有形市场转向网络市场使企业的目标市场、顾客关系、企业组织、竞争形态、营销手段等发生了变化，企业既面临着新的挑战，也面临着无限的市场机会。企业必须制定相应的网络营销战略，提供比竞争者更有价值、更有效率的产品和服务，扩大市场营销规模，实现企业的战略目标。网络营销战略目标，就是确定开展网络营销后达到的预期目的，以及制订相应的步骤，组织有关部门和人员参与。网络营销目标一般考虑以下几个类型。

(1)销售型网络营销目标。指企业为拓宽网络销售，借助网上的交互性、直接性、实时性和全球性为顾客提供方便快捷的网上销售点。

(2)服务型网络营销目标。主要是为顾客提供网上联机服务，顾客通过网上服务人员可以远距离进行咨询和售后服务。

(3)品牌型网络营销目标。主要是在网上建立自己的品牌形象，加强与顾客的直接联系和沟通，建立顾客的品牌忠诚度，为企业的后续发展打下基础，并配合企业现行营销目标的实现。

(4)提升型网络营销目标。主要是通过网络营销替代传统营销手段，全面降低营销费用，改进营销效率，改善营销管理和提高企业竞争力。

5. 企业网络营销战略计划

企业制订网络营销战略计划(或称网络市场营销战略决策)必须全面考虑到企业的资源条件和企业目标、外部环境(企业的"不可控制的变数")，要善于使企业"可控制的变数"与外部"不可控制的变数"迅速相适应，这就是企业经营管理能否成功、企业能否生存和发展的关键。

6. 企业网络营销战略目标

随着科学技术的迅速进步和发展，必然会涌现出越来越多的新科研成果、新技术、新产品。企业今后不能只是被动地适应顾客需求，而必须积极主动地创造或改变目标顾客的需求，只有这样，才能实现潜在交换，扩大销售。

5.2.2 以满足市场需求为目标的 4P 理论

1. 4P 理论概念

4P 的理论是指市场营销人员综合运用并优化组合多种可控因素，以实现其营销目标的活动的总称。这些可控因素归结为以下四种：产品(Product)、价格(Price)、渠道(Place)和促销

(Promotion)。企业的营销活动就是以适当的产品、适当的价格、适当的渠道和适当的促销手段,将适当的产品和服务投放到特定市场的行为,这就是所谓的4P理论。

这一理论提出的时间是1950年,其背景是世界经济已经从"二战"的创伤中恢复过来,资本主义国家经济进入了高速发展的战后"黄金阶段",经济全球化处于起步阶段。消费者需求单一且比较旺盛。以数量满足为核心的包含数量、质量与结构的三重性短缺,基本上是一种典型的卖方市场。

2. 4P理论的缺陷

随着时间的推移,这一理论也暴露出自身的局限性。

(1)这一理论是以大工业经济时代为背景,成为工业企业开展营销的强大工具,这就在应用范围上受到局限。

(2)这一理论从企业的角度出发进行营销组合,忽视了顾客,对市场变化反应迟钝,容易导致"营销近视症",在今天看来这是致命的"软肋"。

(3)这一理论较多地关注企业自身,忽视了竞争对手因素,因而容易受到追随模仿,最终造成无差异化营销的局面。

5.2.3 以追求顾客满意为目标的4C理论

1. 4C理论概念

4C的理论是根据消费者的需求和欲望来生产产品和提供服务,根据顾客支付能力来进行定价决策,从方便顾客购买及方便为顾客提供服务来设置分销渠道,通过企业同顾客的情感交流、思想融通,对企业、产品或服务更好的理解和认同,寻求企业同顾客的契合点,4C即消费者(Consumer)、成本(Cost)、方便(Convenience)和沟通(Communication)。

这一理论提出的时间是1973年,其背景是石油危机的爆发,主要的发达国家进入了"滞胀阶段",经济发展停滞不前。与此相反的是在拉丁美洲和亚洲出现了一些新兴工业国家和地区,并且形成了一支新兴的经济力量,这些国家的企业开始积极的参与国际竞争。同时发达国家的消费者对价格变得敏感,需求呈现出多样性,更为注重产品或服务的质量,也因内部市场容量有限,国内企业之间的竞争也变得异常激烈。

这一理论坚持以顾客为导向,始终围绕"顾客需要什么"、"如何才能更好的满足顾客"两大主题,进行持续的改进活动,以追求顾客满意为目标。它是一种由外而内的拉动型营销模式,它宣传的是"请消费者注意",而非"消费者请注意"。

与传统的营销模式相比,在以顾客为导向的组织中,认为顾客是企业存在的唯一理由,顾客是企业利润的最终来源,而前线人员与顾客发生互动,在互动的瞬间决定了企业的命运。中层管理者和高层管理者主要工作有两方面:一方面要为前线人员提供支持活动,另一方面也要保持和顾客不断接触,及时响应顾客需求。

2. 4C理论缺陷

该理论由于考虑了顾客这一外部不可控因素,在实践操作性上较之以4P理论显得较弱。过分以顾客为导向将会使企业的营销活动显得被动,实际上企业可以驱动市场,而不仅仅是市场驱动。同时,该理论仍未考虑竞争对手的营销策略及反应,也容易遭到模仿。

5.2.4 以建立顾客忠诚为目标的4R理论

1. 4R理论概念

4R理论是市场反应(Reaction)、顾客关联(Relation)、关系营销(Relationship)和利益回报(Retribution)。它提出了企业的营销活动的目标应该是建立并维护长期顾客关系,而这种关系是建立在顾客忠诚的基础之上。忠诚的顾客不仅重复购买产品或服务,也降低了对价格的敏感性,而且能够为企业带来良好的口碑。4R理论强调了四个满意,即顾客满意、社会满意、员工满意、企业满意,体现出了较强的社会营销观念。

这一理论提出的时间是1980年,其背景是全球范围内服务业兴起,服务业在国民经济中扮演了重要角色,出现了工业服务化和服务工业化的趋势。随着对服务业的顾客满意度调查研究,发现了以下几个事实。

(1)吸引一个新顾客的成本是保持一个满意的老顾客的五倍;对盈利率来说,吸引一个新顾客与丧失一个老顾客相差15倍。

(2)企业80%的业务来自20%的顾客。

(3)一个公司如果将其顾客流失率降低5%,其利润就能增加25%~85%。

(4)一个满意的顾客会告诉3~5个朋友他的感受,但是一个不满意的顾客会告诉10~20个人他的糟糕感觉。

企业是一个相对独立的开放系统,它与周围环境发生着互动关系,4R理论最突出的特点是强调用系统观点来开展营销活动。首先,通过交叉销售为顾客提供一揽子的、集成化的整套解决方案,以解决顾客多样化的需要。改变过去那种交易营销模式,着眼于建立起关系营销模式。其次,它一改过去仅仅从企业或顾客的角度出发,而是从利益相关者的角度考察。顾客、供应商、分销商都在企业价值链中扮演了重要的角色,只有通过整合企业价值链才能建立竞争优势。政府机构是企业的管制机构,是市场法规的颁布者。对企业的营销活动产生重大影响。社会组织往往充当了意见领袖的角色,对消费者的购买决策产生不可估量的影响。

2. 4R理论缺陷

4R理论最大的不足就是实际操作性较差,一方面主要是引入了更多的不可控变量,另一方面缺乏实施工具,企业在实际应用中可能会感到无从下手。

5.2.5 以新经济时代背景为目标的4V理论

4V理论是差异化(Variation)、功能化(Versatility)、附加价值(Value)和共鸣(Vibration),它首先强调企业要实施差异化营销。

4V营销理论主要强调以下几点:

(1)使自己与竞争对手区别开采,树立自己独特形象。

(2)使消费者相互区别,满足消费者个性化的需求。

(3)4V理论要求产品或服务有更大的柔性,能够针对消费者具体需求进行组合。

(4)4V理论更加重视产品或服务中的无形要素,通过品牌、文化等以满足消费者的情感需求。

这一理论提出的时间是1990年。其背景是高科技产业迅速崛起,高科技企业、高技术产品与服务不断涌现,Internet、移动通信工具、发达交通工具和先进的信息技术,使整个世界面貌焕然一新,俨然成为人类的"地球村"。原来那种企业和消费者之间信息不对称状态得到改善,沟通的渠道多元化,越来越多的跨国公司开始在全球范围进行资源整合。

从整体上来分析,4V理论不仅是典型的系统和社会营销论,即它既兼顾社会和消费者的利益,又兼顾资本家、企业与员工的利益。更为重要的是,通过对4V营销的展开,可以培养和构建企业的核心竞争力。这一点既可以从企业核心竞争能力的判断基准与4V营销组合论的关系中得到证明，也可以从我国企业由“顾客导向（CI）”到“顾客满意（CS）”再到“顾客忠诚（CL）”的“3C”实践转变中得到应证。

4V 理论的缺点就是操作性不强，实际应用中只能作为企业大的指导方向。

思考：网络营销理论从 4P 到 4V 经历了多少年代？今后还会往什么方向发展呢？为什么？

5.3 网络营销环境

5.3.1 网络营销环境的含义、特征及要素

1. 含义

网络营销环境是指对企业的生存和发展产生影响的各种外部条件，即与企业网络营销活动有关联因素的部分集合。营销环境是一个综合的概念，由多方面的因素组成。环境的变化是绝对的、永恒的，随着社会的发展，特别是网络技术在营销中运用，使得环境更加变化多端。虽然对营销主体而言，环境及环境因素是不可控制的，但它也有一定的规律性，我们可通过对营销环境的分析对其发展趋势和变化进行预测和事先判断，企业的营销观念、消费者需求和购买行为，都是在一定的经济环境中形成并发生变化的。

网络营销环境可分为宏观环境和微观环境。其中，宏观环境是指一个国家或地区的政治、法律、人口、经济、社会文化、科学技术等影响企业网络营销活动的宏观条件。宏观环境对企业短期的利益可能影响不大，但对企业长期的发展具有很大的影响。所以，企业一定要重视宏观环境的分析的研究。微观环境是由企业及其周围的活动者组成的，直接影响着企业为顾客服务的能力，它包括电子商务企业、电子中介商、电子网络市场、电子公众、企业内部环境、供应商、营销中介、顾客或用户、竞争者等因素。

2. 特征

营销环境的基本特征包括以下几方面。

(1)客观性。环境作为营销部门外在的不以营销者意志为转移的因素，对企业营销活动的影响具有强制性和不可控性的特点。一般说来，营销部门无法摆脱和控制营销环境，特别是宏观环境，企业难以按自身的要求和意愿随意改变它，如企业不能改变人口因素、政治法律因素、社会文化因素等。但企业可以主动适应环境的变化和要求，制订并不断调整市场营销策略。事物发展与环境变化的关系，是适者生存，不适者淘汰，就企业与环境的关系而言，也完全适用。有的企业善于适应环境，就能生存和发展，有的企业不能适应环境的变化，就难免被淘汰。

(2)差异性。不同的国家或地区之间，宏观环境存在着广泛的差异，不同的企业，微观环境也千差万别。正因营销环境的差异，企业为适应其变化，必须采用针对性的营销策略。环境的差异性也表现为同一环境的变化对不同企业的影响不同。例如，中国加入世界贸易组织，意味着大多数中国企业进入国际市场，进行“国际性较量”，而这一经济环境的变化，对不同行业所造成的冲击并不相同。企业应根据环境变化的趋势和行业的特点，采取相应的营销策略。

(3)多变性。营销环境是一个动态系统。构成营销环境的诸因素都受众多因素的影响，每

一环境因素都随着社会经济的发展而不断变化。营销环境的变化，既会给企业提供机会，也会给企业带来威胁。虽然企业难以准确无误地预见未来环境的变化，但可以通过设立预警系统，追踪不断变化的环境，及时调整营销策略。

(4)相关性。营销环境诸因素间相互影响，相互制约，某一因素的变化，会带动其他因素的相互变化，形成新的营销环境。例如，竞争者是企业重要的微观环境因素之一，而宏观环境中的政治法律因素或经济政策的变动，均能影响一个行业竞争者加入的多少，从而形成不同的竞争格局。又如，市场需求不仅受消费者收入水平、爱好以及社会文化等方面因素的影响，政治法律因素的变化往往也会对其产生决定性的影响。再如，各个环境因素之间有时存在矛盾，如某些地方消费者有购买家电的需求，但当地电力供应不正常，无疑是扩展家电市场的制约因素。

3. 要素

Internet 自身构成了一个市场营销的整体环境，从环境构成上来讲，它具有以下五个要素。

(1)提供资源。信息是网络营销过程的关键资源，是 Internet 的“血液”。Internet 可以为企业提供各种信息，指导企业的网络营销活动。

(2)全面影响力。环境要与体系内的所有参与者发生作用，而非个体之间的互相作用。每一个上网者都是 Internet 的一分子，他可以无限制地接触 Internet 的全部，同时在这一过程中要受到 Internet 的影响。

(3)动态变化。整体环境在不断的变化中发挥其作用的影响力，不断更新和变化正是 Internet 的优势所在，因此，网络营销的各种活动都是在动态状态下完成的。动态是绝对的，而静止是相对的。

(4)多因素互相作用。整体环境是由 Internet 联系的多种因素有机结合而成的，涉及企业活动的各因素在 Internet 上是通过企业网站、电子邮件、电子公告栏、邮件列表等方式来实现的。

(5)反应机制。环境可以对其主体产生影响，同时，主体的行为也会改造环境。企业可以将本企业的信息通过公司网站保存在 Internet 上，也可以通过获取 Internet 上的信息，做出自己的决策。

因此，Internet 已经不是传统意义上的电子商务工具，而是独立成为新的网络营销环境，它以范围广、可视性强、公平性高、交互性优、能动性强、灵敏度高和易运作等优势给企业网络营销创造了新的发展机遇与挑战。

5.3.2 政治、法律和经济环境

1. 政治环境

政治环境是指企业业务所涉及的国家或地区的政治体制、政治形势、方针政策等方面对企业战略的影响。在国内，安定团结的政治局面，不仅有利于经济发展和人民收入的增加，而且影响群众心理状况，导致市场需求的变化。党和政府的方针、政策，规定了国民经济的发展方向和速度，也直接关系到社会购买力的提高和市场消费需求的增长变化。对国际政治环境的分析，应了解“政治权力”与“政治冲突”对企业营销活动的影响。政治权力影响市场营销，往往表现为由政府机构通过采取某种措施约束外来企业，如进口限制、外汇控制、劳工限制、绿色壁垒等。政治冲突指国际上的重大事件与突发性事件。这类事件在和平与发展为主流的时代从

未绝迹，对企业市场营销工作影响或大或小，有时带来机会，有时则带来威胁。

2. 法律环境

法律是体现统治阶段意志，由国家制定或认可，并以国家强制力保证实施的行为规范的总和。对企业来说，法律是评判企业营销活动的准则，只有依法进行的各种营销活动，才能受到国家法律的有效保护。因此，企业开展市场营销活动，必须了解并遵守国家或政府颁布的有关经营、贸易、投资等方面的法律、法规。必须遵守国际法规、国际惯例和准则，因为这些因素对国际企业的营销活动有深刻影响。

法律环境对市场消费需求的形成和实现，具有一定的调节作用。企业研究并熟悉法律环境，既保证自身严格依法管理和经营，也可运用法律手段保障自身的权益。

各个国家社会制度不同、经济发展阶段和国情不同，体现统治阶级意志的法制也不同，从事国际市场营销的企业，必须遵从有关国家法律制度和有关国际法规、国际惯例。

3. 经济环境

经济环境是指企业网络营销过程中所面临的各种经济条件、经济特征、经济联系等客观因素。它是内部分类最多、具体因素最多，并对市场具有广泛和直接影响的环境内容。经济环境不仅包括经济体制、经济增长、经济周期与发展阶段以及经济政策体系等大的方面的内容，同时也包括收入水平、市场价格、利率、汇率、税收等经济参数和政府调节取向等内容。

(1)收入状况。市场消费需求指人们有支付能力的需求。仅仅有消费愿望，而没有消费能力，还不能创造市场；只有既有消费愿望又有购买力，才具有现实意义，才能产生购买行为。在研究收入对消费需求的影响时，常应用以下概念。

①人均国内生产总值。一般指价值形态的人均 GDP。它是一个国家或地区，所有常住单位在一定时期内(如一年)，按人口平均所生产的全部货物和服务的价值，与同期投入的全部非固定资产货物和服务价值的差额。国家的 GDP 总额反映了全国市场的总容量、总规模。人均 GDP 则从总体上影响和决定了消费结构与消费水平。

②个人收入。指城乡居民从各种来源所得到的收入。各地区居民收入总额，可用以衡量当地消费市场的容量，人均收入多少，反映了购买力水平的高低。我国统计部门每年采用抽样调查的方法，取得城镇居民平均每人全部年收入、农村居民平均每人全年总收入和纯收入等数据。

③个人可支配收入。从个人收入中，减除缴纳税收和其他经常性转移支出后，所余下的实际收入，即能够用以作为个人消费或储蓄的数额。

④可任意支配收入。在个人可支配收入中，有相当一部分要用来维持个人或家庭的生活以及支付必不可少的费用。只有在可支配收入中减去这部分维持生活的必需支出后，才是个人可任意支配收入，这是影响消费需求变化的最活跃的因素。

(2)支出状况。支出状况主要指消费者支出模式和消费结构。收入在很大程度上影响着消费者支出模式与消费结构。随着消费者收入的变化，支出模式与消费结构也会发生相应变化。

(3)储蓄与信贷。衡量一个国家、地区或家庭的储蓄状况，通常用三个指标，即储蓄额、储蓄率和储蓄增长率。储蓄额是消费者储蓄的绝对数量，反映一定时期的储蓄水平；储蓄率指储蓄额对消费收入的比例；储蓄增长率则指某一时期的储蓄增长速度。

消费者信贷，是指消费者凭借信用先取得商品使用权，然后按期归还贷款，即消费者预先取出未来的收入，提前消费。

(4)直接影响营销活动的经济环境因素。直接影响营销活动的经济环境因素有以下几个方面。

①消费者收入水平的变化。消费者的收入包括工资、退休金、红利、租金、赠予等。消费者的购买力来自收入，但要注意的是，消费者并不是把全部的收入都用来购买商品或劳务，购买力只是收入的一部分。通常，个人可支配的收入是在个人收入中扣除税款和非税性负担所得的余额，这部分收入能够构成实际的购买力。

②消费者支出模式和消费结构的变化。随着消费者收入的变化，消费者支出模式也会发生相应的变化，从而使一个国家或地区的消费结构也发生变化。从绝对数量上看，消费者的消费支出一般随着收入的增加而增加。但是，消费支出的增量在收入达到一定水平后，小于收入的增量，即消费的增加低于收入的增加，也就是边际消费倾向(MPC)呈现递减的趋势。因此，有效提升人们的消费信心、完善社会保障制度、增加城镇低收入者和农民的收入、实现各阶层收入的合理分配，进而提高边际消费倾向，就成为扩大内需的重中之重。

③消费储蓄和信贷情况的变化。消费者个人收入不可能全部花掉，总有一部分以各种形式储蓄起来，这是一种推迟了的潜在的购买力。我国居民有勤俭持家的传统，长期以来养成储蓄习惯，并且人口众多。居民储蓄存款高增长暴露了目前我国经济结构的严重失衡，必须采取措施缓解储蓄增长的势头，并积极引导储蓄向投资转化。

(5)间接影响营销活动的经济环境因素。间接影响营销活动的经济环境因素包括以下几方面。

①经济发展水平。企业的市场营销活动要受到一个国家或地区的整个经济发展水平的制约。经济发展阶段不同，居民的收入也不同，顾客对产品的需求也不一样，从而会在一定程度上影响企业的营销。例如，以消费者市场来说，经济发展水平比较高的地区在市场营销方面，强调产品款式、性能、品牌、特色等，品质竞争多于价格竞争。而在经济发展水平比较低的地区，则较侧重于产品的功能、实用性，价格因素比产品品质更为重要。

②经济体制。经济体制是指在一定区域内(通常为一个国家)制定并执行经济决策的各种机制的总和。通常是一国国民经济的管理制度及运行方式。是一定经济制度下国家组织生产、流通和分配的具体形式。而社会的经济关系，即参与经济活动的各个方面、各个单位、各个个人的地位和他们之间的利益关系，就是通过这样的体系表现出来的。所以，一定的经济体制不但是具体经济活动的组织管理形式，同时也是一定的生产关系的表现形式，是它的具体体现。事实上，任何一种经济体制都体现着一种特定的生产关系，从来没有不体现生产关系的经济体制。经济体制问题实质上是一个生产关系的问题。

不同的经济体制对企业营销活动的制约和影响也是不同的。例如，在计划经济体制下，企业是行政机关的附属物，没有生产经营权，企业的产、供、销都由国家计划统一安排，企业生产什么，生产多少，如何销售，都不是企业自己的事情，在这种经济体制下，企业不能独立地开展生产经营活动，因而，也就谈不上开展市场营销活动。而在市场经济体制下，企业的一切活动都以市场为中心，以顾客为中心，以服务为中心，市场是其价值实现场所，因而企业必须特别重视营销活动，通过营销实现自己的利益目标。

③地区与行业发展状况。我国地区经济发展很不平衡，逐步形成了东部、中部、西部三大地带和东高西低的发展格局。同时在各个地区的不同省市，还呈现出多极化发展趋势。这种

地区经济发展的不平衡，对企业的投资方向、目标市场以及营销战略的制定等都会产生巨大影响。

5.3.3 科技教育与社会环境

1. 科技环境

进入20世纪以来，科学技术日新月异，并且在现代生产中起着主导作用。技术环境对企业的影响有以下几个方面。

(1)科学技术的发展直接影响企业的经济活动。在现代社会中，生产力水平的提高，主要依靠设备的技术开发，创造新的生产工艺和新的生产流程。同时，技术开发也扩大了劳动对象的利用广度，提高了劳动对象的利用深度。

(2)科学技术的发展和应用影响企业的营销决策。科学技术的发展，使得每天都有新品种、新款式、新功能、新材料的商品在市场上推出。因此，科学技术进步所产生的效果，往往借助消费者和市场环境的变化而间接影响企业市场营销活动的组织。营销人员进行决策时，必须考虑科技环境带来的影响。

(3)科学技术的发展，使得产品更新换代速度加快，产品的市场寿命缩短。今天，科学技术突飞猛进，新原理、新工艺、新材料等不断涌现，使得刚刚炙手可热的技术和产品转瞬间成了昨日黄花。这种情况下，要求企业不断地进行技术革新，赶上技术进步的浪潮。否则，就会被市场无情的淘汰。

(4)科学技术的发展为提高营销效率提供了更新更好的物质条件。例如，信息、通信设备的改善，更便于企业组织营销，提高营销效率。

2. 社会环境

企业存在于一定的社会环境中，同时企业又是社会成员所组成的一个小的社会团体，不可避免地受到社会环境的影响和制约。人文与社会环境的内容很丰富，在不同的国家、地区、民族之间差别非常明显。在营销竞争手段向非价值、使用价值型转变的今天，营销企业必须重视人文与社会环境的研究。

社会环境分析，就是对我们所处的社会政治环境、经济环境、法制环境、科技环境、文化环境、语言环境、卫生环境等宏观因素的分析。社会环境对网络营销有着重大影响。通过对社会大环境包括国际、国内与所在地区的分析，来了解和认清国际、国内和自己所在地区的政治、经济、科技、文化、法制建设、政策要求及发展方向，以更好地寻求网络营销的发展机会及道路。

3. 教育水平

科学技术对经济社会发展的作用日益显著，科技的基础是教育，因此，科技与教育是客观环境的基本组成部分。在当今世界，企业环境的变化与科学技术的发展有非常大的关系，特别是在网络营销时期，两者之间的联系更为密切。在信息等高新技术产业中，教育水平的差异是影响需求和用户规模的重要因素，已被提到企业营销分析的议事日程上来。

教育水平的高低影响着消费心理、消费结构，影响着企业营销组织策略的选取，以及营销推广方式方法的差别。例如，在文盲率高的地区，用文字形式做广告，难以收到好效果，而用电视、广播和当场示范表演的形式，则容易为人们所接受。又如在教育水平低的地区，适合采用操作使用、维修保养都较简单的产品；而教育水平高的地区，则需要先进、精密、功能多、品质好的产品。因此，在设计产品和制定产品策略时，应当考虑当地的教育水平，使产品的复杂程度、技术性能与之相适应。

4. 自然环境

自然环境是指一个国家或地区的客观环境因素，主要包括自然资源、气候、地形地质、地理位置等。虽然随着科技进步和社会生产力的提高，自然状况对经济和市场的影响整体上是趋于下降的，但自然环境制约经济和营销的内容、形式则在不断变化。

5.3.4 微观环境

微观环境由企业及其周围的活动者组成，直接影响着企业为顾客服务的能力。它包括企业内部环境、供应者、营销中介、顾客或用户、竞争者等因素。

1. 企业内部环境

企业内部环境包括企业内部各部门的关系及协调合作。企业内部环境包括市场营销部门之外的某些部门，如企业最高管理层、财务、研究与开发、采购、生产、销售等部门。这些部门与市场营销部门密切配合、协调，构成了企业市场营销的完整过程。市场营销部门根据企业的最高决策层规定的企业任务、目标、战略和政策，做出各项营销决策，并在得到上级领导的批准后执行。研究与开发、采购、生产、销售、财物等部门相互联系，为生产提供充足的原材料和能源供应，并对企业建立考核和激励机制，协调营销部门与其他各部门的关系，以保证企业营销活动的顺利开展。

2. 供应者

供应者是指向企业及其竞争者提供生产经营所需原料、部件、能源、资金等生产资源的公司或个人。企业与供应者之间既有合作又有竞争，这种关系既受宏观环境影响，又制约着企业的营销活动，企业一定要注意与供应者搞好关系。供应者对企业的营销业务有实质性的影响。

3. 营销中介

营销中介是协调企业促销和分销其产品给最终购买者的公司，主要包括商人中间商，即销售商品的企业，如批发商和零售商；代理中间商（经纪人）；服务商，如运输公司、仓库、金融机构等；市场营销机构，如产品代理商、市场营销咨询企业等。

网络技术的运用，给传统的经济体系带来巨大的冲击，流通领域的经济行为产生了分化和重构。消费者可以通过网上购物和在线销售自由地选购自己需要的商品，生产者、批发商、零售商和网上销售商都可以建立自己的网站并营销商品，所以一部分商品不再按原来的产业和行业分工进行，也不再遵循传统的商品购进、储存、运销业务的流程运转。网上销售，一方面使企业间、行业间的分工模糊化，形成“产销合一”、“批零合一”的销售模式；另一方面，随着“凭订单采购”、“零库存运营”、“直接委托送货”等新业务方式的出现，服务与网络销售的各种中介机构也应运而生。一般情况下，除了拥有完整分销体系的少数大公司外，营销企业与营销中介组织还是有密切合作与联系的。因为若中介服务能力强，业务分布广泛合理，营销企业对微观环境的适应性和利用能力就强。

4. 顾客或用户

顾客或用户是企业产品销售的市场，是企业直接或最终的营销对象。网络技术的发展极大地消除了企业与顾客之间的地理位置的限制，创造了一个让双方更容易接近和交流信息的机制。Internet 真正实现了经济全球化、市场一体化。它不仅给企业提供了广阔的市场营销空间，同时也增强了消费者选择商品的广泛性和可比性。顾客可以通过网络得到更多的需求信息，使他的购买行为更加理性化。虽然在营销活动中，企业不能控制顾客与用户的购买行为,但它可以通过有效的营销活动,给顾客留下良好的印象,处理好与顾客和用户的关系,促进产品的销售。

5. 竞争者

竞争是商品经济活动的必然规律,只要存在着商品生产和商品交换,就必然存在着竞争。在开展网上营销的过程中,不可避免地要遇到业务与自己相同或相近的竞争对手;研究对手,取长补短,是克敌制胜的好方法。

(1)竞争对手的类型。竞争对手有以下几种类型。

①愿望竞争者:指满足消费者目前各种愿望的竞争者。

②一般竞争者:指以不同的方法满足消费者同一需要的竞争者。

③产品形式竞争者:指满足消费者某种愿望的同类商品在质量、价格上的竞争者。

④品牌竞争者:指能满足消费者某种需要的同种产品的不同品牌的竞争者。

(2)对竞争对手的研究。在虚拟空间中研究竞争对手,可借鉴传统市场中的一些做法,但更应有自己的独特之处。要在竞争对手不知情的情况下,收集其运作情况,了解其动态,进一步分析其市场营销计划,制定出新的有针对性的营销对策,掌握竞争中的先机。

对竞争对手的分析内容可概括为“2W1H”,具体如下:

第一个“W”是指,竞争对手为什么要上网?可提出以下一些问题进行研究。

①是为了降低企业营销成本吗?

②是为了提供适销对路的产品和服务吗?

③是为了开辟沟通渠道,扩大销售额吗?

④是为了更好的服务顾客吗?

⑤是为了加强企业与外界的沟通吗?

第二个“W”是指,竞争对手在网上提供什么信息?可研究以下一些问题。

①企业名称、标志、地址、联系方法、栏目菜单等信息。

②公司或产品开发的最新动态等信息。

③顾客服务及技术支持的信息。

④网络广告。

⑤网上问卷。

⑥网上商城。

⑦公司股票。

⑧招聘信息。

⑨ 与企业相关主题的其他网络资源。

一个“H”是指,竞争对手如何进行网络营销?可研究以下几个方面的问题。

①网络4P组合策略。

②网络公关与宣传策略。

③整合传播资源。

④互动营销策略。

⑤关系营销与定制营销策略。

⑥增值服务策略。

思考:网络营销环境的好坏对网络营销有什么影响？为什么？

5.4 网络营销战略分析与策划

5.4.1 网络营销战略目标

1. 战略目标

网络营销战略目标是指企业在现代网络营销观念下，为实现其经营目标，对一定时期内网络营销发展的总体设想和规划，是以互联网络为基础，利用数字化的信息和网络媒体的交互性来辅助营销目标实现的一种新型的市场营销方式。简单的说，网络营销就是以互联网为主要手段进行的，为达到一定营销目的的营销活动。

一般网络营销目标应考虑以下几种类型。

(1)销售型网络营销目标。该类型的网络营销目标是指企业为拓宽网络销售，利用互联网技术、计算机通信技术、多媒体技术等为顾客提供方便快捷的网上销售点。目前许多传统的制造型中小企业都在网上开设中英文双语网站，在 B2B 平台上发布供求信息，以求扩大市场，增加销售。

(2)服务型网络营销目标。该类型的网络营销目标主要为顾客提供网上联机服务、网上咨询、网上交易、网上反馈等服务。顾客通过网上服务人员可远距离进行咨询和售后服务。目前大部分信息技术型公司都建立了此类站点。

(3)品牌型网络营销目标。该类型的网络营销目标主要是在网上建立自己的品牌形象，加强与顾客的直接联系和沟通，建立顾客的品牌忠诚度，为企业的后续发展打下基础，并配合企业现行营销目标的实现。目前大部分网站都属于此类型。

(4)提升型网络营销目标。该类型的网络营销目标主要是让传统的营销手段在网络上实现，用现代化的营销理念和营销手段管理企业，全面降低营销成本，改善营销管理并提升企业竞争力。

(5)混合型网络营销目标。该类型的网络营销目标就是想同时达到上面几种目标，例如，亚洲亚马逊公司通过设立网上书店作为其主要销售业务站点，同时创立世界著名的网站名牌，并利用新型的营销方式提升企业竞争力，因此，这种混合型网络营销目标既是销售型，又是品牌型，同时还属于提升型。

对大部分企业来讲，由于网络营销目标并不清晰，所以，最直接的需求是向往销售型，但是在实施过程中又必然要经历品牌及服务的考验，因此会不自觉地进行混搭。对于此类企业，建议以线上服务及品牌传播为手段，通过网络化服务的提升来完成销售的终极目标。

2. 战略分析

(1)顾客关系的再造。在网络环境下，企业规模的大小、资金的多少以及职员的文化程度高低等从某种意义上说已不再是企业成功的关键要素。网络营销的企业竞争是一种以顾客为焦点的竞争形态，具有争取顾客、留住顾客、扩大顾客群、亲密顾客关系、分析顾客需求、创造顾客的特性。企业要建立和巩固自己的顾客网络需要提供以下服务。

①提供免费服务。提供免费服务是吸引顾客最直接与最有效的手段。例如，提供免费的

商品信息服务，商品咨询服务，商品售前、售中、售后服务等。

②提供网络社区优惠价格服务。例如，推出 VIP 用户价、社区价、会员价、优惠价等。

③组建网络俱乐部。网络俱乐部是以专业爱好和专门兴趣为主题的网络用户中心，对某一问题感兴趣的网络用户可以随时交流信息。

(2)定制个性化营销。定制个性化营销是指企业把对消费者的关注、个性释放及消费者个性需求的满足推到空前中心的地位，企业与市场逐步建立一种新型关系，建立消费者个人数据库和信息档案，与消费者建立更为个人化的联系，及时地了解市场动向和顾客需求，向顾客提供一种个人化的销售和服务，顾客根据自己需求提出商品性能要求，企业尽可能按顾客要求进行生产，迎合消费者个性需求和品味，并应用信息，采用灵活战略适时地加以调整，以生产者与消费者之间的协调合作来提高竞争力，以多品种、中小批量混合生产取代过去的大批量生产。这有利于节省中间环节，降低销售成本。不仅如此，由于社会生产计划性增强，资源配置接近最优，商业出现"零库存"管理，企业的库存成本也节约了。

(3)建立网上营销伙伴。由于网络的自由开放性，网络时代的市场竞争是透明的，谁都能容易地掌握同业与竞争对手的产品信息与营销行为。因此，网络营销争取顾客的关键在于如何适时获取、分析、运用来自网上的信息，如何运用网络组成合作联盟，并以网络合作伙伴所形成的资源规模创造竞争优势。建立网络联盟或网上伙伴关系，就是将企业自己的网站与他人的网站关联起来，以吸引更多的网络顾客。具体而言，有以下两种方式。

①结成内容共享的伙伴关系。内容共享的伙伴关系能增加企业网页的可见度，能向更多的访问者展示企业的网页内容。例如，一个在网上销售儿童食品的企业与网上销售儿童玩具的企业结成伙伴，在他们卖出儿童食品(或儿童玩具)的同时提供儿童玩具(或儿童食品)，达到相互配合的作用。

②交互链接。交互链接和网络环是应用于链接相关网站来推动交易的重要形式。在相关网站间的交互链接有助于吸引在网上浏览的顾客，便于他们一个接一个地按照链接浏览下去，以提高企业网站的可见性。网络环只是一种更为结构化的交互链形式，在环上一组相关的伙伴网站连在一起，并建立链接关系，访问者可以通过一条不间断的"链"，看到一整套相关网站，从而给访问者提供更为充实的信息。

(4)网络营销竞争战略分析。在当今竞争激烈的社会环境中，网络营销的企业必须加强自身能力，改变企业与其他竞争者之间的竞争对比力量，网络营销企业需做好以下几方面的工作。

①巩固企业现有竞争优势。利用网络技术可以对现有的顾客进行全面细致的深入调查，了解顾客的需求和建议，对企业的潜在顾客也需进一步的了解，制定的营销策略和营销计划需具有一定的针对性和科学性，便于实施和控制，顺利完成营销目标。

②加强与顾客的沟通。网络营销以顾客为中心，其中数据库中存储了大量现在顾客和潜在顾客的相关数据资料。企业可以根据顾客需求提供特定的产品和服务，具有很强的针对性和时效性，可大大地满足顾客需求。顾客的理性和知识性，要求对产品的设计和生产进行参与，从而最大限度地满足自己的需求。通过互联网和大型数据库，企业可以以低廉成本为顾客提供个性化服务。

5.4.2 战略性营销策划方案设计

1. 明确经营定位

企业经营定位决定其业务范围和发展方向，战略性营销策划方案设计始于明确企业的经营定位。明确企业的经营定位首先要考虑企业战略的具体要求，而后在此基础上确定企业的业务范围和发展方向。

2. 分析外部环境

企业的生存和发展与现实的外部环境及其变化有着密切的联系，能否把握外部环境的现状及未来的发展趋势，发现并抓住机会，避开威胁，迎接挑战，是企业能否完成其战略任务的首要问题。

构成外部环境的因素有很多，从时间、成本和必要性的角度来说，不可能也没有必要对所有的外部环境因素进行分析。营销策划人员可以根据企业业务的性质和要求，确定特定的外部环境，然后集中人力、物力和财力，对影响较大的因素进行调研和分析。下面介绍几个主要的外部环境因素。

(1)行业环境分析。行业环境分析是制定战略性营销策划方案的关键，主要是指对行业内部竞争的分析，行业内部竞争不仅包括与现有竞争者的竞争，还包括进入者威胁、替代品威胁、买方议价能力、卖方议价能力。这五种作用决定了企业的盈利能力。因此，企业在进行战略性营销策划，必须考虑这五种作用力对行业的影响。

(2)行业销售市场特点分析。行业中不同销售市场的特点不同，因此对其要进行深入分析。主要分析行业销售市场的发展状况、销售总量、主要销售区域、市场需求特点、消费者的购买力和购买习惯、销售的主要渠道、行业销售市场的交易习惯和交易规则，还要分析产品供给状况、国内或地区市场主要供给量情况、供给来源构成等。有时，甚至要具体分析销售市场中普遍遵循的付款条件、付款时间、产品和运输包装标准等。

(3)行业市场潜力及发展前景分析。行业市场潜力及发展前景分析也是制定战略性营销策划的主要依据之一。一个有巨大潜力及发展的市场会给企业带来巨大的发展机遇，而夕阳产业则会使企业陷入困境。

(4)竞争者分析。竞争者分析是指企业通过某种分析方法识别出竞争对手，并对它们的目标、资源、市场力量和当前战略等要素进行评价。其目的是为了准确判断竞争对手的战略定位和发展方向，并在此基础上预测竞争对手未来的战略，准确评价竞争对手对本组织的战略行为的反应，估计竞争对手在实现可持续竞争优势方面的能力。对竞争对手进行分析是确定组织在行业中战略地位的重要方法。

竞争者分析一般包括：识别企业的竞争者、识别竞争者对手的策略判断竞争者目标、评估竞争者的优势和劣势、判断竞争者的反应模式等。

(5)消费者分析。影响消费者的因素主要有文化、社会、个人和心理四个方面，营销策划人员尤其要具体分析消费者对产品的需求、兴趣，其自身的社会地位和收入水平等。因为，这些因素会直接影响消费者的购买行为。消费者分析的目的在于，了解消费者的购买动机和对产品的具体要求，勾勒出典型的消费者形象，从而为有针对性地开展营销策划活动提供决策参考。

3. 选择营销战略模式

根据企业的经营定位，在对企业外部和内部环境系统分析的基础上，营销策划人员可以对企业外部机会与威胁和内部优势与劣势加以综合权衡，把握机会，避开威胁，利用优势，克服劣势。这个过程就是营销战略模式的选择过程。一般中小型企业可以有以下几种营销战略模式可供选择。

(1)“缝隙营销”战略模式。中小企业营销战略势单力薄,竞争能力弱,难以和大企业进行正面的直接竞争和抗衡,否则无异于“鸡蛋碰石头”。中小企业营销战略在势力壮大之前,最好避实就虚,即首先找到那些大企业没有发现,或大企业不想干但并非没有前途和利润的细分市场作为自己的目标市场。这样,可以避开大企业的威胁,等自己势力增强、时机成熟之后,再和大型企业一争高低。山西的南风集团的奇强洗衣粉定位战略便是首先选择上海奥妙、美国宝洁和英国联合利华等大企业忽视的农村市场,采取“农村包围城市”的战略而发展壮大的。

(2)“卫星营销”战略模式。中小企业营销战略要善于借助大企业的优势来发展自己。许多大型企业有着产品品牌优势和市场地位优势,它们是市场上光芒四射的“恒星”。而这些企业并不是万能的,它们的发展需要很多的配套工程,如非核心的相关零部件,某些服务等都需外部提供。中小企业营销战略在势力比较弱小时可以为它们服务来争取发展的机会,首先充当它们的配角,即围绕大企业这些“恒星”旋转的“卫星”。例如,温州虹桥镇的中小企业营销战略之所以获得迅速发展,是因为它们首先以 32 家上等级上规模的全国股份制大企业为“龙头”;采取“委托加工、协议加工参股合资”的方法,和大企业建立了稳定的加工配套服务关系,拉动了虹桥镇 350 家小企业联动发展,使虹桥镇成为浙江耀眼的明珠。

所以,中小企业营销战略为大工业配套发展,既是专业化分工协作的要求,又是提高自己竞争力的现实途径。

(3)“寄生营销”战略模式。中小企业营销战略同样可以进行国际营销,但在构建国际分销渠道上和大型企业不同。大型企业可以自己在国外建立强大的代理商分销网络,甚至建立分公司系统,完全能够控制和拥有自己的产品流通渠道。而中小企业营销战略由于自身无论是在资金,技术方面,还是在人力资源和管理经验等方面都存在某种程度的不足。所以,中小企业营销战略的产品销售,“借船出海”不失为一个可行的战略。“借船出海”战略之一是“猪驮式”出口,即中小企业营销战略通过为大型企业的出口产品生产相关的配套产品方式达到出口的目的。在这里,大型企业是“负重者”,而中小企业营销战略是“搭乘者”。对大型企业来讲,出口产品有了中小企业营销战略的附加产品,在国际市场上竞争能力更强;对中小企业营销战略来讲,在大型出口企业产品出口的同时,自己的产品也随之出口到国外。“借船出海”战略之二是代工生产,即为某些跨国大公司定牌生产,然后,借助跨国大公司的强大销售网络进入国际市场。“借船出海”战略之三是与外商合作,借用外商的资金、技术、渠道和管理。

(4)“虚拟营销”战略模式。对于中小企业营销战略来讲,和大企业不同的是企业资源相对缺乏。所以,中小企业营销战略要把有限的资源用在刀刃上。而虚拟经营则是一种克服资源缺乏的劣势的现代营销模式。“虚拟经营”是指企业在组织上突破有形的界限,只保全了其中最关键最核心的功能,比如生产、营销、设计、财务等功能,而努力将其他功能虚拟化,即企业内没有完整执行这些功能的组织,而借助企业外部提供。所以,对于某些已经掌握核心资源或具有核心竞争力的中小企业营销战略来讲,采用虚拟经营是一个事半功倍的极佳战略。中小企业营销战略可以虚拟人员,借企业外部人力资源,以弥补自己智力资源的不足;也可以虚拟功能,以企业外部力量,来改善劣势的部门;还可以虚拟工厂,企业集中资源,专攻附加值最高的设计和营销,其生产则委托人工成本较低的地区的企业代工生产。美国耐克的发展便是“虚拟营销”成功的典范。耐克是一个既无生产车间又无销售网络的企业,只拥有在全球具有核心竞争力的运动鞋设计部门和营销部门,生产和销售全部虚拟化,通过外部组织来完成。

(5)“共生营销”战略模式。“一根筷子折就断,十根筷子断就难”。单个中小企业营销战略虽有点弱不禁风，但是，一个凝聚力强的中小企业营销战略命运共同体是坚不可摧的。共生营销是"以契约为纽带，通过两家或更多家相互独立的企业在资源与项目上进行合作"。第一种方式是竞争企业的联合。如温州柳市的323家低压电器公司联合起来，先后在全国320多个大中城市，230个县级行政区设立了进行统一的销售于公司、分公司和门市部，在18个国家、地区开设直销点、销售公司53个，一张庞大而灵敏的营销网络业已形成，既避免自相残杀，又为各企业产品的销售和企业形象的树立提供了保证，以致发展成今天的德力西集团、正泰集团和新华集团等大企业；第二种方式是互补企业之间的联合。如温州市的陶瓷、卫浴、地板、窗帘、灯饰、橱柜、墙纸等行业的十多家知名中小企业营销战略走向联合，自发组成一艘统一宣传、优势互补、服务互督的家居装饰"联合舰队"。

4. 确定营销战略目标

要对营销策划所要达到的目标、宗旨树立明确的观点，作为执行策划的动力或强调其执行的意义所在，以要求全员统一思想，协调行动，共同努力保证策划高质量的完成。

营销战略目标是确定公司所要实现的具体目标，即网络营销策划方案执行期间，经济效益目标达到：总销售量为×××万件，预计毛利×××万元，市场占有率实现××。

5. 确定阶段性营销战略要点

市场是动态的，为适应当前市场状况和未来发展趋势，营销战略必须针对不同的发展时期制定相应的策略。企业的营销战略一般可分为三种，即短期战略；中期战略和长期战略。如果企业能根据已确定的营销战略目标，结合自身优势，例如，品牌优势、成本优势、营销渠道网络优势、技术优势和形象优势等，确定阶段性营销战略要点，将更有利于自身发挥优势，打造特色。

例如，某企业短期战略要点是：保持传统市场的占有率，同时进一步开拓新市场；中期战略要点是：提高新市场潜入能力，开辟未来市场，开发新产品，克服竞争威胁；长期战略要点是：调整企业的产品结构，改变市场构成，发现潜在的竞争者。

6. 确定目标市场战略

企业在选择目标市场时通常可采用以下几种战略。

(1)无差异性市场战略。采用此种战略时，企业对构成市场的各个部分一视同仁，只针对人们需求中的共同点，而不管差异点。它试图仅推出一种产品，以单一的营销战略来满足购买群体中绝大多数人的需求。例如，20世纪60年代前，美国可口可乐公司一直奉行典型的无差异性市场战略，公司用单一的口味、单一规格的瓶式包装，长期占领世界饮料市场。在大量生产、大量销售的产品导向时代，企业基本采用的是无差异性市场战略。在无差异性市场战略下，企业视市场为一个整体，认为所有消费者对这一产品都有共同的需要，因而希望凭借大众化的分销渠道、大量的广告媒体以及相同的主题，在大多数消费者心目中建立产品形象。

无差异性市场战略的最大优点是成本的经济型。大批量的生产必然降低单位产品成本，大量销售能节省大量的调研、产品开发、广告宣传、管理等费用，从而取得较佳的经济效益。

无差异性市场战略的缺点是产品的市场适应性较差。市场环境是在变化的，随着消费者经济收入的提高，一种产品能长时间被所有消费者接受是极少见的。同样，一个企业也不可能独占市场，当许多大企业都采用这一战略进入这个市场，就会造成异常激烈的竞争，企业营利就会受到制约，例如，过去美国的三大汽车公司都认为消费者偏好大型轿车，从而争夺同一目标市场，长时间实行无差异性市场战略，结果几家大公司间竞争激烈，销售受到限制。而与此同时，由于经济环境的变化，消费者对小型轿车的需求增大，美国汽车公司却不能迅速适应这种变化，结果被日本的小型轿车占领了美国市场。

(2)差异性市场战略。采用此种战略时，企业承认不同细分市场的差异性，并针对各个细分市场的特点，分别设计不同的产品与市场营销计划，利用产品与市场营销的差别，占领每一个细分市场，从而获得大销量。由于差异性市场营销能分别满足各顾客群的需要，因而能提高顾客对产品的信赖程度和购买频率。

差异性市场战略的优点是：小批量、多品种，生产机动灵活、针对性强，使消费者需求更好地得到满足，由此促进产品销售。另外，由于企业是在多个细分市场上经营，一定程度上可以减少经营风险；一旦企业在几个细分市场上获得成功，有助于提高企业的形象及提高市场占有率。

差异性市场战略的不足之处主要体现在两个方面：一是增加营销成本。由于产品品种多，管理和存货成本将增加；由于公司必须针对不同的细分市场发展独立的营销计划，会增加企业在市场调研、促销和渠道管理等方面的营销成本。二是可能使企业的资源配置不能有效集中，顾此失彼，甚至在企业内部出现彼此争夺资源的现象，使拳头产品难以形成优势。

(3)密集性市场战略。采用此种战略时，企业面对若干细分市场，无不希望尽量网罗市场的大部分及全部。但如果企业资源有限，过高的希望将成为不切实际的空想。明智的企业家宁可集中全力于争取一个或少数几个细分市场，而不再将有限的人力、财力、物力分散于所有的市场。在部分市场若能拥有较高的占有率，远胜于在所有市场都获得微不足道的份额。在一个或几个细分市场占据优势地位，不但可以节省市场营销费用，增加盈利，而且可以提高企业与产品的知名度，并可迅速扩大市场。

集中性市场战略的指导思想是：与其四处出击收效甚微，不如突破一点取得成功。这一战略特别适合于资源力量有限的中小企业。中小企业由于受财力、技术等方面因素制约，在整体市场可能无力与大企业抗衡，但如果集中资源优势在大企业尚未顾及或尚未建立绝对优势的某个或某几个细分市场进行竞争，成功可能性更大。

集中性市场战略的局限性体现在两个方面：一是市场区域相对较小，企业发展受到限制。二是潜伏着较大的经营风险，一旦目标市场突然发生变化，如消费者趣味发生转移、或强大竞争对手的进入、或新的更有吸引力的替代品的出现，都可能使企业因没有回旋余地而陷入困境。

以上介绍的三种目标市场战略各有利弊，企业到底应采取哪一种策略，应综合考虑以下几个因素：企业资源或实力、产品的同质性、市场同质性、产品所处生命周期的不同阶段、竞争者的市场营销策略以及竞争者的数目等。

7. SWOT 分析

在现在的战略规划报告里，SWOT 分析算是一个众所周知的工具了。SWOT 分析模型如图 5.3 所示。

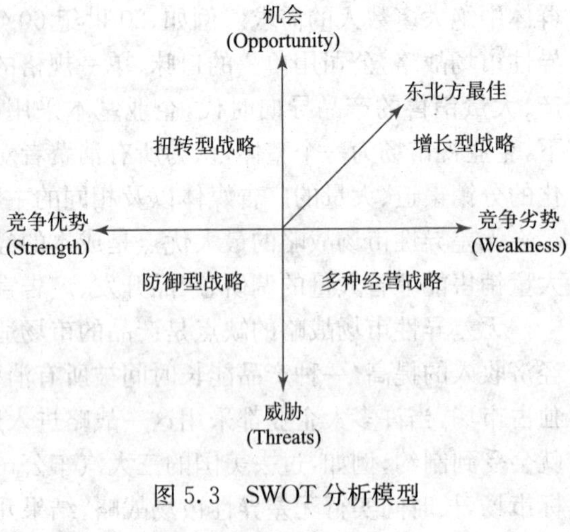

图 5.3 SWOT 分析模型

从图5.3中可知，SWOT分析模型分析企业竞争优势（Strength）、竞争劣势（Weakness）、机会（Opportunity）和威胁（Threats）。因此，SWOT分析实际上是将对企业内外部条件各方面内容进行综合和概括，进而分析组织的优劣势、面临的机会和威胁的一种方法。

通过SWOT分析，可以帮助企业把资源和行动聚集在自己的强项和有最多机会的地方。优劣势分析主要是着眼于企业自身的实力及其与竞争对手的比较，而机会和威胁分析将注意力放在外部环境的变化及对企业的可能影响上。在分析时，应把所有的内部因素（即优劣势）集中在一起，然后用外部的力量来对这些因素进行评估。

（1）竞争优势。是指一个企业超越其竞争对手的能力，或者指公司所特有的能提高公司竞争力的东西。例如，当两个企业处在同一市场或者说它们都有能力向同一顾客群体提供产品和服务时，如果其中一个企业有更高的赢利率或赢利潜力，那么，我们就认为这个企业比另外一个企业更具有竞争优势。竞争优势可以是以下几个方面：①技术技能优势；②有形资产优势；③无形资产优势；④人力资源优势；⑤组织体系优势；⑥竞争能力优势等。

（2）竞争劣势。是指某种公司缺少或做得不好的东西，或指某种会使公司处于劣势的条件。可能导致内部弱势的因素有：①缺乏具有竞争意义的技能技术；②缺乏有竞争力的有形资产、无形资产、人力资源、组织资产；③关键领域里的竞争能力正在丧失等。

（3）机会。是指公司面临的潜在机会。市场机会是影响公司战略的重大因素。公司管理者应当确认每一个机会，评价每一个机会的成长和利润前景，选取那些可与公司财务和组织资源匹配、使公司获得竞争优势的潜力最大的最佳机会。

潜在的发展机会可能是：①客户群的扩大趋势或产品细分市场；②技能技术向新产品新业务转移，为更大客户群服务；③前向或后向整合；④市场进入壁垒降低；⑤获得购并竞争对手的能力；⑥市场需求增长强劲，可快速扩张；⑦出现向其他地理区域扩张，扩大市场份额的机会等。

（4）威胁。是指危及公司的外部威胁。在公司的外部环境中，总是存在某些对公司的盈利能力和市场地位构成威胁的因素。公司管理者应当及时确认危及公司未来利益的威胁，做出评价并采取相应的战略行动来抵消或减轻它们所产生的影响。

公司的外部威胁可能是：①出现将进入市场的强大的新竞争对手；②替代品抢占公司销售额；③主要产品市场增长率下降；④汇率和外贸政策的不利变动；⑤人口特征，社会消费方式的不利变动；⑥客户或供应商的谈判能力提高；⑦市场需求减少；⑧容易受到经济萧条和业务周期的冲击等。

（5）组合战略。罗列企业的优势和劣势，可能的机会与威胁。优势、劣势、机会、威胁相组合，形成各种策略。

①SO策略，依靠内部优势，利用外部机会。

②WO策略，利用外部机会，弥补内部劣势。

③ST策略，利用内部优势，规避外部威胁。

④WT策略，减少内部劣势，规避外部威胁。

8. 制定营销预算

营销预算是战略性营销策划的重要组成部分。营销活动是需要资金投入的，所以必须有预算。营销预算是在营销策略组合的基础之上进行的，包括对直接销售成本、间接销售成本、广告费用、促销费用、公关费用等的预算。营销预算必须反映企业的实际情况。没有资金投入的营销活动犹如无米之炊，半途而废的营销活动也会使企业的利润受损。因此，一定要保证有足够的资金来完成企业的营销活动。

营销预算规划是一个企业整体的事情，绝非是某个独立部门或者某个人的事情。具体需要注意以下几点事项。

(1)营销预算规划的目的性要明确。国内很多企业的战略大多不是呈现在组织的实施内容中，而是存在于组织领军人物的大脑之中。这种企业老板非常明晰企业未来的走向和动作，但员工却是处于迷茫和被动跟随过程中，这是典型的隐形战略企业形态。这部分企业最常见的行为是老板"拍脑袋"式的决定，其本质体现就是一个企业当年的营销目标数字而已。这个数字是因何而来？为何而设？等等关于企业未来发展的诸多关键性问题除了老板一个人外，企业其他所有员工都不甚清楚。

解决此问题的关键在于营销预算规划是为战略服务的，企业的战略乃是包括企业未来的三至五年内企业要集中所有的资源所要突破的方向，这种方向一旦突破则对企业而言可能带来广阔的市场空间或市场销量的提升。

(2)营销预算规划的内容要具体清晰。营销预算规划的内容最终是要落实到人员去执行，没有动作的规划只能算得上是空洞的规划。所以从这个角度讲，营销预算规划内容既要有具体的方案，又要有明确的责任体系，还要有相应的具体组织和完备的绩效考核方案，每一个要点的缺失都将使得预算规划执行的过程中出现意想不到的结果。

主要内容包括：营销目标设定、营销市场规划方案、市场新品上市方案、市场促销和推广方案、市场广告方案、市场产品规划、市场渠道规划、市场价格规划、市场服务规划、市场策略规划、包括组织架构和人员配置以及绩效考核内容的组织系统保障方面等内容。

(3)营销预算规划要结合企业的资源和能力状况。所有的预算规划都是基于两个维度考虑，其一是企业自身的资源配置情况，其二是企业自身的能力状况。这两点相辅相成，忽视企业的资源过分强调企业的能力容易造成大而无当的缺憾；忽视企业的资源也忽视企业内在的能力则容易形成错失良机的营销规划；强调企业所处环境的资源而忽视企业的能力是保守的营销规划；强调企业的资源也同时将企业能力最大化发挥的企业则是适合予企业现状的规划方案。"进与退，功与守"是企业面临市场环境资源和能力的永恒选择难题，但也是企业决策者不得不作出决断的选择。

(4)营销预算规划的制定过程是上下结合，内外互动的过程。企业的营销预算规划是一个系统性的工程，是先由下而上，然后再由上而下，纵向搜集信息和宣传，横向沟通与配合的一个过程。这既是为了调动所有人的参与，也是为了验证该规划的可行性，尤其是和市场接触较近且要操作执行该方案的人员参与，更能对营销预算规划的科学性起到决定性的作用。

(5)营销预算规划的执行过程要求动态灵活且随时调整。所谓的预算既是企业根据未来市场的预测和企业资源情况来预先制定出企业的费用状况分析。营销的预算的规划来源主要依据如下四个指标：①总的市场未来增长率；②同行业主要竞争对手的增长率；③历史同时期的同比增长率；④企业当年的战略要求等。

有了这四个对比坐标，企业的预算规划就有迹可循，预算都是建立在预测和假设的基础上，倘若企业生搬硬套，不知因市场变化而变化，势必导致企业预算规划的动作执行僵化，被动响应市场，贻误战机。

9. 实施营销控制

营销控制概括来说，就是企业用于跟踪营销活动过程的每一个环节，确保能够按照计划目标运行，而实施的一套完整的工作程序。营销控制包括营销过程控制和营销评估。

(1)营销过程控制。营销过程控制通常包括年度控制、盈利能力控制、效率控制和策略控制四个方面。

①年度控制，年度计划控制的目的是确保年度计划中所制定的销售额、市场占有率、销售收入与费用支出之比、利润和其他目标的实现。

②盈利能力控制，是指企业衡量各种产品、地区、顾客群、分销渠道和订单规模等方面的获利能力，以帮助管理者决定哪些产品或者营销活动应该扩大、收缩或取消。

③效率控制，企业不断寻求更有效的方法来管理销售队伍、广告、促销和分销等绩效不佳的营销实体活动。效率控制的目的是提高销售人员推销、广告、销售促进和分销等市场营销活动的效率，市场营销经理必须重视若干关键比率，这些比率表明上述市场营销职能执行的可靠性，显示出应该如何采取措施以改进执行情况。

④策略控制，是指对企业在市场开拓、产品开发、最佳渠道选择等方面的营销效果进行分析与控制。

(2)营销评估。在营销策略实施过程中，需对其中进行评估，重点关注预期目标是否能完成，营销战略或行动计划是否有修改的必要等。营销评估有以下两种模式。

①营销效果评估，是指包括消费者宗旨评估、整体营销组织评估、营销信息评估、策略导向评估和营销效率评估等。

②营销审计，是对一个企业的营销环境、目标、策略和活动进行全面、系统、独立、定期的检查，目的在于发现问题和机会，提出行动计划，提高企业的营销绩效。

5.4.3 网络营销策略新思维

1. 注意力(眼球)策略

注意力属于心理学的范畴，是指人的心理活动对一定对象的指向和集中。注意力和观察力、记忆力、思维力、想象力是智力的五个基本因素。在智力结构中，注意力是智力活动的"组织者"和"维持者"。正是由于注意力的组织和维持，人们才能进行正常的学习活动。

在互联网中，网站之争就是眼球之争，策划网站就是策划注意力。最典型的是李嘉诚的Tom.com上市，利用李嘉诚的名人效应，使网站引人注目，成就一个神话；还有张朝阳的演讲以及个性化的炒作，都是为了提高搜狐的注意力；8848的成功在很大程度上是注意力理论应用的成功。世界最高峰珠穆朗玛的高度8848米成了网站的名称和域名，在短时间内积累巨大的注意力。

2. 差异化策略

差异化策略就是企业凭借自身的技术优势和管理优势，生产出在性能、质量上优于市场上现有水平的产品，或是在销售方面，通过有特色的宣传活动、灵活的推销手段、周到的售后服务，在消费者心目中树立起与众不同的良好形象。

差异化策略包括：产品品质、产品创新、产品特性、配销通路等差异化，建立公司独特性等。对于一般商品来说，差异总是存在的，只是大小强弱而已。而差异化策略所追求的"差异"是产品的"不完全替代性"，即在产品功能、质量、服务、营销等方面，本企业为顾客所提供的是部分对手不可替代的。"鹤立鸡群"就是差异化策略追求的最高目标。

差异化战略分为产品差异化、形象差异化、市场差异化等三大方面。

(1)产品差异化。是指某一企业生产的产品，在质量、性能上明显优于同类产品的生产厂家，从而形成独特的市场。对同一行业的竞争对手来说，产品的核心价值是基本相同的，所不同的是在性能和质量上，在满足顾客基本需要的情况下，为顾客提供独特的产品的是差异化战略追求的目标。

(2)形象差异化。是指企业实施通常所说的品牌战略和企业识别战略而产生的差异。企业能过强烈的品牌意识、成功的企业识别战略，借助媒体的宣传，使企业在消费者心目中树立起优异的形象，从而对该企业的产品发生偏好，一旦需要，就会毫不犹豫地选择生产这一企业的产品。

例如，海尔公司一句"海尔真诚到永远"，并佐以优良的产品质量，自然就会消费者产生真诚可信的形象；雀巢公司作为国际著名的大公司，始终以平易近人的姿态宣传自己，一句"味道好极了"让人感到像小鸟入巢般的温馨。

(3)市场差异化。指由产品的销售条件、销售环境等具体的市场操作因素而生成的差异。大体包括销售价格差异、分销差异、售后服务差异。

3. 个性化服务策略

说起个性化服务，人们并不生疏。早期的裁缝店的老板为顾客量体裁衣，就属于个性化服务的范畴。眼下还在流行的生日蛋糕的现场制作都属此列。不同的是，现代营销中的个性化服务是规模化的个性化服务，是一种大规模的定制服务，其生产手段、制作技术、服务水平，远远超过厂裁缝店的水平。它是指一个公司在一定的时间内生产出许多按照个人愿望而设计的产品。它是以满足顾客个性化需求为目的活动，要求一切从顾客的要求出发，通过对每一位顾客开展差异性服务，以最大限度地满足客户所提出的服务要求，使客户服务做到更加周到细致。

个性化服务是当今企业竞争的又一种方式，但并不是每个行业、每个企业，都可以使用个性化服务，针对个性化服务的优势和劣势，结合本企业的实际情况，选择有利于本企业的竞争模式，才是企业成功之道。个性化服务的营销价值是有限的，是一种理想化的高级形态的营销手段，不应盲目夸大，同时个性化服务不是空中楼阁，需要在一定的基础条件下进行，比如完善的网站基本功能、良好的品牌形象等。当然也不可能等待万事俱备才想起开展个性化服务，而是一个量力而行、循序渐进的过程，需要在借鉴他人成功经验的基础上根据自身条件逐步建立起一套行之有效的服务体系。

4. 整合营销策略

整合营销又称"整合营销传播"，整合营销传播的中心思想是：通过企业与消费者的沟通满足消费者需要的价值为取向，确定企业统一的促销策略，协调使用各种不同的传播手段，发挥不同传播工具的优势，从而使企业的促销宣传实现低成本、策略化，及满足高强冲击力的要求，形成促销高潮。整合营销是一个营销新理念，是当今营销领域里一个很流行的词，它有以下几方面的含义。

(1)整合营销既是一种新的营销思想和理念，更是一种管理思想和管理理念，是企业发展战略和经营战略的重要部分。通过整合企业内外部的各种资源和要素，实现企业真正从以生产为核心向以营销为核心的方向转变。

(2)整合营销又是一种管理体制和管理手段。作为一种管理体制，就是将整合从市场营销部门的行为提高到整个公司的行为，使其成为企业经营战略的基础。确定企业经营战略的核心就是通过合理有效的机制，统摄企业的内外部资源，使企业的对内、对外的沟通与传播机制完全建立在整合营销的思想之上，实现企业内部管理信息的整合和企业对外传播信息渠道的整合。它要求企业的信息传递要具有一致性，即纵向一致和横向一致。纵向一致是要求企业的经营战略、策略、企业的价值观及大众传媒所传递的信息在相当长时期内要协调一致；横向是指企业在同一时间内通过各种渠道所传递的信息要一致。作为一种管理手段就是要通过建立相应的组织机构和管理渠道，使企业与所有利害关系者都能够进行有效沟通，即与消费者、员工、投资者、竞争对手等直接利害关系者和社区、大众媒体、政府及各种社会团体等间接利害关系进行密切有机的传播活动，了解他们的需求，并通过合理的渠道和恰当的方式，将之快速反映到企业的经营战略中，持续一贯地提出对策。

(3)整合营销还是一种新的营销理念和营销模式。是在产品同质化和市场营销手段相互模仿、市场趋于饱和、消费者难以分辨优劣的背景下，企业实现差异化和赢得更多顾客的营销理念和营销模式。作为营销理论，其中心思想就是企业通过与消费者进行有效的沟通，以满足消费者需要的价值为取向，确定企业统一的促销策略，同时协调使用不同的传播手段，发挥不同传播工具的优势，以较低的成本形成强大的宣传攻势和促销高潮。

5. 互动营销策略

所谓的互动，就是双方互相的动起来。在互动营销中，互动的双方一方是消费者，一方是企业。只有抓住共同利益点，找到巧妙的沟通时机和方法才能将双方紧密的结合起来。互动营销尤其强调双方都采取一种共同的行为。

互动营销是指企业在营销过程中充分利用消费者的意见和建议，用于产品的规划和设计，为企业的市场运作服务。企业的目的就是尽可能生产消费者需求的产品，但企业只有与消费者进行充分的沟通，才会有真正适销对路的商品。互动营销的实质就是充分考虑消费者的实际需求，切实实现商品的实用性。互动营销能够促进相互学习、相互启发、彼此改进，尤其是通过“换位思考”会带来全新观察问题的视角。

互动营销的表现方式：目前主要有付费搜索广告、手机短信营销、广告网络营销、博客广告和电子邮件市场营销等，主要借助互联网技术实现营销人员和目标客户之间的互动。

互动营销是精准营销模式的核心组成部分，是实现和客户互动的主要手段之一，互动营销强调和客户良性互动。精准营销的互动营销采取各种有效互动形式，紧紧抓住消费者的心，在顾客心中建立鲜活的品牌形象。

6. 绿色营销策略

(1)绿色营销定义。绿色营销是指企业在经营过程中，注意保护地球环境、节约资源与实行可持续发展的战略，促进经济与生态的协调发展，以实现企业自身利益、消费者利益以及生态环境利益的统一。绿色营销中绿色的含义是多重的。它既指一种产品，也指一种行业，还可以指一种经营哲学和行为规范，如绿色食品、绿色饮料、绿色包装和绿色管理等。

企业以环境保护观念作为其经营哲学；以绿色文化作为其价值观念；以消费者的绿色需求为契机；生产绿色产品，通过绿色营销渠道，制定合理的绿色价格满足消费者的绿色消费观念，同时又以绿色促销来进一步的激发消费者的购买欲，实现企业，环境，社会三者之间的和谐。

(2)绿色营销特点。绿色营销具有以下几个特点。

①绿色产品质量衡量标准更高。所谓绿色产品，是指对社会或环境的改善有所贡献的产

品，或指较少损害社会和环境的产品，或指对环境及社会生活品质的改善优于传统产品的产品。相比于传统产品，绿色产品有更高的要求，即绿色表现要求，从而显示产品对环保、可持续发展有利，同时也显示企业敢于承担社会责任，对社会负责的形象。

②绿色价格现状堪忧，但前景美好。绿色价格的主要特征是价格中体现环境成本，即绿色产品通常包括与保护环境及改善环境有关的成本支出。因此，一个企业及产品的绿化程度将成为影响产品价格的重要因素。正是由于这一点，一些企业对实施绿色营销的积极性不高，更没有熟悉到绿色价格亦可能由于其他因素的作用而降低，如由于产品及包装原材料的节约而降低费用，采用了新工艺提高了生产效率等。从长远看，绿色价格趋于下降，但在短期内，绿色营销会增加企业成本，这也是企业在实施绿色营销过程中很容易走入的误区和面临的困境。并且往往将增加的成本转嫁给消费者。这在很大程度上打消了消费者购买绿色产品的积极性。

(3)绿色营销与传统营销的比较。绿色营销与传统营销相比具有以下一些特征。

①营销的目标从最大限度地刺激消费者转为追求可持续消费。传统营销以满足消费者的需求为中心，企业的营销战略组合是围绕消费者的需求和欲望来设计的。而绿色营销除了要满足消费者的需求外，还强调可持续发展，要节约资源，强调以少量的物质来满足消费者的需求，提高消费质量。

②研究的重点从企业、消费者、竞争者三者之间的关系转向了企业经营活动同大自然、消费者身心健康的关系。

③绿色营销中的顾客性质发生了变化。传统营销仅把人看成消费者，而绿色营销则把人看成是社会人、多样化需求的人，它研究人的物质和精神两方面的需求。

④对于顾客的满意度的定义加以扩展了。传统营销中的顾客满意是指消费者消费产品和服务时得到的满足，是一种瞬间的满足，而绿色营销中的顾客满意还包括消费后的包装、产品废弃物的回收处理，是一个过程性的顾客满意。

⑤企业的文化发生了变化。传统营销强调竞争优势、竞争获胜。绿色营销不仅强调竞争还强调合作，企业在营销过程中把竞争对手看成环境保护的合作者。

⑥绿色营销的产品注重绿色表现。绿色营销是社会营销的一个组成部分。保护环境、节约资源、可持续发展只是企业社会责任的一个方面。社会营销还包括企业营销活动中存在的社会价值观、伦理道德等其他社会问题。而生态营销则指与保护生态环境有关的营销，它仅是绿色营销的一个方面，是绿色营销的核心部分。

总之，绿色营销策略的内容应包括树立绿色营销观念、开发绿色资源、研发绿色产品、树立绿色品牌、制定绿色价格、选择绿色渠道、开展绿色促销、评审绿色营销活动，控制绿色营销过程以及引导绿色消费等。

7. 感觉营销策略

随着物质产品的过剩与人们收入的不断提高，"感觉"变成一种新的商品，"感觉价值"已经成为消费者的核心价值的一部分，甚至有些已经发展成为最关键的价值。"感觉消费"也开始席卷全球产业。在感觉逐渐成为一种新的产业标准的时候，特别是感觉成为核心消费价值的时候，各行各业的企业都发现：未来竞争的关键战场是感觉。因此，感觉营销也成为了企业制胜的武器。

感觉营销需要把握以下原则。

①必须认识到感觉无处不在，必须从战略上重视感觉营销与感觉设计。

②必须认识到不同消费群体的感觉是有差异的，必须学会从消费者需求出发进行认真的市场细分，了解消费者感觉的核心与基础，并且有针对性地进行感觉设计。

③设计感觉需要把握清楚感觉的种类，根据消费需要进行设计。

④要积极塑造消费者亲身参与体验的感觉。

8. 文化营销策略

在现代社会，文化的功能日益突出，正在各个领域影响着人们的生活，同样，也影响着企业的营销。不同文化的人价值判断的标准是不一样的，对同样的商品其认可的价值也会有差别。企业要依文化不同而采用不同的定价策略、促销渠道、营销方式等。文化与营销是紧密相连的，是相互影响的，也是相互作用的关系。

文化在流通领域也具有创造价值的作用力。包括商品储存运输、包装、渠道等方面。特别是包装文化在提升商品价值方面非常重要。包装具有文化价值，能在提升商品价值方面发挥很大的作用。

(1)产品文化营销。产品文化营销包括产品的包装、设计、使用和生产等诸多方面。

①文化包装是通过产品的包装来体现某种核心价值观，唤起消费者的认同感，使消费者得到文化上的满足，而忠于企业产品。

②文化广告是在广告创作中把文化当作一种工具或表现手段，以文化来与消费者进行沟通，唤起消费者的认同感。文化广告的重点在于唤起消费者潜在的文化意识。

③新产品文化营销则通过新产品体现的文化核心价值来吸引消费者和满足消费者的认同感与满意感。

④产品文化营销也会有一定的生命周期，企业要利用产品文化营销的周期性来进行有针对性的营销。

(2)品牌文化营销。品牌文化营销是指有利于识别某个销售者或某个销售群体的产品或劳务，并使之与竞争对手的产品或劳务区别开来的名称、名词、标识符、设计或它们的组合，以及它们所代表的利益、认知情感、属性、文化传统或个性形象价值观念的总和。

品牌文化营销是产品文化营销的延伸和拓展，它包括整个社会对品牌的信任和保护。名牌效应与企业创立名牌产品、生产名牌产品的行为等有着密切的关系。品牌文化营销是利用文化来进行品牌的设计、创建和生产的过程，利用品牌文化来提升品牌的竞争力。

(3)企业文化营销。企业文化营销是指将企业文化传播给消费者，让企业文化成为社会文化的一个有机组成部分，引起消费者的认同或满意。

企业文化营销是企业根据自身文化内涵的特色，选择恰当的方式进行系统的革新与有效的沟通，以在消费者心中树立起有鲜明个性的企业形象，并以此达到企业经营目标的一种营销方式。

9. 关系营销策略

(1)关系营销定义。关系是指人和人或人和事物之间的某种性质的联系。在社会学上，关系是随着人类社会的诞生而出现，随着社会发展而发展的。与主要客户建立起"一对一"关系或对话的任何营销战略，基本都可以称为关系营销或忠诚度营销。

关系营销的着眼点不像传统营销观念那样只有一个，而是两个，即赢得客户与保有客户。过去，市场营销的重点很大部分放在怎样"赢得"而不是如何长期"保有"客户上面；而关系营销的目的正是在于使服务、质量和营销这三者环环相扣，使赢得客户与保有客户这两方面呼应和结合。因此，关系营销的导向是：将服务、质量和营销融为一体，客户服务和全面（全公司范围内的）质量决策以竞争性营销战略为背景。

（2）关系营销的中心——顾客忠诚。在关系营销中，怎样才能获得顾客忠诚呢？那就是：需求—满足需求并保证顾客满意—营造顾客忠诚，构成了关系营销中的三部曲。

①企业要分析顾客需求，衡量顾客需求满足与否的标准是顾客满意程度：满意的顾客会对企业带来有形的好处（如重复购买该企业产品）和无形的好处（如宣传企业形象）。

有营销学者提出了导致顾客全面满意的七个因素及其相互间的关系：欲望、感知绩效、期望、欲望一致、期望一致、属性满意和信息满意；欲望和感知绩效生成欲望一致，期望和感知绩效生成期望一致，然后生成属性满意和信息满意，最后导致全面满意。

②从模式中可以看出，期望和欲望与感知绩效的差异程度是产生满意感的来源，所以，企业可采取以下的方法来取得顾客满意：提供满意的产品和服务；提供附加利益；提供信息通道。

③顾客维系，市场竞争的实质是争夺顾客资源，维系原有顾客，减少顾客的叛离，这要比争取新顾客更为重要。维系顾客不仅仅需要维持顾客的满意程度，还必须分析使顾客满意的最终原因，从而有针对性地采取措施来维系顾客。

（3）关系营销的构成——梯度推进。建立顾客价值的方法有以下几种。

①一级关系营销的方法是，利用价格刺激使目标公众增加财务利益，这是维持关系的重要手段。

②二级关系营销的方法是，在建立关系方面优于价格刺激，增加社会利益，同时也附加财务利益，主要形式是建立顾客组织，包括顾客档案和正式的、非正式的俱乐部以及顾客协会等。

③三级关系营销的方法是，增加结构纽带，同时附加财务利益和社会利益。与客户建立结构性关系，它对关系客户有价值，但不能通过其他来源得到，可以提高客户转向竞争者的机会成本，同时也将增加客户脱离竞争者而转向本企业的收益。

（4）关系营销的模式——作用方程。企业不仅面临着同行业竞争对手的威胁，而且在外部环境中还有潜在进入者和替代品的威胁，以及供应商和顾客的讨价还价的较量。

企业营销的最终目标是使本企业在产业内部处于最佳状态，能够抗击或改变作用力。作用力是指决策的权利和行为的力量。双方的影响能力可用下列三个作用方程表示。

①“营销方的作用力”小于“被营销方的作用力”

②“营销方的作用力”等于“被营销方的作用力”

③“营销方的作用力”大于“被营销方的作用力”

引起作用力不等的原因是市场结构状态的不同和占有信息量的不对称。在竞争中，营销作用力强的一方起着主导作用，当双方力量势均力敌时，往往采取谈判方式来影响、改变关系双方作用力的大小，从而使交易得以顺利进行。

10. 价格竞争策略

（1）价格竞争概述。价格竞争是企业营销策略中最富有灵活性和艺术性的策略，是企业的一种非常重要的竞争手段，是企业营销组合策略的重要组成。在网络营销中，企业应特别重视价格策略的运用，以巩固企业在市场中的地位，增强企业的竞争能力。

（2）低价竞争策略。当战胜竞争者成为企业的首要目标时，企业可以采用以低于生产成本或低于国内市场的价格在目标市场上抛售产品，其目的在于打击竞争者，占领市场。一旦控制了市场，再提高价格，以收回过去“倾销”时的损失，获得稳定的利润。

(3)高价竞争策略。高价竞争是另一种竞争定价策略。但这种策略一般只限于数量较少、品牌声誉极高的产品采用。这需要企业拥有高质产品、雄厚的资金实力、技术条件等。

(4)垄断定价。当一家或几家大公司控制了某种商品的生产和流通时，它们就可以通过独家垄断或达成垄断协议，将这种商品价格定得大大超过或低于其价值的高价或低价。这样，垄断企业及其组织操纵生产或市场，抑制竞争，通过高价获得超额利润，借助低价打击竞争者，将竞争者挤出市场。

(5)影响价格竞争策略的因素。营销价格是指企业在营销过程中买卖双方成交的价格。企业营销价格的形成是极其复杂的，它受到多种因素的影响和制约。一般来说，影响企业产品网上定价的因素主要有成本、供求关系、竞争因素以及其他因素(如产品、营销渠道、促销手段以及消费者心理因素和企业本身的规模、财务状况和国家政策等)。

(6)价格竞争弊端。随着市场的演进，企业间竞争的程度日趋激烈，价格竞争已无法再发挥往日的威力。在一定条件下，价格竞争是必要的，但是把价格看成决定交易成败的唯一因素，难免会造成价格竞争的泛滥。事实上，单纯依赖价格竞争有很多弊病。

①价格竞争是竞争对于易于仿效的一种方式，很容易招致竞争反击，以致两败俱伤，最终不能提高经济效益。

②以削价为手段虽然可以吸引顾客于一时，但一旦恢复正常价格，销售额也将随之大大减少。

③定价太低往往迫使产品或服务质量下降，以致失去买主，损害企业形象。

④价格竞争往往使资金力量雄厚的大企业能继续生存，而资金短缺、竞争能力弱的小企业将蒙受更多不利。

11. 非价格竞争策略

(1)非价格竞争定义。非价格竞争是指企业运用价格以外的营销手段，使本企业产品与竞争产品相区别，并使之具备差别优势，以推动产品销售的竞争方式。在现代市场经济条件下，非价格竞争已逐渐成为市场营销的主流。从市场营销环境来看，经济、技术各方面的发展，也为非价格竞争创造了良好的条件。经济的发展，消费层次的提高，使得购买者的注意力并不仅仅停留在商品价格上。现在已不再是价格越低的商品越畅销，而是越能满足某种特定市场需要越好卖。科学技术的发展使得企业与消费者能够更有效地从商品自身构造(包括质量、功能、商标、包装、服务)等各方面上区别竞争商品。

(2)非价格竞争策略。非价格竞争策略主要有:差异化竞争策略、战略联盟竞争策略、情感营销竞争策略、商业科普竞争策略等，差异化竞争策略前面已经介绍，不再赘述。

①战略联盟竞争策略。战略联盟竞争策略是指两家或两家以上公司为了达到某些共同的战略目标而结成的一种网络式联盟，联盟成员各自发挥竞争优势，相互合作，共担风险，在完成共同的战略目标后，这种联盟一般都会解散，其后为了新的战略目标，公司又可能与新的合作者结成新的联盟。战略联盟反映了一种适应市场环境变化的新型竞争观念，它以一种合作的态度来对待竞争者。通过建立双方的信任关系，实现优势互补，借助对方来加强各自的竞争力，在合作的基础上展开竞争，从而不断提高竞争的水平，促进社会经济和技术的进步。

②情感营销竞争策略。情感营销竞争策略是指一种融亲情、友情、热情和温馨于一体的营销策略。随着人们生活水平的提高，高技术、高价值、高档次的产品不断增多，产品的差别化

个性化特征越来越明显。消费者对产品的认识不仅包括质量、价格等理性层面的理解，而且越来越强调以文化知识、个性、品位等为主要内容的情感因素。现代营销应适应消费者从“量的需求”阶段、“质的需求”阶段向“情感”需求阶段的转变，从设计、包装、商标、广告、公关、服务、环境等方面进行情感设计，把传统经营活动引入到一个全新的情感营销领域。

③商业科普竞争策略。商业科普竞争策略是指以高知识含量为特征的服务过程。它通过把商品知识传授给顾客，使顾客产生认同，从而实现以知识创造市场。

企业通过科普活动实现以知识创造市场，是一个贯彻于经营管理活动始终的过程。在这个过程中，企业可以采取各种形式提高营销活动的知识含量，同顾客建立结构性的层次关系。商业科普的形成，应从商业科普环境、商业科普服务、商业经营科普、商业管理科普以及社会公益科普等方面提高消费者的科技素质。商业科普策略的运用，必将带来巨大的经济价值和文化价值。

思考：你知道还有哪些最新的网络营销策略吗？请举例说明。

能力训练题5 网络营销策划书

【实训目的】

通过本次的实训使学生了解网络营销战略分析与策划的整个过程，掌握网络营销策划书撰写方法和技巧。

【实训要求】

1. 了解网络营销战略分析与策划。

2. 掌握撰写网络营销策划书的方法和技巧。

【实训内容】

1. 网上寻找相关的资料。

2. 确定目标和营销内容。

3. 动手写一份网络营销策划书(不得少于5000字)。

【实训步骤】

1. 准备工作。综合比较收集到的相关信息和资料，整理和统计。

2. 规划构思。通过资料的整理和分析，确立基本观点，列出主要论点、论据。确定主题后，对收集到的大量资料经过分析研究，逐渐消化、吸收，形成概念，再通过判断、推理，把感性认识提高到理性认识。

3. 策划书的书写步骤(本次实训重点是第(1)步到第(3)步)。

(1)营销对象。

①写出公司名称(包括母公司、子公司)。

②简要说明为什么需要撰写网络营销规划。

③列出公司的目标、方针、宗旨、章程。

④列出和公司及其市场营销方案相关的重要事件和时间。

⑤指出公司的主要业务是什么。

⑥说明未来商业发展是否会影响公司的网络营销策划。

⑦对公司进行简单的描述。

⑧对公司的产品和服务进行简单的描述。

⑨列出公司、产品、服务、市场和产业的关键字。

⑩列出公司产品或服务的重要特征。

⑪列出公司产品和服务的主要优缺点。

⑫概述公司目前的销售情况。

⑬列出本行业中极具竞争力的公司及成立时间、公司概况。

⑭列出公司建立网络市场的好处、坏处、机会和风险。

⑮认真思考公司的产品和服务是否适合网上营销？与客户的互动是否重要？顾客有多少比例是网民？

⑯如果公司仅仅依赖传统市场营销活动而不上网，风险如何？

(2)营销目标。

①列出竞争对手及其欲借助市场营销方案完成的目标。

②列出在下一年公司希望在市场中达成的十个目标。

③列出五个在你的市场中还没有人发现的发展机会，网络营销有可能帮助你获取这些机会吗？

(3)网站的营销设计。

①请简要说明竞争对手在网上采取的策略以及完成的工作。

②认真分析竞争对手网上策略与执行方法的优缺点。

③请思考应该如何修改这些目标以创建独具特色的网上形象。

④请简要说明公司规划如何设计网站以增加与顾客之间的互动。

⑤请简要说明运用网络营销一对一方式如何增强营销策略目标。

⑥请简要说明如何运用网络口碑营销的优势达成营销策略目标。

(4)网络广告设计。

①分析为什么需要网络广告(请列出五个通过网络广告可得到的总体市场营销利益)。

②根据上述的五个利益，请列出公司要进行网络营销的原因。

③请列出在网络上进行广告活动可能需要面对的五种市场营销风险。

④思考上述风险是否无法克服？如果是无法克服，则立刻停止下面的工作；如果可以克服，请继续往下写。

⑤根据上述的回答，你认为在网络上进行广告活动的可能性有多大？如果可能性不大，请立刻停止填此表；如果可能性较大，请继续往下写。

⑥你的网络广告的对象是谁？

⑦你是否已经了解你的在线市场？如果不了解，立刻停止填写；如果了解了，请继续。

⑧你准备采取何种网络广告的形式？

⑨发布网络广告的网络是否能进行统计？

⑩你在网络广告中想强调什么？

⑪价格问题对你的顾客而言是否十分重要？如果十分重要，那么你的产品或服务所需的费用是多少？

(5)与传统媒体的配合。

①请列出十项网站上吸引人的项目，使顾客看到你的传统媒体广告时也想上你的网站看看。

②请你列出最近从事下列哪一个营销活动：如商展、平面广告、影音广告或折扣活动、说明会或散发说明小册子、营销人员的营销。并说明将在这些活动中如何把网站营销搭配进去。

(6)成立网络营销小组。

(7)编制网络营销预算(包括人事与设备)。

传统营销过程基本上是线性的，每个过程都要一步一步来做，各阶段逻辑顺序实现、循环。相反，网络营销在本质上是并行的，而不是线性的。在这种并行的环境中，所有的营销步骤同时发生：市场调研、产品开发以及客户反馈都同时发生。基于从客户那里搜集来的信息，可以迅速地改变产品、服务、价格以及分销系统。

【实训提醒】

设计网络营销策划时要针对某一个公司，某些产品。可以去网上查找资料，也可以自己设计一个公司和产品，但公司的产品不能少于十个。

【实训思考】

1. 如何把握网络营销策划的正确性？

2. 用什么方法获取更多的第一手资料？

3. 怎样书写策划书？

【实训报告】

1. 实验过程

目的要求：

实验内容：

实验步骤：

书写网络营销策划书：

2. 实验结果

结果分析：

可以使用表格方式，可以使用图形方式，也可以使用文字方式。

3. 总结

通过实训，总结自己掌握的程度，分析出错原因，提出改进措施。

习　题　5

一、填空题

1. 网络营销产生的原因是________的发展、________的变革、________竞争的激烈化。

2. 广义的网络营销是指以________为主要手段，包括企业内部网(Intranet)、________、________等，开展的营销活动。

3. 网络营销具有特点有________性、________性、________、________、________、

________、________性、________性、________性。

4. 网络营销的核心思想就是________。所谓网上经营环境，是指企业________和________与开展网上经营活动相关的________，包括企业网站本身、________、________、________、________、销售商、________的网络环境等。

5. 4P 理论的可控因素有________、________、________、________等 4 种。4C 理论的可控因素有________、________、________、________等 4 种。

6. 绿色营销是指企业在________过程中，注意保护________环境、________与实行________的战略，促进________与生态的协调发展，以实现________利益、________利益以及________利益的统一。

7. 随着物质产品的________与人们________的不断提高，“感觉”变成一种新的________，________已经成为消费者的________的一部分，甚至有些已经发展成为________的价值。

8. 关系是指________或________之间的________联系。在社会学上，关系是随着________的诞生而出现，随着社会发展而________。与主要客户建立起________关系或________的任何营销战略，基本都可以称为关系营销或________营销。

二、判断题

1. 网络营销的核心思想就是把商品卖出去。 ( )
2. 网络服务商包括网络营销销售商和网络连接服务商两种。 ( )
3. 4C 理论是以满足市场需求为目标的营销理论。 ( )
4. 4R 理论是以建立顾客忠诚为目标的营销理论。 ( )
5. 随着物质产品的过剩与人们收入的不断提高，“感觉”变成一种新的商品。 ( )

三、思考题

1. 简述网络营销的定义(广义和狭义)。
2. 简述网络营销的特点。
3. 简述网络营销的核心思想。
4. 简述网络营销的职能和意义。
5. 简述 4P 理论的具体内容。
6. 简述 4C 理论的具体内容。
7. 简述 4R 理论的具体内容。
8. 简述 4V 理论的具体内容。
9. 简述绿色营销策略的具体内容。
10. 简述感觉营销策略的具体内容。
11. 简述个性化营销策略的具体内容。

第6章　电子商务物流

物流是一个十分现代而许多人又不太了解的概念，由于它对商品生产、商品流通和商品消费的影响日益明显，从而引起了各方面的重视。所有的单位都要搬运物料，工厂需要从供应商那里购进原材料以进行生产，并把产品送给客户；零售商需要从批发商那里不断进货；电视台需要收集新闻，然后再把这些新闻发往世界各地；住在城市和乡填的每个人都能享受到全国的美味；如果从电子商务网站上订购一本书或一张唱片，快递公司会把你要的东西送货上门。无论何时，当你要买、租或借任何物品时，都会有人满足你的要求并服务到家，物流就是一种能实现上述对商品进行位移服务要求的职能，这包括了从供应到客户物流运输和仓储的全过程。本书主要介绍物流的基本概念、物流管理、物流配送中心等内容。通过本章的学习，要求：

- 掌握物流的定义
- 掌握物流的效用
- 掌握物流管理标准化内容
- 掌握配送和配送中心的概念
- 掌握第三方物流的概念

6.1　物　　流

6.1.1　物流概述

1. 什么是物流

物流(Logistics)从直观上理解就是物质实体的流动，这种流动实际上就是位移，是位置的移动，是有方向的，它包括空间上、时间上的位移。这一概念源于20世纪30年代的美国军事系统，是从Physical Distribution(PD)一词演变而来的，原意为“实物分配”。

物流中的“物”是物质资料世界中同时具备物质实体特点和可以进行物理性位移的那一部分物质资料。“流”是物理性运动，这种运动有其限定的含义，就是以地球为参照系，相对于地球而发生的物理性运动，称之为“位移”。流的范围可以是地理性的大范围，也可以是在同一地域、同一环境中的微观运动，小范围位移。“物”和“流”的组合，是一种建立在自然运动基础上的高级的运动形式。物流不仅是上述限定条件下的“物”与“流”的组合，而更重要在于：是限定于军事、经济、社会条件下的组合，是从军事、经济、社会角度来观察物的运输，达到某种军事、经济、社会的要求。

简单地说，物流就是指为了满足客户的需求，以最低的成本，通过运输、保管、配送等方式，实现原材料、半成品、成品或相关信息由商品的产地到商品的消费地的计划、实施和管理的全过程。

2. 物流的划分

物流的划分是一个比较复杂困难的问题，但又是一个必须面对的基本概念。由于物流对象不同、物流目的的不同，物流范围、范畴不同，形成了不同类型的物流。

(1)按物流在经济中的运行划分。

①宏观物流。是指从社会再生产总体角度认识和研究的物流活动。宏观物流还可以从空间范畴来理解，在很大空间范畴的物流活动，往往带有宏观性，在很小空间范畴的物流活动则往往带有微观性。宏观物流研究的主要特点是综观性和全局性。宏观物流主要研究内容是：物流总体构成，物流与社会的关系，物流与经济发展的关系，社会物流系统和国际物流系统的建立和运作等。

②微观物流。消费者、生产者企业所从事的实际的、具体的物流活动属于微观物流。在整个物流活动中，其中的一个局部、一个环节的具体物流活动也属于微观物流。在一个小地域空间发生的具体的物流活动同样属于微观物流。

(2)按物流服务对象划分。

①一般物流。是指针对无特殊要求的行业、企业开展的具有普遍性特点的物流活动。

②特殊物流。在专门范围、专门领域、特殊行业，在遵循一般物流规律基础上，带有特殊制约因素、特殊应用领域、特殊管理方式、特殊劳动对象、特殊机械装备特点的物流，皆属于特殊物流范围。

(3)按物流活动空间范围划分。

①国际物流。是现代物流系统发展很快、规模很大的一个物流领域，国际物流是伴随和支撑国际间经济交往、贸易活动和其他国际交流所发生的物流活动。

②国内物流。相对于国际物流而言，一个国家范围内的物流、一个城市的物流、一个经济区域的物流都处于同一法律、规章、制度之下，都受相同文化及社会因素影响，都处于基本相同的科技水平和装备水平之中。

国内物流还可以细分为城市、城际、城域、省城、地区(例如，长三角地区)等不同服务范围的物流类别，如图6.1所示。每类物流系统都有不同的发展战略和对策。

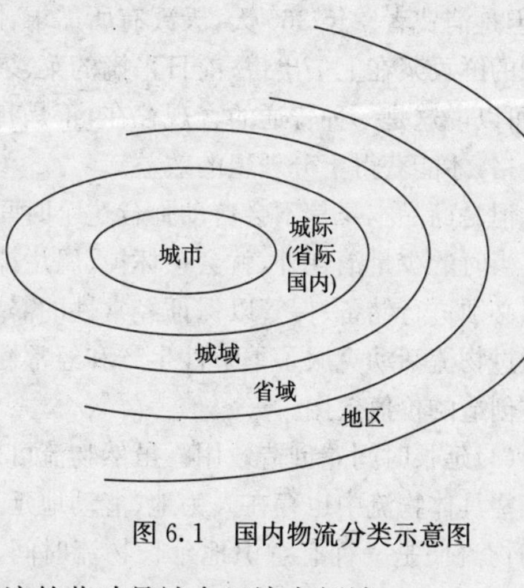

图6.1　国内物流分类示意图

(4)按物流活动的运作主体划分。

①社会物流。是指超越一家一户的以一个社会为范畴，面向社会的物流。这种社会性很强的物流往往是由专门的物流承担人承担的，社会物流的范畴是社会经济大领域。

②企业物流。从企业角度上研究与之有关的物流活动，是具体的、微观的物流活动的典型领域。企业物流又可以细分为以下具体的物流活动。

a. 企业生产物流。企业生产物流指企业在生产工艺中的物流活动。这种物流活动是与整个生产工艺过程伴生的，实际上已构成了生产工艺过程的一部分。

b. 企业供应物流。企业为保证本身生产的节奏，不断组织原材料、零部件、燃料、辅助材料供应的物流活动，这种物流活动对企业生产的正常、高效进行具有重大作用。企业供应物流不仅要保证供应企业的正常生产，而且还要以最低成本、最少消耗来组织供应物流。

c. 企业销售物流。企业为保证本身的经营效益，要不断进行销售活动，将产品所有权转给用户。

d. 企业回收物流。企业在生产、供应、销售的活动中总会产生各种边角余料和废料，这些东西的回收需要伴随物流活动，而且，在一个企业中，如果回收物品处理不当，往往会影响整个生产环境，甚至影响产品的质量，也会占用很大空间，造成浪费。

e. 企业废弃物物流。企业废弃物物流是指对企业排放的无用物进行运输、装卸、处理等开展的物流活动。

6.1.2 物流的效用

1. 时间效用

"物"从供应商到消费者之间有一段时间差，由于改变这一段时间而创造的价值称为"时间效用"。也就是说，时间效用是缩短时间上的距离，使人的可用时间增加，物的获得时间减少，在消费者需要的时间将产品送达。

(1)缩短时间创造效用。缩短物流时间可以获得许多好处，第一可以减少物流在流动中的损失，降低物流消耗；第二可以提高物的周转率。

现代物流学所要研究的就是如何采取技术、管理、系统等方法来尽量缩短物流的宏观时间和有针对性地缩短微观物流时间，从而取得高的时间价值。从全社会物流的总体来看，加快物流速度，缩短物流时间，是物流必须遵循的一条经济规律。

(2)弥补时间差创造效用。在经济社会中，供应商与消费者普遍地存在着时间性差异。例如，粮食、棉花、水果等农作物的生产有严格的季节性和周期性，这就决定了农作物的集中产出，但是消费者一年365天，天天有所需求，因而供应商和消费者之间出现时间差；又如，凌晨磨制的鲜豆浆在上午出售；前日采摘的菜、果在次日出售等，都说明供给与需求之间存在时间差，可以说这是一种普通的客观存在，正是有了这个时间差，商品才能取得比自身价值高得多的价格，才能获得十分理想的效益。

但是商品本身是不会自动弥合这个时间差的，如果没有有效的方法，集中生产出的农作物除了当时的少量消耗外，就会损坏掉、腐烂掉，而在非产出时间，人们就会找不到粮食、水果吃，所以必须进行储备、保管以保证经常性的需要，供人们食用以实现其使用价值。这种使用价值是通过物流活动克服了季节性生产和经常性消费的时间差才得以实现的，这就是物流弥补时间差创造的价值效用。

(3)延长时间差创造效用。虽然物流可以通过缩短时间和弥补时间差来创造效用，但是，在某些具体物流中也存在人为地、能动地延长物流时间来创造价值的情况。例如，配合待机销售的物流便是一种有意识地延长物流时间、有意识增加时间差来创造价值的。当然，一般来讲，这是一种特例，不是普遍的现象。

2. 空间效用

"物"从供应商到消费者之间有一段空间(场所)差，由于改变这一段空间(场所)而创造的价值称为"空间效用"。物流创造空间价值是由现代社会产业结构、社会分工所决定的，主要原因是供应商和消费者之间具有空间差，使商品在不同地理位置有不同的价值，通过物流将商品由低价值区转到高价值区，便可获得价值差，即“空间价值”。物流创造空间效用的形式有以下几种。

(1)从集中生产场所(空间)流入分散需求场所创造价值。现代化大生产的特点之一，往往是通过集中的、大规模的生产以提高生产效率，降低成本。在一个小范围集中生产的产品可以覆盖大面积的需求地区，有时甚至可覆盖一个国家乃至若干个国家。通过物流将产品从集中生产的低价位区转移到分散于各处的高价位区有时可以获得很高的利益。例如，现代生产中钢铁、水泥、煤炭等原材料生产往往以几百万甚至几千万吨的大量生产密集在一个地区；又如，“西煤东运、北煤南运、西气东输、北粮南调、西棉东送、南矿北运”就是将集中在我国西部地区的原材料如棉花、粮食、煤炭等，通过物流流入分散需求地区，以此获得更高的利益，这就是物流空间效用所创造的价值。

(2)从分散生产场所(空间)流入集中需求场所创造价值。与第一种情况相反的情况在现代社会中也不少见，例如粮食是在一小块一小块地上分散生产出来的，而一个大城市的需求却相对集中。计算机的零配件生产也分布得非常广，但却须集中在一起装配。这种分散生产、集中需求也会形成物流空间效用所创造的价值。

(3)从本地生产流入外地需求创造场所(空间)价值。现代社会中供应与需求的空间差比比皆是，十分普遍，除了大生产所决定之外，有不少是自然条件、地理条件以及社会发展因素决定的，现代人每日消费的物品几乎都是相距一定距离甚至十分遥远的地方生产的。这么复杂交错的供给与需求的空间差都是靠物流来弥合的，物流也从中取得了利益。

3. 其他效用

(1)品种效用。在现代社会中，供消费者消费的商品品种五花八门，特别是一些大众品种，80%的人都要购买，不论个人收入、性别、消费习惯、爱好如何，每个人都需要这些品种。在商品流通过程中，通过劳动克服商品生产和消费品种方面的不一致，实现品种效用。消费者需要多种多样的商品，而专业化生产使某一生产厂家所提供的商品具有单一性，商品流通则可以集中多家生产商的产品提供给消费者，这方面的劳动投入表现为商品的品种效用。

(2)批量效用。在商品流通过程中，通过劳动克服生产和消费批量的不一致，实现批量效用。社会化大生产的一种重要方式是生产的专业化和规模化，而很多时候消费的需求量都是很有限的。商品流通中所消耗劳动的一个重要用途就是将生产的大批量分割成最终的小批量需求，在此表现为由整到散的分流过程；反过来的情况也同样存在，在工业化社会中，无论生产资料的生产还是生活资料的生产都呈现出一种趋势，即小批量、多品种的生产，这种生产方式与大批量流水生产共同存在。所以可能出现这种情况，即虽然生产批量较小，而需求则是大量集中的。这时商品流通中的劳动就要用于将分散的货源加以集中，从而表现为从散到整的集流过程。所有这方面的投入的劳动成果都表现为批量效用。

(3)形质效用。加工是生产领域常用的手段，并不是物流的本来职能。但是，现代物流的一个重要特点就是根据自己的优势从事一定的补充性加工活动，这种加工活动不是创造商品主要实体，形成商品主要功能和使用价值，而是带有完善、补充、增加性质的加工活动，这种活动必然会形成劳动对象的形质效用。

(4)信息效用。信息从广义上说，就是能够通过文字、图像、声音、符号、数据等为人类所获知的知识。从一般上说，就是指与客观事物相联系，反映客观事物的运动状态，通过一定的物质载体被发出、传递和感受，对接受对象的思维产生影响并用来指导接受对象的行为的一种描述。从本质上说，信息是反映现实世界的运动、发展和变化状态及规律的信号与消息。那么信息的效用有哪些呢？

信息效用表现为专业商品流通企业要收集大量的信息，如买卖双方的信息、产品说明和使用情况、发展情况、用户的意见、供求信息、技术发展趋势等，并对这些信息进行过滤、筛选、整理、分析、总结规律，发现问题。同时指导自己的工作，也将这些信息传递给供求双方，形成一种知识学习的作用。

(5)风险效用。风险效用表现在商品流通过程中存在和隐藏着许多风险，如商品质量风险、商品信贷风险、商品政策风险、商品汇率风险、商品财务风险和商品价格风险等，让商品流通双方谁来承担这些风险责任可能都会是一种讨价还价的"扯皮"过程，会极大地加大交易费用甚至阻碍商品流通的真正完成。由专业商品流通企业来承担这些风险无疑会极大地提高供求双方的信心，同时加快流通和再生产的过程。

思考：在电子商务活动中如果没有物流将会出现什么问题？为什么？请举例说明。

6.2 物流管理

6.2.1 物流管理概述

1. 什么是物流管理

物流管理(Logistics Management)是指在社会再生产过程中，根据物质资料实体流动的规律，应用管理的基本原理和科学方法，对物流活动进行计划、组织、指挥、协调、控制和监督，使各项物流活动实现最佳的协调与配合，以降低物流成本，提高物流效率和经济效益。现代物流管理是建立在系统论、信息论和控制论的基础上的。

从定义上可以看出，物流管理具有以下几个方面的特点。

(1)物流管理既要实现最低化的成本管理，又要确保客户对物流服务质量的满意，可见，成本和服务是物流管理的侧重点。

(2)物流管理不仅仅是对单个构成要素的管理，而是一个动态的、全要素、全过程的管理。

(3)物流管理就是要通过有效的计划、组织、协调和控制等手段，合理地组织各种要素的搭配，实现整体最优。

2. 物流管理的目标

物流管理的目标有以下几个方面。

(1)现代物流管理以实现客户满意为第一目标，这里的客户不仅指物品的需求方，还包括物流服务的接受方，即物流业务的委托方。客户满意是一个综合指标，具体包括效率、质量、速度、成本、安全等。

(2)现代物流管理以整体最优为目的，这里的整体最优表现为对运输、储存、装卸、库存、配送、信息等基本功能要素实施优化管理，处理好物流各要素之间的"二律背反"关系，在保证物流系统效率与质量的前提下，实现物流成本的最小化。

(3)现代物流管理既重视效率更重视效果,即在确保整体最优的基础上充分重视环保、公害、交通等因素,积极发展符合21世纪发展潮流的绿色物流。

3. 物流管理的原则

物流管理的基本原则有以下几个方面。

(1)在总体上,坚持物流合理化的原则,就是在兼顾成本与服务的前提下,对物流系统的构成要素进行调整改进,实现物流系统整体优化。

(2)在宏观上,除了完善支撑要素建设外,还需要政府以及有关专业组织的规划和指导。

(3)在微观上,除了实现供应链的整体最优管理目标外,还要实现服务的专业化和增值化。现代物流管理的永恒主题是成本和服务,即在努力削减物流成本的基础上,努力提升物流增值性服务。

(4)在服务上,具体表现为7R原则,即适合的质量(Right Quality)、适合的数量(Right Quantity)、适合的时间(Right Time)、适合的地点(Right Place)、优良的印象(Right Impression)、适当的价格(Right Price)和适合的商品(Right Commodity),即为客户提供上述七个方面的恰当服务。

6.2.2 物流标准化

1. 物流标准化定义

物流标准化是指以物流为一个大系统,制定系统内部设施、机械装备、专用工具等在运输、配送、包装、仓储、装卸、保管、流通加工、资源回收及信息管理等各类作业标准以及作为现代物流突出特征的物流信息标准,并形成与全国以及和国际接轨的标准化体系。

物流标准化包括以下几个方面的含义。

(1)物流标准化是制定、贯彻、修订物流标准的活动过程,是一个不断循环提高的过程。标准实施后,应根据科技发展和经济建设需要适时复审,以确认标准是否继续有效,是否修订或废止。

(2)物流标准的制定、修订的贯彻,是物流标准的基本任务和内容。物流标准是物流标准化活动的产物,物流标准化的目的和作用,都需要通过制定和贯彻具体标准来达到。研究各子系统技术标准和业务工作标准的配合性,按配合性要求,统一整个物流系统的标准。

(3)物流标准化的效果好坏取决于物流标准的具体实施。贯彻实施标准是物流标准化全部活动中的关键环节,整个物流标准化的实现,每一项标准的贯彻实施,将可以加快物流速度、降低物流费用、提高工效、显著改善物流效益。

(4)物流标准化过程是系统的建立和协调过程。物流标准化是个相对概念,不管是单个标准,还是标准系统,随客观情况变化都要不断调整。每一次调整,其结构就会更趋合理,功能水平也相应提高。一项孤立的标准,即使再完整,水平再高,也难以实现标准化的目的;只有与之相关的一系列标准的建立,才能形成一个系统,发挥系统的整体作用;各种系统相结合、配套,形成更大的系统,效果才能更显著。

2. 物流标准化的作用

目前,我国物流业已建立了一批物流标识标准体系,如《中国物流标准化体系规范》;同时《物流术语》、《商品条码》、《储运单元条码》、《物流单元格条码》等一些重要的国家标准已投入实施。这些标准的实施对于规范我国当前物流业发展中的基本概念、促进物流业迅速发展并与国际接轨起到了重要作用。但是,我国物流标准化建设还只是处于起步阶段,很多实质性问题还远未接触。物流标准化的作用主要表现在下列几个方面。

(1)统一国内物流概念。我国的物流发展借鉴了很多国外的经验,但是由于各国在物流的认识上有着众多的学派,就造成了国内人士对物流的理解存在偏差。物流的发展不单单是学术问题,更重要的是要为国民经济服务、创造更多的实际价值。所以,我们要弄清物流的概念问题,并对物流涉及的相关内容达成统一的认识,为加快我国物流的发展扫清理论上的障碍。

(2)规范物流企业。目前我国市场上出现了越来越多的物流企业,其中不乏新生企业和从相关行业转行的企业,层出不穷的物流企业也使物流队伍良莠不齐。物流业整体水平不高,不同程度地存在着市场定位不准确、服务产品不合格、内部结构不合理、运作经营不规范等问题,影响了物流业的健康发展。建立与物流业相关的国家标准,对已进入物流市场和即将进入物流市场的企业进行规范化、标准化管理,是确保物流业稳步发展的需要。

(3)提高物流效率。物流业是一个综合性的行业,它涉及运输、包装、仓储、装卸搬运、流通加工、配送和信息等各个方面。我国的现代物流业是在传统行业的基础上发展起来的。由于传统的物流被人为地割裂为很多阶段,而各个阶段不能很好地衔接和协调,加上信息不能共享,造成物流的效率不高,这在很多小的医药物流企业表现得尤为明显。物流标准化是以物流作为一个大系统,制定系统内部设施、机械设备,专用工具等各个分系统的技术标准;制定系统内各个分领域如包装、装卸、运输等方面的工作标准,以系统为出发点,研究各分系统与分领域中技术标准与工作标准的配合性,统一整个物流系统的标准;研究物流系统与相关其他系统的配合性,进一步谋求物流大系统的标准统一。

(4)使国内物流与国际接轨。全球经济一体化的浪潮,使世界各国的跨国公司开始把发展目光集中到我国。特别是我国加入 WTO 后,物流业受到来自国外物流公司的冲击。所以,我国的物流业必须全面与国际接轨,接纳最先进的思想,运用最科学的运作和管理方法,改造和武装我们的物流企业,以提高竞争力。从我国目前的情况看,物流的标准化建设是引导我国物流企业与国际物流接轨的最佳途径。

3. 物流标准化的形式

制定物流标准化要通过以下几种的形式。

(1)简化。简化是指在一定范围内缩减物流标准化对象的类型数目,使之在一定时间内满足一般的需要。如果对产品生产的多样化趋势不加限制地任其发展,就会出现多余、无用和低功能产品品种,造成社会资源和生产力的极大浪费。

(2)统一化。统一化是指把同类事物的若干表现形式归并为一种或限定在一个范围内。统一化的目的是消除混乱。物流标准化要求对各种编码、符号、代码、标志、名称、单位、包装运输中具有的品种规格系列和使用特性等实现统一。例如,我国财政部统一规定我国企事业部门使用一级会计科目的长度为三位,按此标准下的所有单位都可以使用。

(3)系列化。系列化是指按照用途和结构把同类型产品归并在一起,使产品品种典型化,又把同类型的产品的主要参数、尺寸等按优先数理论合理分级,以协调同类产品和配套产品以及包装之间的关系。系列化是使某一类产品的系统结构、功能标准化形成最佳形式。系列化是改善物流、促进物流技术发展最为明智而有效的方法。例如,按 ISO 标准制造的集装箱系列,可广泛适用于各类货物,大大提高了运输能力,还为计算船舶载运量、港口码头吞吐量和公路与桥梁的载荷能力等提供了依据。

(4)通用化。通用化是指在互相独立的系统中,最大限度地扩大具有功能互换和尺寸互换的功能单元使用范围的一种标准化形式。换句话说，通用化是选定或研制具有互换性特征的通用单元，并将其用于新研制的某些系统，以满足这些系统需求的一种标准化方法。互换性有两层含义，一是互换产品的功能，二是指尺寸的互换性。通用化的目的在于最大限度地减少重复劳动。通用程度越高对市场的适应性越强。

(5)组合化。组合化是指按照标准化原则，设计制造一系列通用性较强的单元，再根据需要合拼成不同用途的产品标准化的形式。组合化以系统的分解与组合理论为基础。建筑用砖是最原始的组合件，活字印刷术是组合的典型创造。对于物品编码系统和相应的计算机程序同样可通过组合化使之更加合理。

6.2.3 物流标准化的内容

物流标准化的内容很多，例如，物流用语的标准化、物流技术的标准化、物流作业的标准化、物流设备器具的标准化、物流数据传输的标准化、物流成本计算标准化以及物流标志、图示、识别标准化等。所有的物流标准化都十分重要，都应予以重视。下面介绍几个比较重要的方面。

1. 物流模数的标准化

物流模数是指在某种系统的设计、计算和布局中普遍重复地应用一种尺寸基准。以模数为基础制定一套尺寸协调的标准称为模数制。它是由物流系统中的各种因素构成的，这些因素包括：货物的成组、成组货物的装卸机械、搬运机械和设备、货车、卡车、集装箱以及运输设施、用于货物保管的机械和设备等。

模数的取值称为模数值，也称为基础模数值。对于一定的系统，可以根据实际需要，由基础模数值乘以或除以正整数得出相应的模数尺寸系列。

由基础模数值乘以正整数所得到的模数尺寸称为组合模数尺寸，这时基础模数值为最小值，它表示以内件为基准采用组合的方式而构成的结构。

由基础模数值除以正整数所得到的模数尺寸称为分割模数尺寸，这时基础模数值为最大值，它表示以外件的最大包容尺寸为基准，采用分割的方式而构成的结构。

物流建筑基础模数是指物流系统中各种建筑物所使用的基础模数尺寸。它是以物流基础模数尺寸为依据而确定的，也可以选择共同的模数尺寸，该尺寸是设计物流建筑物长、宽、高尺寸，门窗尺寸，建筑物立柱间距、跨度及进深等尺寸的依据。

集装箱模数尺寸也称为物流模数尺寸，是指在物流基础模数尺寸基础上，推导出的各种集装设备的基础尺寸，以此尺寸作为设计集装设备长、宽、高尺寸的依据。在物流系统中，集装起贯穿作用，集装尺寸必须与各环节物流设施、设备、机具相匹配。因此，整个物流系统设计时往往以集装模数尺寸为依据，决定各设计尺寸。集装模数尺寸是影响和决定物流系统标准化的关键。

2. 物流托盘的标准化

托盘是物流的基本器具，是运输、保管以及装卸搬运等各个作业环节的结点，是物流机具标准化的主线。没有托盘不能进行叉车作业、单元化堆码和装卸乃至物流作业的机械化、自动化也就无从谈起。其次，托盘通用性强，是一贯化作业的基本要素。生产线上下来的产品如堆码在托盘上，便可以用叉车装入卡车或集装箱里进行运输，到仓库以后可以直接堆码存放，从而可大大减少装卸搬运次数，同时，可提高仓库保管的利用率。再有，使用托盘还能够大幅度提高作业效率，节约物流成本。托盘一贯化作业后，不仅解除了人工搬运装卸的重体力劳动，而且由于采用了单元堆码装载方式和机械化、自动化作业，而使物流效率提高，破损率减少，费用降低。

托盘化最基本的目的是把成为物流对象的货物的尺寸统一起来。不同的国家由于习惯的不同仍然使用着不同的托盘，现在世界上流行的托盘有美国托盘、欧洲托盘和日本托盘。ISO规定的托盘尺寸就是欧洲托盘标准尺寸。

由于国际上标准的不统一，造成往来贸易的很多麻烦，例如，日本的托盘能够装进国际标准规格的海上集装箱，但运往目的地后，要进入他国的国内物流系统时就发生了困难。据说三得利工厂从欧洲进口葡萄酒到日本时，在欧洲制作日本规定的托盘，把商品装上后再运到日本，反过来，从日本运到欧洲去的商品，在日本制作欧洲规格的托盘，装好后再运到欧洲去，这样有多么不方便，所以，需要有国际统一的标准托盘。

标准化是降低物流设备成本的重要手段。根据边际零成本理论，在商品的数量达到一定值后，商品的增加成本接近零。因此，在以完成商品流动为目的的物流产业，引入标准化就能够有效降低物流成本。例如，只规定一种物流包装规格，则包装成本就很低；只规定一种托盘规格，托盘成本就会降低。

3. 物流EDI的标准化

物流EDI（Electronic Data Interchange，标准信息电子数据交换）是指货主、承运业主以及其他相关的单位之间，通过EDI系统进行物流数据交换，并以此为基础实施物流作业活动的方法。物流EDI参与单位有货主（如生产厂家、贸易商、批发商、零售商等）、承运业主（如独立的物流承运企业等）、实际运送货物的交通运输企业（铁路企业、水运企业、航空企业、公路运输企业等）、协助单位（政府有关部门、金融企业等）和其他的物流相关单位（如仓库业者、专业报送业者等）。

现代物流企业在其业务运作过程中，具有环节多、信息量大的特点，其信息的动态特性和实时特性较为突出。因此，企业的信息系统对物流企业的生存非常重要。物流的畅通是依靠信息流实现迅速、实时地运转，信息流不畅或滞后是导致物流速度低下的关键因素。而信息快速地收集、处理、传递与交换依赖于信息的载体。传统的通信工具，如电话、传真已赶不上信息流的要求。物流EDI通过结合现代互联网通信技术，可以很好地满足物流、信息流的要求。

物流EDI的优点在于供应链组成各方，基于标准化的信息格式和处理方法，通过EDI共同分享信息、提高流通效率、降低物流成本。例如，对零售商来说，应用EDI系统可以大大降低进货作业的出错率，节省进货商品检验的时间和成本，能迅速核对订货与到货的数据，易于发现差错。

物流业的迅猛发展，对物流信息处理提出了更高的要求。物流EDI技术的自动处理，实时、安全、节约成本等优点，使得物流EDI在互联网中广泛采用。可以肯定，物流EDI无论从适用性、多样性和通用性等方面都会胜过传统的EDI，让更多的用户来使用物流EDI，以适应未来电子商务的需要。

思考：物流管理的标准化，体现在电子商务活动中的哪些部分？请举例说明。

6.3 配 送

6.3.1 配送概述

1. 什么是配送

所谓配送是指在经济合理区域范围内，根据客户要求，对物品进行挑选、加工、包装、分割、组配等作业，并按时送达指定地点的物流活动。同时配送也是物流中一种特殊的、综合的活动形式，是商流和物流的紧密结合。一般来说配送集装卸、包装、保管、运输于一身，通过这一系列活动完成将物品送达客户的目的。

2. 配送的定义

配送在英语中的原词是 delivery，是交货送货的意思。配送是指在经济合理的区域范围内，根据用户的要求，对物品进行拣选、加工、包装、分割、组配等作业，并按时送达指定地点的物流活动。配送是“配”与“送”两项物流活动的有机结合，所谓“配”是指货物的分拣和配货，所谓“送”是指各种送货方式和送货行为。

由此可见，配送不是简单地将超市店铺订货商品送到各个店铺，而是按照各店铺的要求，在备货和配货的基础上，以确定的组织和明确的供货渠道，在相关的制度保证下，进行送货。在物流的整个环节中，配送属于系统的末端，是直接与店铺相联系的部分，因此，配送功能完成的质量及其达到的服务水平，直观而具体地体现了物流系统对需求的满足程度。

在当今市场经济激烈竞争机制下，将货物送达收货人的活动需要逐步降低成本，提高效率，以达到占领、扩大市场、增加企业利润的目的。对运输车辆合理配置，科学地制订运输规划，确定运送路线，并且将运送的货物事先进行配货，配装的措施逐步完善，形成了现代的配送活动。

在日本工业标准 JIS 中，将配送定义为“将货物从物流结点送交收货人”，也强调了送货的含义。在美国，沃尔玛已形成了自己独特的开店理念，即在一个城市开新店前，必须先建立配销中心，围绕着该配销中心，在运输卡车一天车程的区域内开店。这样，既可保证充足的货源配给，又能实现资源共享，使开设配销中心的费用分摊到各店铺上来，费用降低了，而效益就很快得到了体现。

3. 配送的意义

配送的重要意义可以从以下两个方面分析。

(1)经济学的角度。从经济学资源配置的角度来看，配送是以现代送货形式实现资源最终配置的经济活动。

①配送是资源配置的一部分，因为经济体制就是分配或配置资源的一种机制，配送可以看作是经济体制的一种形式。

②配送的资源配置作用表现在，它是资源的“最终配置”，是接近顾客的配置，而尽可能接近顾客是企业经营战略取得成功至关重要的因素，配送是一种重要的物流方式，对许多企业具有极为重要的战略价值，但其局限性使它不能解决物流及流通领域的所有问题。

③配送的主要经济活动是送货。这里强调现代送货，表明与传统送货方式的区别，即配送的主要经济活动是以现代生产力、新式劳动手段作支撑，依靠科技，是“配”与“送”有机结合的一种方式。

(2)配送的实施方式。从配送的实施方式角度看,物流是按用户订货要求,在配送中心或其他物流节点进行货物配备,并以最合理的方式送交用户。

①配送处于接近用户的那一段流通领域。配送的实质是送货,但是和一般送货有区别:一般送货可以是一种偶然行为,而配送却是一种固定的形态,是一种有确定组织、确定渠道、有现代技术手段支持、有一套完整科学管理的体制形式,配送是一种高水平的送货方式。

②配送是一种“中转”形式。配送是从物流节点至用户的一种特殊送货方式。从送货功能看,其特殊性表现为:从事送货的是专职流通企业,而不是生产企业;配送是“中转”型送货,而一般送货尤其从工厂到用户的送货往往是直达型;一般送货是生产什么送什么,而配送则是企业需要什么送什么。而要做到需要什么送什么,就必须在中转环节汇集这种需要,因而配送必然以“中转”形式出现。

③配送是“配”和“送”的有机结合。配送与一般送货的重要区别是,配送利用有效的分拣、配送等理货工作,使送货达到一定的规模,以利用规模优势取得较低的送货成本。如果不进行分拣,配货,有一件运一件,需要一件送一件,会大大增加人力、物力消耗,送货成本不会低于取货。所以,要体现配送的优势,分拣、配送等项工作是必不可少的。

④配送以用户要求为出发点。配送是从用户利益出发,按用户要求进行的一种活动。因此,必须明确树立“用户第一”、“质量第一”的观念。配送企业作为服务者,首先应从用户利益出发,在充分考虑了用户利益的基础上取得本企业的利益。配送企业不能利用自己的配送渠道对货物进行控制来控制用户,不能利用配送作为部门分割、行业分割、割据市场的手段。

6.3.2 配送的功能

配送是现代物流的一个最重要的特征,其常用的功能有以下几个。

1. 备货功能

备货功能是配送的准备工作或基础工作,备货工作包括筹集货源、订货或购货、集货、进货及有关的质量检查、结算、交接等。配送的优势之一,就是可以集中用户的需求进行一定规模的备货。备货是决定配送成败的初期工作,如果备货成本太高,会大大降低配送的效益。

2. 储存功能

储存功能是配送中的转换,储存有储备及暂存两种形态。

(1)储备是指按一定时期的配送经营要求,形成的对配送的资源保证。这种类型的储备数量较大,储备结构也较完善,视货源及到货情况,可以有计划地确定周转储备及保险储备结构及数量。配送的储备保证有时在配送中心附近单独设库解决。

(2)暂存是指具体执行配送时,按分拣配货要求,在理货场地所做的少量储存准备。由于总体储存效益取决于储存总量,所以,这部分暂存数量只会对工作方便与否造成影响,而不会影响储存的总效益,因而在数量上控制并不严格。

3. 分拣及配货功能

分拣及配货是完善送货、支持送货准备性工作,是不同配送企业在送货时进行竞争和提高自身经济效益的必然延伸,所以,也可以说是送货向高级形式发展的必然要求。有了分拣及配货就会大大提高送货服务水平,所以,分拣及配货是决定整个配送系统水平的关键要素。

4. 配装功能

配装功能是指在单个用户配送数量不能达到车辆的有效载运负荷时,就存在如何集中不同用户的配送货物,进行搭配装载以充分利用运能、运力的问题。和一般送货不同之处在于,通过配装送货可以大大提高送货水平及降低送货成本，配装是配送系统中有现代特点的功能要素，也是现代配送不同于已往送货的重要区别之处。

5. 配送运输功能

配送运输功能属于运输中的末端运输、支线运输，和一般运输形态主要区别在于，配送运输是较短距离、较小规模、额度较高的运输形式，一般使用汽车做运输工具。与干线运输的另一个区别是，配送运输的路线选择问题是一般干线运输所没有的，干线运输的干线是唯一的运输线，而配送运输由于配送用户多，一般城市交通路线又较复杂，如何组合成最佳路线，如何使配装和路线有效搭配等，是配送运输的特点，也是难度较大的工作。

6. 送达服务功能

送达服务功能是配送独具的功能。要圆满地实现运到之货的移交，并有效、方便地处理相关手续，完成结算，还应讲究卸货地点、卸货方式等。

7. 配送加工功能

配送加工功能是指在配送中通过配送加工，可以大大提高用户的满意程度。配送加工是流通加工的一种，但配送加工有它不同于一般流通加工的特点，即配送加工一般只取决于用户要求，其加工的目的较为单一。

6.3.3 配送的类型

1. 企业内部配送、企业之间的配送和企业对消费者的配送

按配送主体和配送服务对象的不同及其相互关系，配送可以分为以下三种类型。

(1)企业内部配送。企业内部配送大体有三种情况。①大型企业内部配送，由于其原材料采购量大，为了控制成本，减少采购费用，有效地运用资金，由企业总部统一进货，统一库存，统一向各分厂或车间配送；②企业在消费地建若干个配送中心，在配送中心集中的核心地区建物流基地，各生产工厂的产品先批量地运往物流基地，在物流基地经过大致分类后，再运给周围的配送中心，然后再从配送中心配送至终端客户；③连锁型企业内部配送，由连锁企业统一进货，定点、定时、定量地向各连锁商店配送。

(2)企业之间的配送。企业对企业的配送大体有两种情况。①专业物流企业与第三方物流企业受生产企业的委托开展的配送，即将生产企业的产品或半成品配送给该生产企业指定的企业；②生产企业的配套生产企业，按该生产企业的数量、品种、时间、地点等方面的要求，将自己的产品供给该生产企业的各分厂或车间生产线的配送。

(3)企业对消费者的配送。随着经济服务化的发展，企业直销有了很大发展，企业向消费者直接展开的配送活动越来越多，如商品送货上门、报纸投递、净菜配送到家等。这种由生产企业或销售方直接将商品送至消费者手中的物流活动被称为末端物流，而经济快速发展的背景下，末端物流有着极为广阔的发展空间。

2. 配送中心配送、仓库配送、商业门店配送和厂矿企业配送

按配送出发地不同，配送可以分为以下四种类型。

(1)配送中心配送。配送中心配送是指配送活动的组织者是配送中心。配送中心是专门从事货物配送活动的流通企业，经营规模较大，其设施和工艺结构是根据配送活动的特点和要求专门设计和设置的，故专业化、现代化程度高，设施和设备比较齐全，货物配送能力强，不仅可以远距离配送，还可以进行多品种货物配送，不仅可以配送工业企业的原材料，还可以承担向批发商进行补充性货物配送。这种配送是工业发达国家货物配送的主要形式，是配送未来的发展方向。由于必须配置很多的先进设备和设施，故投资大，在实施配送初期，难以推广这种配送形式。

(2)仓库配送。仓库配送是指以一般仓库为据点来进行配送。它可以是把仓库完全改造成配送中心，也可以在保持仓库原功能前提下，以仓库原功能为主，再增加一部分配送职能。仓库配送与配送中心配送相比，其配送能力、经营规模和服务范围等相对要差一些。不过，很多配送中心是由传统的仓库转型发展而来的，所以，在物流体系发展起步阶段可以选择这种配送形式。

(3)商业门店配送。商业门店配送是指以商店为起点组织的配送活动，往往指一些从事销售活动的商店为自己或外部的零售网点进行商品配送，用以满足客户的零星需要。或者这种商店专门面向中小零售企业从事配送活动，即进行社会化的共向配送，在形式上代替了过去的批发市场的功能。之所以叫做商业门店配送，只不过是其以商店的形态存在而不是以配送中心的形态存在的。

(4)厂矿企业配送。厂矿企业配送是指以工矿企业成品库为起点开展的配送活动，其实施条件是生产企业产品的需求量较大，品种、规格和质量等要求相对稳定，同下游企业之间形成了协作配套关系。在此基础上，厂矿企业才有条件自行组织配送，并把其当作一种“利润源泉”开发方式。

3. 单品种大批量配送、多品种小批量配送和配套配送

按配送商品的种类和数量不同，配送可以划分为以下三种类型。

(1)单品种大批量配送。单品种大批量配送是指由于用户的需求是持续而大量的，单独一个品种或几个品种的货物就可以达到批量标准进行专业化配送，而不用同其他产品混装。

一般来讲，工业企业需要量较大的商品，由于单独一个品种或几个品种就可达到较大输送量，可以实行整车运输，这种情况下就可以由专业性很强的配送中心实行配送，往往不需要再与其他商品进行搭配。由于配送量大，可使车辆满载并使用大吨位车辆。这种情况下，由于配送中心的内部设置、组织、计划等工作也较为简单，因此配送成本较低。但是，如果可以从生产企业将这种商品直接运抵用户，同时又不至于使用户库存效益下降时，采用直送方式则往往效果更好一些。

(2)多品种小批量配送。多品种小批量配送是一种高水平、高标准的配送活动，在这种配送方式下，要按照用户的要求，将所需要的各种物品或商品选好、配齐，少量而多次地运抵客户指定的地点，如对连锁门店的商品配送。

近年来，日本物流中心现场作业面临的最大课题是对多品种少批量的订单商品进行拣选，从数百、数千种商品中，一样拣取几件以配齐几万份订单，如何提高物流中心最繁杂的作业的效率，对物流中心的现场生产能力与经济效益起着决定性的作用。日本物流界正在对此问题作进一步的可行性研究。

(3)配套配送。配套配送是指按照生产企业或建设单位的要求，将其所需要的多种物资配备齐全后，直接运送到生产厂或建设工地的一种配送形式。这种配送有利于生产企业专心致力于生产和建设单位加快施工进度。

4. 专业性独立配送、综合性配送和共同配送

按配送组织形态不同，配送可以划分为以下三种基本类型。

(1)专业性独立配送。专业性独立配送是指将产品根据性质进行分类，并由各专业配送组织进行独立的配送，例如生产资料配送、食品配送和服装配送等。这种配送可以充分发挥专业化配送组织的优势来满足客户的需求。

(2)综合性配送。综合性配送是指将许多种相关的产品汇集起来由专业配送组织进行配送。与专业性独立配送相比较而言，综合性配送的配送品种多，可以为用户提供比较全面的物流服务。

(3)共同配送。共同配送是指由一个或多个配送组织向若干个企业进行统一配送的形式，实施配送的组织或机构可以由这些企业联合建立或者向外寻求协作；共同配送是物流社会化、共同化发展的体现，发展这种形式的配送可以促进物流活动的分工与协作，推动物流结构的调整和物流资源的优化配置。

6.3.4　配送合理化原则

配送合理化是指通过采取轻重配装、不同规格物品配装、同一目的地货物配装、不同客户间货物配装等方式实现运输车辆空间、载重量的有效利用，来降低单位产品运输成本的实用组织方式，具体有以下几个途径。

1. 推行一定综合程度的专业化配送

通过采用专业设备、设施及操作程序，取得较好的配送效果并降低配送过分综合化的复杂程度及难度，从而追求配送合理化。

2. 推行加工配送

通过流通加工和配送结合，充分利用本来应有的流通加工中转，而不增加新的中转，以求得配送合理化。同时，加工借助于配送，加工目的更明确，和用户联系更紧密，避免了盲目性。这两者有机结合，投入不增加太多却可追求两个优势、两个效益，这是配送合理化的重要经验。

3. 推行共同配送

通过共同配送，可以以最近的路程、最快的时间、最低的配送成本完成配送，从而追求配送的合理化。

4. 实行送取结合

配送企业与用户建立稳定、密切的协作关系，配送企业不仅成了用户的供应代理人，甚至成为产品代销人，在配送时，将用户所需的物资送到，再将该用户生产的产品用同一车运回，这种产品也成了配送中心的配送产品之一，或者做为代存代储，免去了生产企业库存包袱。这种送取结合，使运力充分利用，也使配送企业功能有更大的发挥，从而实现了配送的合理化。

5. 推行准时配送系统

准时配送是配送合理化重要内容。配送做到了准时，用户才有资源把握，可以放心地实施低库存或零库存，可以有效地安排接货的人力、物力，以追求最高效率的工作。另外，保证供应能力，也取决于准时供应。准时供应配送系统是现在许多配送企业实现配送合理化的重要保障。

6. 推行即时配送

即时配送是最终解决用户企业担心断供之忧，大幅度提高供应保证能力的重要手段。即时配送是配送企业快速反应能力的具体化，是配送企业能力的体现。即时配送成本较高，但它是整个配送合理化的重要保证手段。此外，即时配送也是用户实行零库存的重要保证手段。

思考：你知道配送与电子商务物流的关系吗？请举例说明。

6.4　配送中心

6.4.1　配送中心概述

1. 配送中心的一般概念

配送是物流中一种特殊的、综合的活动形式，是商流与物流的紧密结合，包含了物流中若干功能要素的一种物流活动。随着配送的发展以及经济发展的要求，零散的配送活动已经不能适应经济发展的需要，代之的是以专门的配送中心来从事配送活动。

配送中心是指将从供应商处所获得的大量的货物，通过储存、保管、分拣、配货以及流通加工、信息处理等作业后，按客户需求送交客户的组织结构或物流设施。它是以组织配送性销售或供应，执行实物配送为主要职能的流通型物流结点。

配送中心的形成及发展是有其历史原因的。由于客户在服务处理的内容、时间和服务水平上都提出了更高的要求，为了顺利地满足客户的这些要求，就必须引进先进的分拣设施和配送设备，否则就不可能建立正确、迅速、安全、廉价的作业体制。因此不少企业都建立了配送中心。可见它是适应系统化和大规模化的必然结果。

配送中心从供应者手中接受多种大量的货物，进行分类、保管、流通加工和信息处理等作业，然后按照众多需要者的订货要求备齐货物，以令人满意的服务水平进行配送。由此可见，配送中心是配送活动的主要承担者。配送中心主要在以下几方面发挥作用。

(1)减少了流通领域中供需双方的接触次数。配送中心最主要的作用就在于大大地减少了流通领域中供需双方的接触次数，使得物流配送通路简捷，布局合理有序。

图 6.2 为没有配送中心的交易情况和有配送中心的交易情况比较，我们会发现，在没有配送中心的情况下，从制造商到零售商的交易次数为 18 次，而且物流通路混杂；而在大批量、社会化、专业化的配送中心建立后，从制造商到零售商的交易次数减为六次，而且物流通路显得简捷，布局合理。

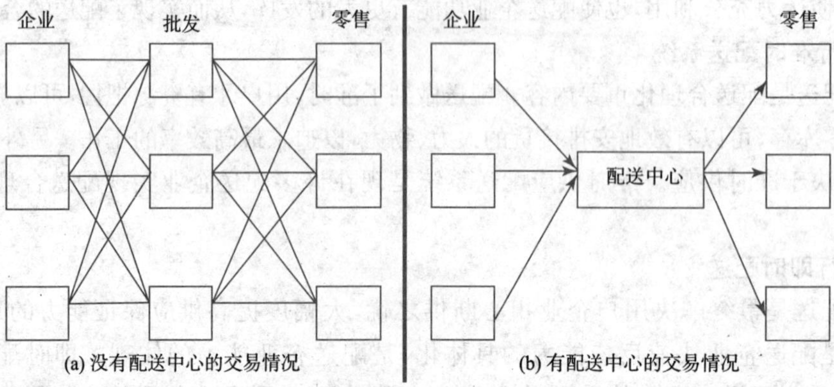

图 6.2　配送前后交易情况比较

(2)能有效地控制商品的质量。配送中心通过与众多供应商的业务联系,对购进商品的质量控制和质量信息反馈都相对有效。如通过设立供应商评价体制,能有效控制供应商所提供的商品的质量,比如某一供应商经常提供不符合销售要求的商品,配送中心则可以取消其供应商的地位,阻止其商品进入配送中心,另找其他替代者。

(3)减少客户的库存,提高库存,保证程度。配送中心通过建立高效的信息网络,能够迅速、准确地掌握流通过程中的库存情况,从而避免了库存积压和库存量的分布不均。通过配送中心计算机终端与客户的连接,客户日常的销售量和库存数据能实时地进入配送中心的计算机系统,进而进行必要的分析和处理,然后由配送中心决定向各个网点补充商品的品种、数量和时间,实现了对某个系统中库存量的控制。

配送中心是以组织配送性销售或供应,执行实物配送为主要职能的流通型结点。在配送中心中为了能更好地做送货的编组准备,必然需要采取零星集货、批量进货等种种资源搜集工作和对货物的分整、配备等工作,因此,配送中心也具有集货中心、分货中心的职能。为了更有效、更高水平的配送,配送中心往往还有比较强的流通加工能力。

从事配送业务的物流场所或组织,应基本符合以下的要求。

(1)主要为特定的用户服务。

(2)配送功能健全。

(3)完善的信息网络。

(4)辐射范围小。

(5)多品种、小批量。

(6)以配送为主,储存为辅。

2. 配送中心的特点

配送中心具有以下几个特点。

(1)反应快速化。电子商务下,新型物流配送服务提供者对上游、下游的物流配送需求的反应速度越来越快,前置时间越来越短,配送时间越来越短,物流配送速度越来越快,商品周转次数越来越多。

(2)功能集成化。新型物流配送着重于将物流与供应链的其他环节进行集成,包括:物流渠道与商流渠道的集成、物流渠道之间的集成、物流功能的集成、物流环节与制造环节的集成等。

(3)服务系列化。电子商务下,新型物流配送强调物流配送服务功能的恰当定位与完善化、系列化,除了传统的储存、运输、包装、流通加工等服务外,还在外延上扩展至市场调查与预测、采购及订单处理、向下延伸至物流配送咨询、物流配送方案的选择与规划、库存控制策略建议、货款回收与结算、教育培训等增值服务。在内涵上提高了以上服务对决策的支持作用。

(4)作业规范化。电子商务下的新型物流配送强调功能作业流程,作业、运作的标准化和程序化,使复杂的作业变成简单的易于推广与考核的运作。

(5)目标系统化。新型物流配送从系统角度统筹规划一个公司整体的各种物流配送活动,处理好物流配送活动与商流活动及公司目标之间、物流配送活动与物流配送活动之间的关系,不求单个活动的最优化,但求整体活动的最优化。

(6)手段现代化。电子商务下的新型物流配送使用先进的技术、设备与管理为销售提供服务,生产、流通和销售规模大、范围广,物流配送技术、设备及管理现代化。

(7)组织网络化。为了保证对产品促销提供快速、全方位的物流支持，新型物流配送要有完善、健全的物流配送网络体系，网络上点与点之间的物流配送活动保持系统性和一致性，这样可以保证整个物流配送网络有最优的库存总水平及库存分布，运输与配送快捷、机动，既能铺开又能收拢。分散的物流配送单体只有形成网络才能满足现代生产与流通的需要。

(8)经营市场化。新型物流配送的具体经营采用市场机制，无论是企业自己组织物流配送，还是委托社会化物流配送企业承担物流配送任务，都以"服务—成本"的最佳配合为目标。

(9)流程自动化。物流配送流程自动化是指货箱排列装卸、搬运等按照自动化标准作业、商品按照最佳配送路线配送等。

(10)管理法制化。宏观上，要有健全的法规、制度和规则；微观上，新型物流配送企业要依法办事，按章行事。

6.4.2 配送中心类型

对配送中心的适当划分，是深化及细化认识配送中心的必然，从理论上和配送中心的作用上，可以有许多分类，这里将已在实际运转中的配送中心分类如下。

1. 专业配送中心

专业配送中心有以下两个含义。

(1)配送对象、配送技术是属于某一专业范畴，在某一专业范畴有一定的综合性，综合这一专业的多种物资进行配送。

(2)以配送为专业化职能，基本不从事经营的服务型配送中心。

2. 柔性配送中心

柔性配送中心是在某种程度上和第二种专业配送中心对立的配送中心，这种配送中心不向固定化、专业化方向发展，而向能随时变化，对用户要求有很强适应性，不固定供需关系，不断向发展配送用户和改变配送用户的方向发展。

3. 供应配送中心

供应配送中心是专门为某个或某些用户(例如联营商店、联合公司)组织供应的配送中心。例如，为大型连锁超级市场组织供应的配送中心；代替零件加工厂送货的零件配送中心。

4. 销售配送中心

销售配送中心是以销售经营为目的，以配送为手段的配送中心。销售配送中心大体有三种类型。

(1)生产企业为将产品直接销售给消费者而组建的配送中心，在国外，这种类型的配送中心很多。

(2)流通企业建立配送中心以扩大销售，我国目前拟建的配送中心大多属于这种类型，国外的例证也很多。

(3)流通企业和生产企业联合的协作性配送中心。

5. 城市配送中心

城市配送中心是以城市范围为配送范围的配送中心，由于城市范围一般处于汽车运输的经济里程，这种配送中心可直接配送到最终用户，且采用汽车进行配送。所以，这种配送中心往往和零售经营相结合。由于运距短，反应能力强，因而从事多品种、少批量、多用户的配送较有优势。

6. 区域配送中心

区域配送中心是以较强的辐射能力和库存准备，向省（州）际、全国乃至国际范围的用户配送的配送中心。这种配送中心配送规模较大，一般而言，用户也较多，配送批量也较大，而且，往往是配送给下一级的城市配送中心，也配送给营业所、商店、批发商和企业用户，虽然也从事零星的配送，但不是主体形式。这种类型的配送中心在国外十分普遍。

7. 储存型配送中心

储存型配送中心是有很强储存功能的配送中心，一般来讲，在买方市场下，企业成品销售需要有较大的库存支持，其配送中心可能有较强储存功能；在卖方市场下，企业原材料，零部件供应需要有较大库存支持，这种供应配送中心也有较强的储存功能。大范围配送的配送中心，需要有较大库存，也可能是储存型配送中心。

8. 流通型配送中心

流通型配送中心基本上没有长期储存功能，是仅以暂存或随进随出方式进行配货、送货的配送中心。这种配送中心的典型方式是：大量货物整进并按一定批量零出，采用大型分货机，进货时直接进入分货机传送带，分送到各用户货位或直接分送到配送汽车上，货物在配送中心里仅做少许停滞。

9. 加工配送中心

加工型配送中心是以加工产品为主，因此，在其配送作业流程中，储存作业和加工作业居主导地位。

10. 特殊型配送中心

特殊型配送中心是指某类配送中心进行配送作业时所经过的程序是特殊的。包括不设储存库（或储存工序）的配送工艺流程和分货型配送中心。

6.4.3　配送中心功能

配送中心的功能包括以下几个。

1. 采购功能

采购功能是配送中心的最基本功能之一，配送中心必须首先采购所要供应配送的生产企业、商品企业和消费者的商品，才能及时准确无误地为其供应物资和物品。

2. 集货功能

集货功能是指配送中心从众多的供应商那里按需要的品种，较大批量地进货以备齐所需商品，此项工作称为集货。配送中心的集货功能与其采购功能有着密切的关联。

3. 保管功能

保管功能是配送中心的主要内容之一，但它与一般的仓库不同，其仓库形式、平面布置、设备组成等，首先要有利于拣选作业。为了充分利用仓库的面积和空间，并提高保管商品的入出库频率，随着科技和生产的进步，货架向高层化发展；作业向机械化、自动化发展；保管机械向小通道或无通道发展；库存账目管理和货位管理向计算机化发展；配送中心与相关企业的信息交换向网络化发展。

4. 装卸搬运功能

装卸搬运功能是指配送中心的集货、理货、装货、加工都需要辅之以装卸搬运，有效的装卸能大大提高配送中心的水平。

5. 拣选功能

拣选功能是指将一批相同或不同的货物，按照不同的要求（如配送给不同的网点），分别拣开、集中在一起进行配送。在品种繁多的库存中，根据网点的订货单，将所需品种、规格的商品，按要货量挑选出来，并集中在一起，这种作业称为拣选。

商品在配送中心保管时，一般是按保管单元的形式来分区域存放。但出库时，首先是按客户订单商品目录来进行拣选，同一张订单的商品可能只有一种，但通常是若干种；同一订单的商品可能在一个区域内存放，但通常是在不同的区域内存放。所需商品的数量可能是一个整保管单元，但有时不是一个整保管单元，应根据具体情况，分别对待。

6. 包装功能

包装功能是指配送中心根据不同商品、不同要求采用一定的技术手段和物质材料对产品所进行的外观成型和标识。采购时为了降低运输成本，一般采用大包装或散装；此外，商品来自不同的制造厂或流通企业，运输包装的形式也各不相同。但为了有利于配送中心的机械化和自动化作业，必须进行商品的集装单元化，即进行倒装作业。倒装作业一般在入库区和出库区的商品整理、检验作业时进行。

7. 流通加工功能

流通加工功能是指配送中心为了高效运输、装卸、保管的需要进行的加工。生产者为了流通的快捷，将商品以大包装的形式放置，而在配送中心下游的零售商、最终客户，一般需要小包装的商品。为解决这一矛盾，有的配送中心设有流通加工功能。流通加工与制造加工不同，它对商品不作性能和功能的改变，仅仅是商品尺寸、数量和包装形式的改变。例如：粮油配送中心是将大筒包装加工成瓶状小包装；饲料配送中心，则是将多种饲料的大包装，加工成混合包装的小包装。

8. 运送功能

运送功能是配送中心需在其服务范围内，准时地把必要的商品及其数量送达客户。为了减少客户的库存或使客户达到零库存，运送是多频次的，这就需要配备相应的运输设备及运输前后的装卸设备。但配送中心对送货工作指挥管理起决定性作用，送货属于配送中心的末端职能，强调现代送货方式。配送运输中的难点是如何组合形成最佳路线，如何使配装和路线有效搭配。

9. 信息管理功能

信息管理功能是指在流通领域，从各供应商处准时地采购商品，然后准时地向众客户配送，提供快捷满意的服务，并最大限度地减少库存，提高工作效率。

10. 衔接功能

衔接功能是指由于集货和储存货物、配送中心又有平衡供求的作用，由此能有效地解决季节性货物的产需衔接问题。

6.4.4 配送体系框架结构

1. 配送体系框架结构

物流体系在分类上有多种分法，最常用的分法是分为社会物流和企业物流。

社会物流又常被理解为第三方物流，即指由物流劳务的供方、需方之外的第三方去完成物流服务的物流运作方式。第三方物流体系中通常不存在卖场，专作配送工作，是服务于不同零售商的一个物流体系，如图 6.3 所示。

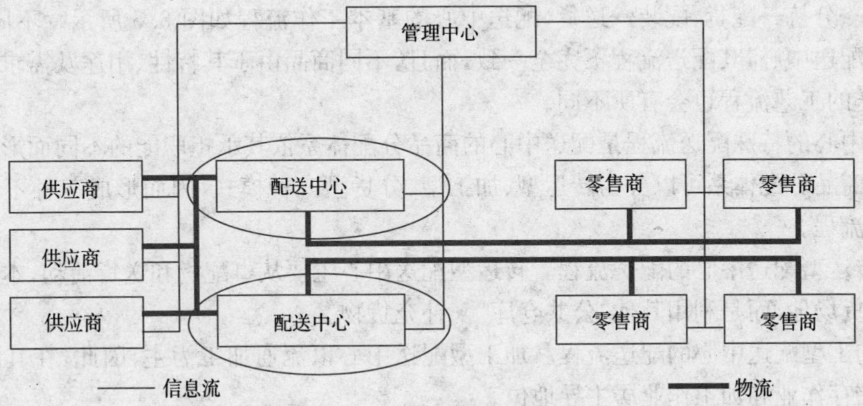

图 6.3 第三方物流体系

企业物流体系，即有关于整个企业物流运作的系统，企业物流又因不同行业和不同业态而分为多种物流模式，如生产型物流、批发型物流、仓库营运型物流等，不同的物流模式有不同的物流体系建设方法。物流配送体系如图 6.4 所示。

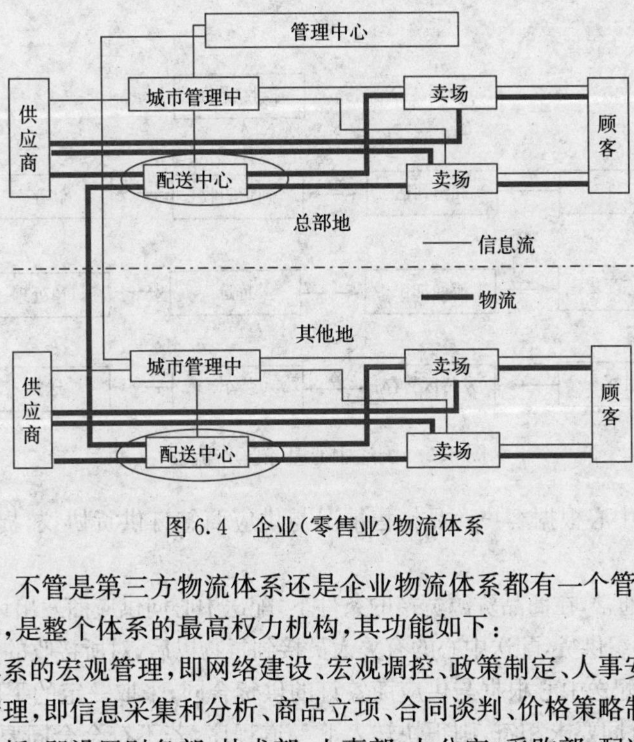

图 6.4 企业(零售业)物流体系

(1)管理中心。不管是第三方物流体系还是企业物流体系都有一个管理中心，该管理中心是物流体系的总部，是整个体系的最高权力机构，其功能如下：

①负责整个体系的宏观管理，即网络建设、宏观调控、政策制定、人事安排、职工培训等。

②关键业务管理，即信息采集和分析、商品立项、合同谈判、价格策略制定、中央结算等。

③体系运作分析，即设置财务部、技术部、人事部、办公室、采购部、配送部、物价部、市场部等部门。

(2)配送中心。配送中心是物流体系的主要储运配送机构。负责货物的验收、储存、货位管理、分拣、退货及相关区域的配送工作。在体系中可以有多个配送中心。特殊情况下在体系中可能还有配送中心所属的配送站，这是配送中心的一个延伸。

2. 配送中心的工作流程

配送中心的功能最终必须通过具体的配送工作流程来实现。配送中心的基本流程是：进货→存储→分拣→配货、配装→送货，配送中心的基本工作流程如图 6.5 所示。不同类型，不同功能的配送中心，其配送流程不完全一致，而且，不同商品由于其特性、用途及需求状况的不同，其配送的工艺流程也会有所不同。

配送中心的特殊配送流程是配送中心的商品分配体系依其承担职能的不同而形成的。配送中心的商品分配体系可以分为转运型、加工型、分货型三种模式，因而形成三种不同类型的特殊配送流程。

(1)转运型配送中心的配送流程。转运型配送中心主要从事配货和送货活动，本身不设储存库和存货场地，而是利用其他“公共仓库”来补充货物。

(2)加工型配送中心的配送流程。加工型配送中心以流通加工为主，因此，在其配送作业流程中，储存作业和加工作业居主导地位。

(3)分货型配送中心的配送流程。分货型配送中心是以中转货物为其主要职能的配送机构。在一般情况下，这类配送中心在配送货物之前都先要按照要求把单品种、大批量的货物(如不需要加工的煤炭、水泥等物资)分堆，然后再将分好的货物分别配送到用户指定的接货点。

3. 配送中心工作流程分析

不同的配送中心有不同的工作流程，图 6.5 所示的是配送中心工作流程中最基本的作业环节和作业内容。

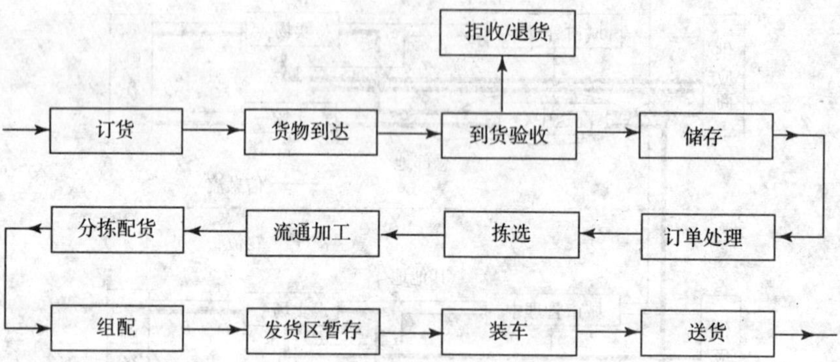

图 6.5　配送中心基本工作流程

(1)订货。配送中心根据客户商品销售情况与供应商签订供货协议，提前订货，以防止缺货，保证供应。

(2)货物到达。通常，在商品资源宽裕的条件下，配送中心向供应商发出订单之后，后者会根据订单的要求很快组织供货，配送中心的有关人员接到货物以后，对所接收的货物进行确认。

(3)到货验收。配送中心根据与供应商签订的供货合同，采取一定的手段对接收的货物进行检验。若与订货合同要求相符，则很快转入下一道程序，若不符合合同要求，配送中心将详细记载差错情况，并且拒收货物。

(4)储存。为了保证配送活动正常运行，也为了享受价格上的优惠待遇，配送中心一般对商品采取大批量进货。购进的商品需要在配送中心储存一段时间，然后再按客户需求出售。

(5)订单处理。客户要货时，先向配送中心提交订货单，配送中心将客户的订单按商品品种、规格及数量等进行汇总处理。收集和汇总客户的订货单是配送中心组织、调度诸如进货、理货、送货等活动的重要依据。

(6)拣选。有人把这项作业称为"出货的第一个环节"。拣选作业是配送中心的工作人员根据客户订货要求从储存的货物中拣选出客户所需要的商品的一种活动。

(7)流通加工。配送中心将用户所需要的货物拣选出来以后,为了便于运输和识别及方便送货,常常把配备好的货物重新进行包装,如在包装物上贴上标签,或进行一定的加工,如将散装商品进行定量灌装。这类活动是一种非常重要的增值性服务。

(8)分拣配货。对拣出的商品,按照客户的订单,将同一客户的不同种类的商品集中起来,放在同一理货区内,形成每一客户的送货单元。

(9)组配。为了充分利用载货车辆的容积和提高运输效率,配送中心常常把同一条送货路线上不同用户的货物组合、配装在同一辆载货车上,以提高运输工具的利用率,降低运输成本。

(10)发货区暂存。组配完毕后,根据送货的发送方向、运输路线和运输时间,将同一货车装运的不同客户的商品集中在一起,堆放在发货区内等待装车。

(11)装车。装车时应遵循以下几点要求:其一,是按送货点的先后顺序组织装车,先到的要放在混载货体的上面或外面,后到的要放在下边或里面;其二,要做到"轻者在上,重者在下"、"重不压轻"。

(12)送货。在一般情况下,配送中心都有自备车辆进行送货作业。有时也利用社会专业运输组织进行送货作业。

思考:你认为配送中心在电子商务物流中的地位如何?为什么?请举例说明。

6.5 第三方物流和第四方物流

6.5.1 第三方物流概述

1. 第三方物流产生

第三方物流(The Third-party Logistics)的概念源自于管理学中的Out-souring。Out-souring意指企业动态地配置自身和其他企业的功能和服务,利用外部的资源为企业内部的生产经营服务。将Out-souring引人物流管理领域,就产生了第三方物流的概念。

具体分析,第三方物流的产生有以下几方面原因。

(1)第三方物流产生是社会分工的结果。在Out-souring等新型管理理念的影响下,各企业为增强市场竞争力,而将企业的资金、人力、物力投入到其核心业务上去,寻求社会化分工协作带来的效率和效益的最大化。专业化分工的结果导致许多非核心业务从企业生产经营活动中分离出来,其中包括物流业。将物流业务委托给第三方专业物流公司负责,可降低物流成本,完善物流活动的服务功能。

(2)第三方物流的产生是新型管理理念的要求。进入20世纪90年代后,信息技术特别是计算机技术的高速发展与社会分工的进一步细化,推动着管理技术和思想的迅速更新,由此产生了供应链、虚拟企业等一系列强调外部协调和合作的新型管理理念,既增加了物流活动的复杂性,又对物流活动提出了零库存、准时制、快速反应、有效的顾客反应等更高的要求,使一般企业很难承担此类业务，由此产生了专业化物流服务的需求。第三方物流的思想正是为满足这种需求而产生的。它的出现一方面迎合了个性需求时代企业间专业合作（资源配置）不断变化的要求，另一方面实现了进出物流的整合，提高了物流服务质量，加强了对供应链的全面控制和协调，促进供应链达到整体最佳。

(3)改善物流与强化竞争力相结合意识的萌芽。物流研究与物流实践经历了成本导向、利润导向、竞争力导向等几个阶段。将物流改善与竞争力提高的目标相结合是物流理论与技术成熟的标志。这是第三方物流概念出现的逻辑基础。

(4)物流领域的竞争激化导致综合物流业务的发展。随着经济自由化和贸易全球化的发展，物流领域的政策不断放宽，同时也导致物流企业自身竞争的激化，物流企业不断地拓展服务内涵和外延，从而导致第三方物流的出现。这是第三方物流概念出现的历史基础。

2. 第三方物流配送的概念

第三方物流配送是指将配送交由与货物有关的发货人和收货人之外的第三方物流企业来承担的一种物流形态。它是指由物流劳务的供方、需方之外的第三方去完成物流配送服务的物流运作方式。

第三方物流是相对“第一方”发货人和“第二方”收货人而言的。第三方既不属于第一方，也不属于第二方，而是通过与第一方或第二方的合作来提供其专业化的物流服务，它不拥有商品，不参与商品的买卖，而是为客户提供以合同为约束、以结盟为基础的、系列化、个性化、信息化的物流代理服务。最常见的第三方物流配送服务包括设计物流系统、EDI能力、报表管理、货物集运、选择承运人、选择货代人、海关代理、信息管理、仓储、咨询、运费支付、运费谈判等。

第三方物流配送内部的构成一般可分为两类：资产基础供应商和非资产基础供应商。对于资产基础供应商而言，他们有自己的运输工具和仓库，他们通常实实在在地进行物流操作。而非资产基础供应商则是管理公司，不拥有或租赁资产，他们提供人力资源和先进的物流管理系统，专业管理顾客的物流功能。广义的第三方物流可定义为两者结合。因此，对物流各环节如仓储、运输等的严格管理，再加之拥有一大批具有专业知识的物流人才，使得他们可以有效地运转整个物流系统。故而，第三方物流又称为“物流联盟”。

3. 第三方物流配送发展模式

第三方物流配送发展模式有企业内部物流模式、物流配送模式、运输企业模式、货运代理和报关行模式、冷冻仓储五种模式。

(1)企业内部物流模式。企业内部物流模式是指大企业内部的资源分裂出来而独立为第三方物流公司。大企业通常都设有材料部、运输部、配送部或物流部，负责企业原材料采购和成品交付的运输，以及原材料、半成品、成品的库存管理。有些企业可能拥有自己的车队，有些企业则使用独立的运输公司。随着信息技术的发展，它们建立了发达的配送网络和信息系统，以远远高于行业水平的配送速度，成为行业的物流先锋。这些企业看到自己的物流优势，于是将其物流部与母公司分割，成为一个独立的第三方物流公司。

(2)物流配送模式。物流配送模式是指企业原有的运输公司引入了物流管理的理论，成为一个提供配送服务的物流管理公司。它的专长在于拥有成熟的技术、先进的信息系统、专业的物流管理队伍。当它进入新的市场，或获得新的物流外包合同时，它往往只是注入自己的专业队伍和信息系统，在客户企业的固有设施和硬件设备的平台上进行配送运作。成为一个独立的第三方物流公司后，会为每一个客户企业成立一个子公司来专门为其服务。

(3)运输企业模式。运输企业模式是指一些历史悠久的大型传统运输公司,经过多年发展,有着非常成熟的运输技术,广阔的运输网络,又对客户的物流需求有深入的了解。它们自然而然地随着客户的物流需求的提高而相应地增加了相关物流服务的设施和技术。虽然运输仍旧占其主导地位,但提供物流服务却逐渐成为其保持老客户、吸引新客户的策略之一,并通过收购或投资仓储配送企业和其他模式的运输企业而成为一个完全的第三方物流公司。

(4)货运代理和报关行模式。货运代理和报关行模式是指没有运输设备,只是作为一个中介为客户提供更优惠的费率以及报关服务,但是当一家货运代理公司发展成为一个跨国大公司时,它将成立第三方物流公司。

(5)冷冻仓储模式。冷冻仓储模式是指冷冻仓储企业应形势的需要成为冷冻供应链中的主导者,同上下游运输公司联手为客户提供全程冷链物流服务。

随着现代生活节奏的加快,人们花在厨房里的时间越来越少,各种半成品冷冻食品应运而生。这为人们的生活提供了方便,节省了时间,只需将食品放进微波炉热两到三分钟就可食用。目前在北美超市里一半的冷冻食品品种在十年前根本就不存在。采购冷冻车并不困难,然而要建立一个冷冻配送中心和一个具有冷链物流专长的管理队伍却不是一件容易的事。在这样的背景下,冷冻仓储企业迅速主导市场,转型成为第三方冷链物流公司。

4. 第三方物流与电子商务的关系

电子商务是信息传播的保证,而物流是执行的保证,没有物流,电子商务只能是一张空头支票。电子商务是利用当代计算机技术、网络通信技术、多媒体技术、Internet、Intranet、Extranet 等技术实现各种商务活动的电子化、信息化、数字化、无纸化和国际化,简单的说,就是指借助互联网进行的各项商务活动。电子商务的出现,在最大程度上方便了终端消费者。他们不必再跑到拥挤的商业街,一家一家地挑选自己所需的商品,而只需坐在家里,在互联网上搜索、查看、挑选,就可以完成他们的购物过程。如果他们所购的商品迟迟不能送到,那消费者还会选择网上购物吗?因此缺少了现代化的物流技术,电子商务给消费者带来的购物便捷等于零,消费者必然会转向传统购物方式。

信息流、商流、资金流可通过计算机和网络通信设备实现,但物流,只有诸如电影、软件、歌曲、电子出版物、信息咨询等少数商品和服务可以直接通过网络传输方式进行,而对于多数商品和服务,则需借助一系列机械化、自动化工具传输。物流是电子商务的重要环节,网上下单和支付只是完成了商品所有权的转移,商品实物能否顺利、及时地到达用户手中还要看是否有高度发达的物流。譬如沃尔玛这个世界上最大的在线零售销售商就用第三方为它的电子商务提供物流服务,这家物流公司建造了一个100万平方英尺的配送中心,专门为沃尔玛的电子商务提供具体的服务,内容包括订单管理、订货处理,以及订货的送货、仓储管理、一般的发运、另外付款的处理、客户的服务、退货的处理等。

因此,电子商务的发展离不开物流的支持,物流必须与电子商务同步。电子商务时代商品买卖的范围空前扩大,买卖方式彻底更新,物流经营活动就成为一项重要的服务性业务。

5. 第三方物流配送的实施步骤

(1)认识第三方物流的重要性。"第三方物流"是由货主企业以外的专业企业,站在货主企业的角度,代替其从事物流系统设计,并利用自己公司或其他公司的物流设备来对物流系统运营承担责任。第三方物流和自主物流相比,具有明显的优势。生产企业采用第三方物流服务可获得的收益包括降低成本、提高顾客服务水平、增加企业柔性、改进生产效率、使主业更集中和提高物流专业水平等。

企业上层管理人员应充分重视第三方物流的重要功能。它可为企业提供高新专业技术和优质的专业服务，提供最新、最先进的物流技术和可靠的信息，实现信息共享，使企业的经济效益达到最佳状态，减少不必要的投诉和其他业务方面的麻烦。通常，企业在选择外借仓储、运输管理、货代物流优化等活动时，费用成为决定性因素，因此，很多企业愿意借助第三方物流来降低成本，当然，第三方物流企业在规模经济方面比单个企业有优势，它可以承揽到大量的货源。他们在仓库和设备以及信息技术上投资，并把这些投资的成本分摊到货主们的头上，以优化物流服务。

(2)外包还是自营的选择。外包或是自营，是实现合同物流的战略决策。虽然财务等方面左右着合同物流的决策问题，但多数专家认为，决策应基于一个公司的配送能力。假如一个制造商或零售商缺乏仓储运输方面的专门技术，且它对企业总体市场地位并非至关重要，那么，企业应该考虑采用合同物流，即第三方物流。一般来说，第三方物流的决策应基于对企业自身能力和在别处可获得的能力的评估，以及对核心业务和非核心业务的划分而作出。

(3)选择供应商。企业一旦决定使用第三方物流后，企业和物流供应商双方都要对合同负责，明确双方的权利义务，保证合同顺利的履行。若双方因合同的争议而诉诸法庭进行司法救济，可能会因此而付出重大的代价。因此，厂商要选择最佳的合作伙伴，使供应商和生产商具有合作的团队精神。

(4)选择供应商的原则。选择供应商有以下几个原则。

①全面、具体、客观原则是指建立和使用一个全面的供应商综合评价指标体系，对供应商做出全面、具体、客观的评价。综合考虑供应商的业绩、设备管理、人力资源开发、质量控制、成本控制、技术开发、用户满意度、交货协议等可能影响供应链合作关系的方面。

②简明科学性原则是指供应商评价和选择步骤和选择过程透明化、制度化和科学化。

③稳定可比性原则是指评估体系应该稳定运做，标准统一，减少主观因素。

④灵活可操作性原则是指不同行业、企业、产品需求、不同环境下的供应商评价应是不一样的，保持一定的灵活操作性。

⑤门当户对原则是指供应商的规模和层次应和采购商相当。

⑥半数比例原则是指购买数量不超过供应商产能的50%，反对全额供货的供应商。

⑦供应源数量控制原则是指同类物料的供应商数量约为2～3家，有主次供应商之分。

⑧供应链战略原则是指与重要供应商发展供应链战略合作关系。

⑨学习更新原则是指评估的指标、标杆对比的对象以及评估的工具与技术都需要不断的更新。

6.5.2 第四方物流概述

1. 第四方物流涵义

第四方物流的概念首先是由安德森咨询公司提出的，它甚至注册了该术语的商标，并定义为“一个调配和管理组织自身的，以及具有互补性的服务提供商的资源、能力与技术，来提供全面的供应链解决方案的供应链集成商。”从概念上来看，第四方物流是有领导力量的物流提供商，它可以通过对整个供应链的影响，提供综合的供应链解决方案，也为其顾客带来更大的收益；它不仅控制和管理特定的物流服务，而且对整个物流过程提出解决方案，并通过电子商务将这个过程集成起来。第四方物流正日益成为一种帮助企业实现持续运作成本降低和区别于传统的外包业务的真正的资产转移。它实际上是一种虚拟物流，是依靠业内最优秀的第三方物流供应商、技术供应商、管理咨询顾问和其他增值服务商，整合社会资源，为用户提供独特的和广泛的供应链解决方案。

第四方物流集成了管理咨询和第三方物流服务商的能力，通过优秀的第三方物流、技术专家和管理顾问之间的联盟，为客户提供最佳的供应链解决方案。更重要的是，这种使客户价值最大化统一技术方案的设计、实施和运作，只有通过咨询公司、技术公司和物流公司的齐心协力才能够实现。第四方物流的供应链解决方案共有四个层次：执行、实施、变革和再造。

(1)执行。主要是指由第四方物流负责供应链具体职能和流程的正常运作，这一范畴超出了传统第三方物流的运输管理和仓库管理。第四方物流可以承接多个供应链职能和流程的运作职责，具体包括：制造、采购、库存管理、供应链信息技术、需求预测、网络管理、客户服务管理和行政管理等职能。一般的第四方物流只是负责供应链中功能和流程的一些关键部分，当然也存在一些公司外包所有的供应链活动给第四方物流的情况。

(2)实施。第四方物流的实施包括了流程的一体化、系统的集成化和运作的衔接。一个第四方物流服务商可以帮助客户实施新的业务方案，包括业务流程的优化，客户公司和服务供应商之间的系统集成。管理成败的关键在于实施，即避免把一个设计得非常好的策略和流程实施得非常无效，局限了方案的有效性，影响了项目的预期效果。

(3)变革。变革的主要努力方向集中在改善供应链中某一具体环节的职能，包括销售和运作计划、分销管理、采购策略和客户支持等。在这一层次上，供应链管理技术对方案的成败至关重要，先进的技术和战略思想、卓越的流程再造和组织变革管理，共同组成第四方物流对供应链活动和流程进行整合与改善的最佳方案。

(4)再造。再造是指供应链过程的协作和供应链过程的再设计，这是第四方物流方案的最高境界。供应链流程的真正改善要通过供应链中企业的通力合作，将各个环节的计划与运作协调一致来实现。再造过程就是基于传统的供应链管理咨询技巧，使得公司的业务策略和供应链策略协调一致；同时，技术在这一过程中起到了催化剂的作用，整合、优化了供应链内部和与之交叉的供应链的运行。

2. 第四方物流运作模式

(1)超能力组合(1+1>2)协同运作模型。第四方物流和第三方物流共同开发市场，第四方物流向第三方物流提供一系列的服务，包括：技术，供应链策略、进入市场的能力和项目管理的专业能力。第四方物流往往会在第三方物流公司内部工作，其思想和策略通过第三方物流这样一个具体实施者来实现，以达到为客户服务的目的。第四方物流和第三方物流一般会采用商业合同的方式或者战略联盟的方式合作。

(2)方案集成商模型。在这种模式中，第四方物流为客户提供运作和管理整个供应链的解决方案。第四方物流对本身和第三方物流的资源、能力和技术进行综合管理，借助第三方物流为客户提供全面、集成的供应链方案。第三方物流通过第四方物流的方案为客户提供服务，第四方物流作为一个枢纽，可以集成多个服务供应商的能力和客户的能力。

(3)行业创新者模型。第四方物流为多个行业的客户开发和提供供应链解决方案，以整合整个供应链的职能为重点，第四方物流将第三方物流加以集成，向上下游的客户提供解决方案。在这里，第四方物流的责任非常重要，因为它是上游第三方物流的集群和下游客户集群的纽带。行业解决方案会给整个行业带来最大的利益。第四方物流会通过卓越的运作策略、技术和供应链运作实施来提高整个行业的效率。

第四方物流无论采取哪一种模式，都突破了单纯发展第三方物流的局限性，能做到真正的低成本、高效率、时时运作，实现最大范围的资源整合。因为第三方物流缺乏跨越整个供应链运作以及真正整合供应链流程所需的战略专业技术。第四方物流可以不受约束地将每一个领域的最佳物流提供商组合起来，为客户提供最佳物流服务，进而形成最优物流方案或供应链管理方案。而第三方物流要么独自，要么通过与自己有密切关系的转包商来为客户提供服务，它不太可能提供技术、仓储与运输服务的最佳结合。

3. 第四方物流成功案例

在美国，Ryder Integrated Logistics 和第四方物流的创始者埃森哲公司结为战略联盟，使得 Ryder 拥有了技术和供应链管理方面的特长，而如果没有'第四方物流'的加盟，这些特长要花掉 Ryder 公司自身几十年的工夫才能够积聚起来。

在欧洲，埃森哲公司和菲亚特公司的子公司 New Holland 成立了一个合资企业 New Holland Logistics S. P. A.，专门经营服务零配件物流。该公司由 New Holland 拥有 80%的股份，埃森哲占 20%的股份。New Holland 为合资企业投入了 6 个国家的仓库，775 个雇员，以及资本投资和运作管理能力。埃森哲方面投入了管理人员、信息技术、运作管理和流程再造的专长。零配件管理运作业务涵盖了计划、采购、库存、分销、运输和客户支持。在过去七年的总投资回报有 6 700 万美元。大约 2/3 的节省来自运作成本降低，20%来自库存管理，其他 15%来自运费节省。同时，New Holland Logistics 实现了大于 90%的订单完成准确率。

在英国，埃森哲公司和泰晤士水务有限公司的一个子公司——Connect 2020，也进行了第四方物流的合作。泰晤士水务是英国最大的供水公司，营业额超过 20 亿美元。Connect 2020 成立的目的旨在为供水行业提供物流和采购服务。Connect 2020 把它所有的服务外包给 ACTV，一家由埃森哲管理和运作的公司。ACTV 年营业额在 1 500 万美元，主要业务包括采购、订单管理、库存管理和分销管理。目前的运作成果包括：供应链总成本降低 10%，库存水平降低 40%，未完成订单减少 70%。

4. 发展第四方物流的条件

第四方物流的前景非常诱人，但是要成为第四方物流的门槛也非常的高。美国和欧洲的经验表明，要想进入第四方物领域，企业必须在某一个或几个方面已经具备很强的核心能力，并且有能力通过战略合作伙伴关系进入其他领域。专家列出了一些有可能成为第四方物流企业的前提条件。

(1)有世界水平的供应链策略制定、业务流程再造、技术集成和人力资源管理能力。

(2)在集成供应链技术和外包能力方面处于领先地位的企业。

(3)在业务流程管理和外包的实施方面有一大批富有经验的供应链管理专业人员。

(4)能够同时管理多个不同的供应商；具有良好的关系管理和组织能力。

(5)有对全球化的地域覆盖能力和支持能力。

(6)有对组织变革问题的深刻理解和管理能力。

事实上，第四方物流的出现是市场整合的结果。过去，企业试图通过优化库存与运输、利用地区服务代理商以及第三方服务提供商，来满足客户服务需求的增长。但在今天，客户需要得到包括电子采购、订单处理能力、虚拟库存管理等服务。一些企业经常发现第三方物流提供商缺乏当前所需要的综合技能、集成技术、战略和全球扩展能力。为改变窘境，某些第三方物流提供商正采取措施，通过与出色的服务提供商联盟，来提高他们的技能。其中最佳形式是和相关的咨询公司、技术提供商结盟。随着联盟与团队关系的不断发展壮大，一种新的外包选择开始出现。由它们评估、设计、制定及运作全面的供应链集成方案，正是第四方物流。所以，第四方物流是中国物流业发展和提升的助力器。

第四方物流不仅控制和管理特定的物流服务，而且对整个物流过程提出策划方案，并通过电子商务将这个过程集成起来。预测表明，作为能对客户的制造、市场及分销数据进行全面、在线连接的一个战略伙伴，它可以在可预见的将来得到广泛应用。

思考：你知道在现实生活中哪些物流企业属于第三方物流吗？为什么？

能力训练题6 物流服务企业调查

【实训目的】

通过实训要求学生熟悉电子商务物流企业环境，掌握物流服务企业的服务种类，掌握物流企业服务的质量和标准。

【实训要求】

1. 了解第三方物流服务组织设计过程。
2. 掌握物流服务组织设计方案的具体内容。
3. 掌握物流服务组织设计方案的运作方式。
4. 掌握物流服务组织设计方案的拓展思路。

【实训内容】

1. 进入百度搜索引擎或其他搜索引擎。
2. 选择有一定代表性的物流企业，分析其物流服务的种类和质量标准。
3. 选择一家客户企业并查找相关的资料。
4. 选择一家物流企业并查找相关的资料。

【实训步骤】

1. 进入搜索引擎网站。
2. 选择具有一定代表性的物流企业和具有一定代表的客户企业。
3. 寻找客户企业资料，具体如下所示。

(1)客户企业背景。

①地理位置；②企业性质；③主要产品；④现有职工；⑤总资产值；⑥物流需求；⑦法人代表等信息。

(2)管理模式。

①组织结构；②管理制度；③管理方法；④管理系统；⑤管理理念；⑥决策程序等信息。

(3)设计物流服务需求调查表。

4. 寻找物流企业资料，具体如下所示。

(1)物流企业背景。

①地理位置;②企业性质;③主要业务;④现有职工;⑤总资产值;⑥服务水平;⑦法人代表等信息。

(2)物流服务能力。

①主要包括基础设施、运输车辆、装卸设备、通信设施、信息管理设备等。

②服务项目如:整车运输、零担运输、快运专线运输、大件货物运输、商品车运输,提供停车、住宿、仓储、市内配送、取货、装卸、物流信息服务等一系列的物流服务业务。

(3)仓储能力。

(4)运输/配送能力。

5. 物流服务组织设计方案。

6. 物流服务组织设计方案的运作方式。

7. 物流服务组织设计方案的拓展思路。

8. 撰写一份调查报告,不得少于3 000字。

【实训提醒】

1. 去网上查找相似的设计方案以做参考之用。

2. 调查报告中重要数据可以用图表来描述。

3. 调查报告中也可以用动画、视频等工具来描述重要数据。

【实训思考】

1. 什么是物流服务企业?

2. 物流服务企业有哪些功能和服务项目?

3. 什么是第三方物流?

【实训报告】

1. 实验过程

目的要求:

实验内容:

实验步骤:

调查方法:

调查数据:

2. 实验结果

结果分析:

可以使用表格方式,可以使用图形方式,也可以使用文字方式。

3. 总结

通过实训,总结自己掌握程度,分析出错原因,提出改进措施。

习　题　6

一、填空题

1. 物流(Logistics)从直观上理解就是________的流动,这种流动实际上就是________,是________的移动,是有________的,它包括________、________的位移。

2. 物流的划分可按________划分、按________划分、按________划分、按________划分。

3. 物流效用有________效用、________效用和其他效用，其他效用包括________效用、________效用、________效用、________效用、________效用等。

4. 物流管理(Logistics Management)是指在________过程中，根据物质资料________的规律，________的基本原理和________方法，对物流活动进行________、________、________、________、控制和________，使各项物流活动________的协调与________，以降低物流________，提高物流效率和________效益。

5. 物流管理的基本原则中的服务上具有 7R 原则，它们是________原则、________原则、________原则、________原则、________原则、________原则、________原则。

6. 所谓配送是指在________区域范围内，根据________要求，对物品进行________、________、________、________、组配等作业，并按时送达________的物流活动。

7. 配送是现代物流的一个最重要的特征，其常用的功能有________功能、________功能、________功能、________功能、________功能、________功能、________功能等。

8. 配送中心是指将从________处所获得的大量的________，通过储存、________、________、________以及________、信息处理等作业后，按________送交客户的组织结构或________。

二、判断题

1. 物流就是将货物从一个地方搬到另一个地方的活动。 ( )

2. "物"从供应商到消费者之间有一段空间(场所)差，由于改变这一段空间(场所)而创造的价值称为"空间效用"。 ( )

3. 配送就是供应商按用户要求将货物放到指定的地点。 ( )

4. 配送中心是指将从供应商处所获得的大量的货物，通过储存、保管、分拣、配货以及流通加工、信息处理等作业后，按客户需求送交客户的组织结构或物流设施。 ( )

5. 第三方物流的产生是新型管理理念的要求，是社会分工的结果。 ( )

三、思考题

1. 简述物流的概念。
2. 简述物流的划分。
3. 简述物流的效用。
4. 简述物流管理定义。
5. 简述物流管理的原则。
6. 简述配送的概念。
7. 简述配送的意义。
8. 简述配送的功能。
9. 简述配送中心的定义。
10. 简述配送中心的类型。
11. 简述配送中心的功能。
12. 简述第三方物流的概念。
13. 简述第四方物流的概念。

第 7 章　电子商务客户服务

21 世纪的竞争焦点是服务，是个性化服务。许多以客户至上为经营理念的公司能认清并满足内部客户和外部客户的需求，以人为本，专注于识别不同客户的具体需求。例如，广东移动佛山分公司的客户服务座右铭是“让人感到新鲜而奇特”。三海电池公司的客户服务座右铭是“全面满足、不断超越客户期望”。麦德龙的客户服务的座右铭是“你如何对待别人，别人也就如何对待你”。本章主要介绍客户服务基本概念、客户服务的工作流程、客户服务的方法与技巧。通过本章的学习，要求：

- 了解客户服务的环境
- 掌握客户服务的概念
- 掌握客户服务的工作流程
- 掌握与个性化客户沟通的方法和技巧

7.1　客户服务

7.1.1　客户服务概述

1. 客户服务的定义

客户服务(Customer Service)，是指一种以客户为导向的价值观，它整合及管理在预先设定的最优成本——服务组合中的客户界面的所有要素。广义而言，任何能提高客户满意度的内容都属于客户服务的范围之内(客户满意度是指客户体会到的他所实际“感知”的待遇和“期望”的待遇之间的差距)。

在客户服务过程中要注意以下几个问题。

(1)客户服务应该是什么？客户远不止是要购买东西的消费者。

(2)不应把客户服务仅仅视为客户服务部门的责任，而应是整个企业共同完成的大事，每一个企业员工都有责任。

(3)优秀的客户服务不仅是“我能帮你什么”，实际上客户需要的是获得帮助，希望和熟悉业务的人打交道，与懂业务的人打交道，喜欢和能作决定的人打交道。客户希望以他需要的方式来对待他，希望到尊重，希望企业能够了解他真正的需求，能让他产生一种获得服务的满足感。

(4)以客户希望的方式来对待客户，预见客户的真正需求。

2. 网络营销服务类型

从网络营销服务的范围来分，可以分为以下几种类型。

(1)广义的网络营销服务。广义上,网络营销服务就是以互联网为主要手段(包括 Intranet 企业内部网、EDI 行业系统专线网及 Internet 国际互联网)开展的各种营销服务活动。

(2)狭义的网络营销服务。狭义的网络营销服务是指组织或个人基于开放便捷的互联网络,对产品、服务所做的一系列经营服务活动,从而达到满足组织或个人需求的全过程。

(3)整合网络营销服务。整合网络营销是企业整体营销战略的一个组成部分,是为实现企业总体经营目标而进行的,以互联网为基本手段营造网上经营环境的各种活动。这个定义的核心是经营网上环境,可以理解为整合营销所提出的一个创造品牌价值的过程,整合各种有效的网络营销手段制造更好的营销环境。

3. 客户服务对企业的意义

优质的客户服务是最好的企业品牌。完美的客户服务是根据客户本人的喜好使他获得满足,而最终使客户感觉到他受到企业的重视,成为企业的忠实的客户。

企业的客户服务水平越高,就会有更多的客户光顾,也会产生更多的忠实客户,企业会相应获取更多的利润。

(1)要想让客户把企业的美名传扬出去,就要让企业的客户服务绝对出色。

(2)优质客户服务是防止客户流失的最佳屏障,是企业参与市场竞争的王牌武器。

(3)良好的口碑使企业财源滚滚。

(4)老客户是企业发展壮大的基石,老客户=更少的非议+丰厚的利润。

服务真的很简单,但是持之以恒做好服务非常难。这是一个客户服务人员对于客户服务的深刻认识。

7.1.2　客户服务运作流程

1. 客户服务运作流程图

当今各企业都十分重视客户服务,所以,许多企业都已设立了客户服务部门,客户服务部门不只是处理客户的抱怨与申诉,还需要更积极地扮演起为客户服务的角色。其角色也由以往仅对客户所购买不良品的处理,转换到主动去了解客户的需求、为客户服务、妥善地处理客户问题与抱怨,并积极地进行客户满意度调查,追求客户更大的满意度。客户服务运作流程如图 7.1 所示。

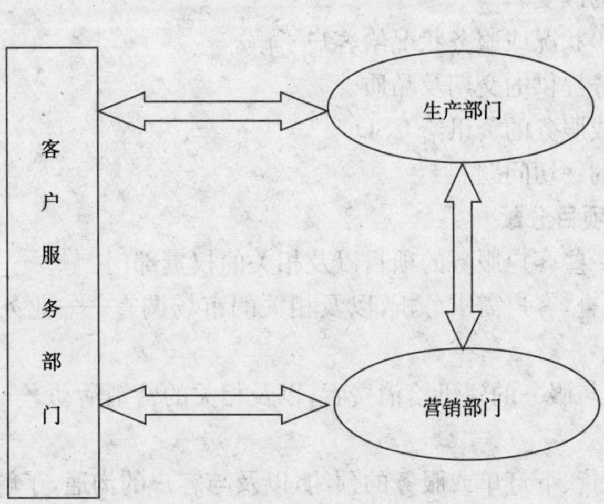

图 7.1　客户服务流程图

由图 7.1 所示可知，客户服务流程是由生产部门、营销部门和客户服务部门组成的，它们之间的信息流通都是双向的，各部门的工作流程如下所示。

(1)生产部门。

①提供有关基本作业程序的资讯给客户服务部门。

②提供有关生产、作业状况或服务状况给 CSD(客户服务部门)及 SD(营销部门)。

③接受 SD 送过来的订单。

④进行生产计划或服务提供计划及其管制。

⑤进行产能规划并提供给 SD。

⑥在交货期内生产出符合客户需求的产品或服务。

⑦解决有关生产或服务提供的问题。

(2)客户服务部门。

①提供有关货品的资讯，接受客户的咨询。

②提供客户有关产品或服务的各项事前与事后的服务。

③接受有关货品或服务的修改、修理、更换、退货等事项。

④处理有关赔偿、有关货品或服务的纠纷。

⑤接受客户的意见，抱怨及做相关的处理，了解客户的需求水准及变动趋势。

⑥建立客户档案并追踪服务。

⑦主动跟客户联系，关心客户。

⑧对客户进行满意度调查。

⑨对客户所提供的建议、抱怨及问卷调查做统计分析，所得结果送有关部门。

⑩接受订单且了解客户需求。

(3)营销部门。

①接受客户订单或 CSD 转来的订单。

②进行订单管理。

③了解 PD(产能)状况并对订单做适当处理。

④处理客户需求的改变。

⑤提供生产(作业)状况或服务状况给客户了解。

⑥控制商品或服务提供的交期及品质。

⑦提供有关商品或服务的资讯给 CSD。

⑧解决有关营销的一切问题。

2. 客户服务工作项目分配

下面简单地列出一些客户服务的项目以及相关的权责部门。

(1)消费者需求调查，客户需求分析，以及相关的市场调查——业务部门、营销部门、客户服务部门。

(2)提供有关商品与服务的资讯给消费者，以及相关的营销活动——业务部门、营销部门、客户服务部门。

(3)接受客户的订货、下订单或服务的预约，以及与客户的沟通，了解他们的需求内容——业务部门、营销部门、客户服务部门。

(4)跟客户充分沟通商品或服务项目、提供方式、送货时间——业务部门、客户服务部门。

(5)客户所购买的货品的制作、运送,所订的服务的提供——生产部门、业务部门、服务提供部门。

(6)从商品或服务的订购到商品的运送及服务提供的期间内的双方沟通,尤其是有关货品的制作、服务的进行状况与进度的了解——业务部门、客户服务部门。

(7)货品的运送、安装及使用说明、服务提供过程中客户的配合方式的说明——业务部门、技术部门、服务提供部门。

(8)对客户提供有关产品的使用及相关技术的教育训练与培训——客户服务部门、技术部门。

(9)相关的售后服务,如修理、维护、保养、更换、退还、服务内容变更等——业务部门、技术部门、客户服务部门。

(10)收款、收据或发票的处理,错误账目的更正——业务部门、财务部门、客户服务部门。

(11)客户问题与抱怨的接受,判断与处理——客户服务部门、业务部门。

(12)客户意见分析、客户满意度的调查与统计分析,以及相关资信回馈——客户服务部门、业务部门。

(13)客户资讯的建档、管理,以及追踪服务——客户服务部门。

(14)对客户提供咨询,资讯与资料的提供,以及许多相关的服务——客户服务部门、业务部门。

由上面的客户服务的工作项目的简单分析中可以了解到客户服务部门、营销部门及生产部门等之间要密切配合,才能把客户服务的工作做好。此外,这些客户服务工作的进行也有其前后顺序。当然,首先是客户需求的提出,最后才是客户满意度调查,客户资料的建档及追踪服务等。

7.1.3 客户服务的环境

客户服务环境主要包括六个要素,如何利用这些要素进行客户服务的传递,确保营造良好的客户服务环境,不仅仅是客户服务部门的责任,更是整个公司内部每一个员工的共同责任。以客户为中心的服务环境是由客户、组织文化、人力资源、产品/可交付、交付系统、服务六个要素组成,如图 7.2 所示。

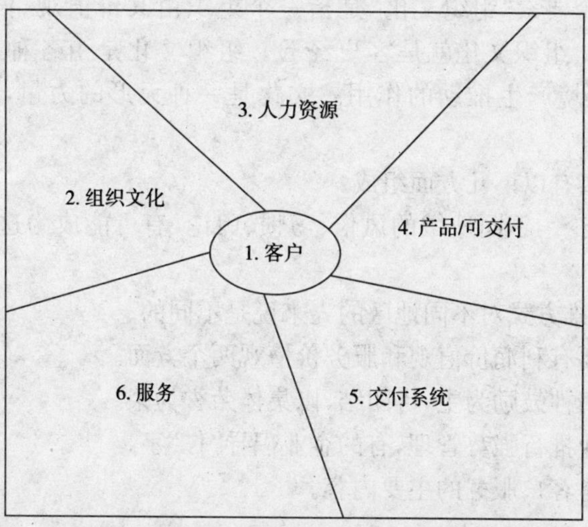

图 7.2 以客户为中心的服务环境的组成要素

1. 客户

服务环境的第一个要素是“客户”，客户是服务环境中的中心，是最为重要的因素。客户服务部门的各个环节运作都是以服务客户为目的的，没有客户，就没有公司存在的意义了。

客户的概念是在商品交换中产生的，是指承接价值的主体（通俗的说就是给钱的人），而其承接价值是因为要获得其使用价值，也即是有相应需求要满足。当然，也有的客户买商品是用来卖的，但这样交换下去，最终还是要落到需求上，所以那些为满足需求而购买商品的人才是客户。客户是需求的载体或代表，但都离不开需求这个深层的东西，满足客户是经营的表面现象，满足需求才是本质。既然已经有了客户，说明市场已成形，需求已明朗，因此，着眼于客户，就是在已有的市场上竞争，目的是争夺份额；而着眼于需求，则可以在尚未明朗时发现，从而开始对市场的培养、开发，从无到有，其目的是开拓新的市场。由此可见，着眼于需求会比着眼于客户更能占据先机，但也面临更大风险。

（1）内部客户，公司中的任何人都会有客户。他们也许没有传统意义上的客户，即那些购买我们的商品或服务的来自公司外部的客户。但是，像同事、其他部门或分支机构的员工，以及在同一公司中工作的人都属于内部客户。他们同样依赖公司中的其他人开展工作，提供服务、信息或产品。

（2）外部客户，可能是正在联络当中的，或潜在的客户或委托人。他们会搜寻并选择自己信赖的服务公司，购买或租赁公司的相关产品或服务。这个群体还包括商业客户，他们买进公司的产品后又再次出售，也包括特约经销商。这些经销机构会销售公司的产品，或者在他们的特许经营范围内以公司的名义进行销售。

（3）消费客户，是指购买最终产品或服务的零散客户，通常是个人或家庭。

（4）B2B客户，是指购买产品（或服务），并在其企业内部将购买的产品附加到自己的产品上，再销售给其他客户或企业以赢取利润或获得服务的客户。

（5）渠道、分销商、代销商，是指不直接为公司工作的个人或机构，通常无需公司支付工资。此类客户购买公司的产品用于销售，或直接作为该产品在该地区的代表、代理处。

2. 组织文化

服务环境的第二个要素“组织文化”是指一个组织由其价值观、信念、处事方式等组成的其特有的文化形象。组织文化就是客户经验。组织文化是由各种非关键因素集合而成的，并能对整个服务环境产生推动的作用。文化是一种无形的力量，能激励员工向上奋进工作。

组织文化现象可以有以下几方面组成。

（1）风俗、习惯、舆论。不同地域的风俗、习惯、舆论，有可能成为这个地方的企业的文化现象。

（2）思维方式。思维方式对不同地区的人来说是不同的。

（3）价值观念，主要有利润价值观和服务价值观两个方面。

（4）精神境界，用精神鼓励为主，讲团结，以集体荣誉为荣。

（5）作风，有的企业推行强势管理，有的企业倡导“仁”字。

（6）待人艺术，这是客户服务的主要内容。

3. 人力资源

服务环境的第三个要素是“人力资源”，可以从人力、资源、人力资源三个方面来叙述，从而可了解人力资源的真正含义。

(1)人力。人力是人的力量的缩写,人的力量是由智力和体力两种因素组成。智力是人的一种内在的软性因素,它的弹性非常大。体力是人的一种外在的硬性因素,它的弹性不大,所以它的力量是有限的。两种力的结合产生了能量,能量通过实施运作转化体现为能力。这样就是人的力量,有两种原始力加一个结合力,这就是人的力量,简称人力。

(2)资源。什么是资源?针对目标所需,一切可利用的、创造和再创造利益的物和物与物之间的关系,都是可用的资源。资源发挥的作用随质量的变化而变化。

(3)人力资源。把目标定为个人,个人要创造利益必须有资源,人创造利益是需要力量的,它的资源就是力量。上面谈到了人的力量组成,组成的因素就是力量的资源。人力的资源就是两种原始力加一个组合力,这是针对个人为目标而言。

针对企业和单位为目标,企业和单位的性质是集体和团队,作为企业和单位,它的目标是发展和创造效益,发展和创造效益需要两大资本:物质资本和人力资本。资本是牟取利益的凭借。资本的完成要有资源的保障供给,将资源运用转化就成为资本。资源是资本的保障,不同的资本需要不同的资源供给。根据发展和追求的目标效益性质不同,所需的资本要求也有所不同。物质资本不谈,因为物质资本是由人力创造和天然生成的。人力资本,根据企业和单位的发展和追求的目标效益性质的不同,需要不同的人力资本,保证人力资本的完成和不必要的浪费与消耗,就要有人力资源的保障。所以每个人力针对企业和单位都是资源,根据自身的价值选对目标就是资本,否则就是废料。人力资源是人力资本的资源简称,因此可以看出人力资源管理工作对企业和单位的重要性,它是决定企业和单位能不能发展的决定因素。

4. 产品/可交付性

服务环境的第四个要素是“产品/可交付性”,是指公司的产品或可交付的服务。产品或可交付的服务可以指公司制造或经销的诸如家具之类的有形商品,也可以指可提供给客户的服务,如消毒杀虫服务等。在以上任何一种情况中,不管是从数量上还是从质量上来说,都可能存在客户是否满意的问题。如果客户得到了他们所想要的优质服务,那他们就会表现得很满意。反之,如果客户认为商品是劣质的产品,或者提供的服务不到位,没有达到他们预期值,他们就可能会转而寻求其他产品或服务提供者。如此一来公司的形象在客户中心就会大打折扣,客户可能以后不会再次光顾。

5. 交付系统

服务环境的第五个要素是“交付系统”,是指用什么方法来交付产品/服务,为了确定交付系统,公司必须首先认清下列因素。

(1)行业标准,所谓行业标准就是根据《中华人民共和国标准化法》的规定,由我国各主管部、委(局)批准发布,在该部门范围内统一使用的标准,称为行业标准。例如:机械、电子、建筑、化工、冶金、经工、纺织、交通、能源、农业、林业、水利等,都制定有行业标准。行业标准现在的竞争形势是怎样呢?公司的现行交付标准与竞争对手是否一致?

(2)客户期望,客户期望在一个特定的时间内用特定的方式发生交付吗?有选择的余地吗?

(3)实际能力,公司或行业内部现有的交付系统允许多种交付方式吗?

(4)成本大小,在客户可承受的价格之内会增加一部分技术上的成本吗?如果是额外的费用,客户会愿意接受吗?

(5)现行和预期的要求,现今存在的交付方法,如邮件、电话、面谈、能满足客户的需求吗?将来客户也愿意这样做吗?

6. 服务

服务环境的第六个要素是“服务”,是指为他人做事,并使他人从中受益的一种有偿或无偿的活动。不以实物形式而以提供活劳动的形式满足他人的某种特殊需要。

7.1.4 客户服务和消费行为

1. 客户消费行为的动机

客户的消费行为是影响企业制定战略,尤其是营销战略的重要因素。客户服务要求企业千方百计取悦自己的客户,让客户感到满意,并最终形成忠诚,这就要求企业能够充分了解自己的客户,了解客户的消费行为,所以,对客户消费行为的分析就显得尤为重要了。

所谓消费行为的动机就是指推动人进行活动的内部原动力,即激励人行为的原因。可见,动机是一种内在的心理状态,不容易被直接观察到或被直接测量出来,但是它可以根据人们长期的行为表现或自我陈述加以了解和归纳,对于客户的消费行为也是如此。

经典的营销理论中,的马斯洛的需求层次理论被广泛应用,这种理论的构成依据三个基本的假设:①人们在生活过程中有着不同的需求,只有未满足需求才能够影响人们的行为。②人的需要按重要性可以排成一定的层次,从基本的生理需求到复杂的自我实现需求。③当人的某一级需求得到最低限度的满足后,才会追求更高级的需求。

根据以上这三个基本的假设,马斯洛将人的需求分作五个层次,即生理需求、安全需求、感性需求、尊重的需求和自我实现的需求,如图 7.3 所示。

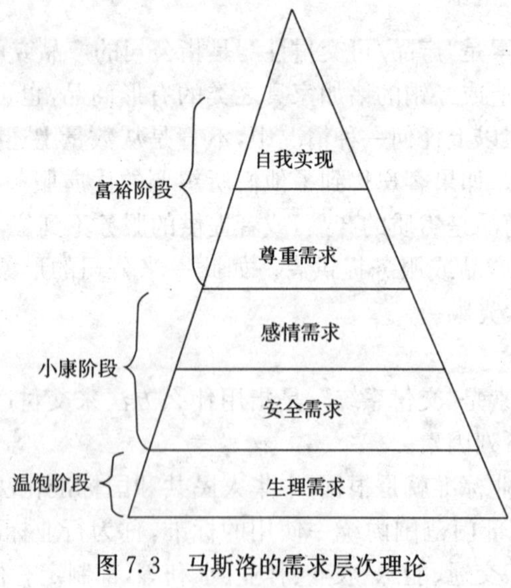

图 7.3　马斯洛的需求层次理论

(1)生理的需求。这是人类维持自身生存的最基本要求,包括呼吸、水、食物、睡眠、生理平衡、分泌、性等方面的要求。如果这些需要得不到满足,人类的生存就成了问题。在这个意义上说,生理需要是推动人们行动的最强大的动力。马斯洛认为,只有这些最基本的需要满足到维持生存所必需的程度后,其他的需要才能成为新的激励因素,而到了此时,这些已相对满足的需要也就不再成为激励因素了。

(2)安全需求。这是人类要求保障自身安全、摆脱事业和丧失财产威胁、避免职业病的侵袭等方面的需要,包括人身安全、健康保障、资源所有性、财产所有性、道德保障、工作职位保障、家庭安全等方面的要求。马斯洛认为,整个有机体是一个追求安全的机制,人的感受器官、效应器官、智能和其他能量主要是寻求安全的工具,甚至可以把科学和人生观都看成是满足安全需要的一部分。当然,当这种需要一旦相对满足后,也就不再成为激励因素了。

(3)感情需求。这一层次的需要包括两个方面的内容。一是友爱的需要,即人人都需要伙伴之间、同事之间的关系融洽或保持友谊和忠诚;人人都希望得到爱情,希望爱别人,也渴望接受别人的爱。二是归属的需要,即人都有一种归属于一个群体的感情,希望成为群体中的一员,并相互关心和照顾。感情上的需要比生理上的需要来的细致,它和一个人的生理特性、经历、教育、宗教信仰都有关系。

(4)尊重需求。人人都希望自己有稳定的社会地位,要求个人的能力和成就得到社会的承认,包括自我尊重、信心、成就、对他人尊重、被他人尊重等方面的要求。尊重的需要又可分为内部尊重和外部尊重。内部尊重是指一个人希望在各种不同情境中有实力、能胜任、充满信心、能独立自主。总之,内部尊重就是人的自尊。外部尊重是指一个人希望有地位、有威信,受到别人的尊重、信赖和高度评价。马斯洛认为,尊重需要得到满足,能使人对自己充满信心,对社会满腔热情,体验到自己活着的用处和价值。

(5)自我实现。这是最高层次的需求。它是指实现个人理想、抱负,发挥个人的能力到最大程度,完成与自己的能力相称的一切事情的需要。也就是说,人必须干称职的工作,这样才会使他们感到最大的快乐。自我实现的需要包括道德、创造力、自觉性、问题解决能力、公正度、接受现实能力等方面的要求。马斯洛提出,为满足自我实现需要所采取的途径是因人而异的。自我实现的需要是在于努力实现自己的潜力,使自己成为自己所期望的人物。

这五个层次的需求是逐层升高的,其中生理需求是人们为了维持生命而所需要的最低的需求,例如,每天需要吃饭、睡觉、吸收新鲜的空气等。第二层和第三层也是属于低层次的,而第四、五层则是高层的需求。当然,人们在日常生活中的需求并不是单一层次的,而是多层次的,也就是说,在每一个层次上都有自己的需求,但由于种种条件的限制,可能这多种需求只得到了部分的表现和满足。例如,对于蓝领阶层人来说,他对生理的需求是80%,对安全的需求60%,对社交的需求30%,对尊重的需求是20%,而对自我实现的需求只有10%。而对于白领阶层人他的需求刚好与此相反,可见不同阶层的人们的需求是不同的。

2. 网络时代客户消费行为的特点

当前,网络的普及使人们改变了原有的生活方式,网络给人们营造了一个虚拟的生活空间,在这个虚拟的世界里人们的消费需求也得到了很大的改变,出现了新的需求倾向和特点。

(1)兴趣。在这个网络时代每一个人都有自己的兴趣爱好,人们正是根据自己的需求在现实生活中做出某种选择的。这种兴趣来源于人们的好奇心和求知欲。

(2)聚集。网络给人们一个不受时间、地点、空间等限制的聚集场所,在那里可以随时找到机会加入一个个网上的社团。通过网络聚集起来的群体之间是极为民主的,群体中的成员之间都是平等的,每个成员都有独立发表自己言论的权利,也有与别人争论的权利。这种宽松的社会氛围使得在现实社会中经常处于紧张状态的人们渴望在虚拟的社会中得到解脱。

(3)交流。聚集起来的网民自然有交流的需求,这也正恰恰是人们最基本的需求之一。这种交流不仅仅是人们之间生活经历的述说,更包括情感的沟通和信息的传递。

这就要求我们的企业在电子商务时代从事客户服务时,一方面要了解客户的基本需求层次,另一方面也要考虑网络时代所带来的新需求。既满足客户的基本需求,又要调动客户的兴趣,利用网络营造和谐的氛围和丰富的信息资源聚集客户群体,通过完善的信息检索手段满足人们交流的需求。

3. 网络时代客户消费行为的动机

人们在网络环境下有了新的需求倾向,人们在拥有消费需求之后,就会随之产生消费动机。概括起来,可分为以下几类。

(1)求实消费动机。这种动机源于人们对于商品的实际功用的需求。人们希望通过购买得到产品,以满足自己对于某种功效的需求,比如,买汽车是为了使出行更方便,买空调是为了利用其制冷的功能等。消费者希望物有所值,能够用较低的价格购买到高品质的产品,很注重产品吸引力。

(2)求新消费动机。这种动机源于人们的好奇心。人们对于一些新产品抱有一种奇持的感情,希望尝试一下,而不在乎自己是不是真的需要这种产品。这种"求新"、"猎奇"的心理给了很多的厂商一个机会,他们不断地推出新产品吸引这些消费者的惠顾,并通过他们的尝试作用向其他的用户进行宣传,以期大面积占领市场。在这种情况下,这种消费动机的用户实际上扮演了"最先吃螃蟹的人"。

(3)求美消费动机。这种动机源于一些年轻女性,她们多追求产品美丽的外表包装,尤其是一些装饰品,而产品的质量和价格则不是影响她们消费的主要因素。

(4)求便消费动机。这种动机源于服务行业,人们购买菜些产品和享受某种服务就是为了方便自己的生活,比如购买洗碗机、吸尘器等家用电器,再如雇用小时工打扫房屋、到洗衣房清洗衣服等。于是,那些贴近生活需要、方便操作的产品和服务就能够引起这种用户的兴趣。

(5)求廉消费动机。这种动机源于生活水平较低的消费者,价格才是影响他们消费的最主要因素,某种消费的动机就是"图便宜",而不太在乎产品的质量是否良好,功能是否齐全。那么打折商品和大排档的服务也许对这些消费者更有吸引力。

(6)求名消费动机。这种动机源于收入较高的消费者,他们追求的是产品的品牌,对他们而言,品牌就代表着产品的质量,甚至商品的品牌还代表了他们的身份。

4. 行为风格的重要性

针对以上消费者的行为和动机,客户服务的行为就需要根据以上这些特点来调整自己的行为风格,更好地为客户服务。

行为风格是一种可见的行为趋势,对自身行为风格的了解能够让你更好地理解客户的行为特点,改善与客户的关系。

作为一个专业客户服务人员,要充分了解人类行为风格的特点以及差异性。当客服人员更加清晰地认识到客户的行为特点时,客服人员就能更好地建立和维护与客户的关系。首先应该学会自我认识,这是一个起点。为了这个目的,我们必须从自身的行为方式与所观察到的别人的行为方式中找出一些共同点。

与他人成功交往的关键是了解自身的行为风格。我们常常喜欢将自己的信念,价值观,态度和需求强加给别人，这导致了大家都变得沮丧失望。在服务客户过程中时，客服人员应该充分认识到他人的做事风格与自己存在差异并不意味着他人的行为就是错误的。双方间的关系是在接受彼此的行为特点的基础上建立起来的。在客户服务中，客服人员要面对太多的客户，他们不可能全部按照所希望的方式去处理问题，所以学会适应对方至关重要的。

5. 行为风格的概念

行为风格是人们在为人处事中所表现出来的行为方式。作为一名专业服务人员，需要了解：每个人的行为风格都是存在差异的。

从人呱呱坠地的那个时刻开始，其成长中所有的经历和成长的环境就不断累积，形成了自身鲜明的个性的特点。例如，如果在孩童时代就接触到各种形形色色的人，也经常被父母带去参加以一些人际关系为基础的社交场合，在这种环境下成长的人就可能会在长大之后在工作中与他人相处融洽。反之，如果在孩童时期就倍感孤独，总是一个人静静地呆着，那长大之后也许会在与人交往方面产生一定的困难。

作为一名专业客户服务人员，要了解每个人的行为都是存在差异的。由于这个原因，因此应该致力于了解每个客户的需求和期望值，不断为他们提供优质的服务，而并不是只是为那些不反感的人提供服务。

6. 行为风格解析

客户服务环境中的每一次交流都对服务的成功有潜在的促进作用。每个人都应该扬长避短，让每一次交流都顺畅无阻。通过自我评估调查问卷，可以发现自身在不同情形下的行为特点。对自身的行为风格偏好有一个全面的了解能使客服人员更好地理解客户。因为客户也存在着很多的行为风格偏好。通过了解这些行为特点，客服人员可以提高自身的交流能力，建立起稳固的人际关系，并把最优质的服务带给客户。

精神病学家 Carl Jung 和其他学者在行为风格方面开创了先河。Jung 致力于探索人类的个性特点和行为方式。他把人的行为划分成两种“态度”（内向和外向）和四种“功能”（思考、情感、感官、直觉）。这些态度和功能随意搭配形成八种心理类型，这些类型很好地概括和描述了人类的行为特点。

Jung 的综合研究包括很多大量的、附加的研究成果，以及大量行为风格自我评估调查问卷和模型，都很好地解释了个人行为的特点。时下流行的调查问卷有麦尔斯-布雷格性格测验（Myers-Briggs Type Indicator，MBTI）、个人剖析系统（Personal Profile System，PPS）和社会风格剖析（Social Styles Profile，SSP）。

思考： 你在消费过程中受到过商家的客户服务吗？体会如何？请举例说明。

7.2 个性化客户服务分析

7.2.1 个性化客户服务概述

1. 什么是个性化客户服务

(1)个性。个性是稀缺的资源，当我们说一个人、一个互联网站点或者一种服务有个性的时候，我们的意思常常是这个人、这个站点或这种服务与众不同，相当特别，令人神往。

(2)个性化服务。个性化服务是一种有针对性的服务方式，根据用户的设定来实现，依据各种渠道对资源进行收集、整理和分类，向用户提供和推荐相关信息，以满足用户的需求。从整体上说，个性化服务打破了传统的被动服务模式，能够充分利用各种资源优势，主动开展以满足用户个性化需求为目的的全方位服务。

个性化服务的方式和内容都必须是个性化的(针对个人的)。如果一项服务的内容仍然是非个性化的，仍是大规模生产的，仍是规格、标准统一的，那么这项服务就不能称之为个性化服务。

(3)个性化服务需注意的问题。要进行个性化服务，不能忽视以下几个问题。

①你提供的服务有个性吗？②市场进入成本高吗？③人人都可以提供吗？④你提供的服务是真的服务吗？⑤服务的具体内容是什么？⑥你的个性化服务的个性在哪里？⑦是形式还是内容？⑧形式是你独有的吗？⑨内容是你原创的吗？⑩你字典中的个性化服务怎么解释？⑪什么是网友喜欢的个性化服务？

个性化服务首先需要的是个性。在个性之上，才有个性化服务。如果服务没有个性化的内容与方式，那么就不是个性化服务了。

2. 网络个性化服务

(1)网上个性化服务内容包括以下三个方面。

①服务时空的个性化。在人们希望的时间和希望的地点得到服务。

②服务方式的个性化。能根据个人爱好或特色来进行服务。

③服务内容个性化。不再是千篇一律，千人一面，而是各取所需，各得其所。

伴随个性化服务，会出现相应的问题。首先是隐私问题，个人提交的需求、信息提供者掌握的个人偏好和倾向，都是一笔巨大的财富。大多数人不愿公开自己的“绝对隐私”。因此，企业在提供个性化服务时，必须注意保护用户的一些隐私信息，更不能将这些隐私信息进行公开或者出卖。侵犯用户的隐私信息，不但招致用户的反对，而且可能导致用户的抗诉。其次，提供的个性化服务要是用户真正需要的。另外，个性化服务还涉及许多技术问题，用户需要做到不论何时、不论何地都可以接收信息，而且接受的信息是用户需要和选择的。

(2)网上个性化的信息服务。网站是一种影响面广、受众数量巨大的市场营销工具，伴随着受众范围和数量的“无限”增大，受众在语言、文化背景、消费水平、经济环境和意识形态，直至每个消费者具体的需求水平等方面存在的差异就变成一个非常突出的问题了。于是，怎样充分发挥互联网在动态交互方面的优势，尽量满足不同消费者的不同需求，就成为定制服务产生的市场动因。

(3)网上个性化信息服务应注意的问题。网上个性化服务是一种非常有效的网络营销策略，但网上个性化服务是一个系统性工作，它需要从方式上、内容上、技术上和资金上进行系统规划和配合，否则个性化服务是很难实现的。对于一般网站提供个性化服务要注意下面几个问题。

①个性化服务是众多网站经营手段中的一种，是否适合于网站应用，应用在网站的哪个环节上，是需要具体情况具体分析的。

②应用个性化服务首先要做的是细分市场，细分目标群体，同时准确地确定不同群体的需求特点。这几个方面的因素决定着个性化服务的具体方式，也决定着个性化服务的信息内容

是什么。

③市场细分的程度越高，需要投入到个性化服务中的成本也会相应提高，而且对网站的技术要求也更高，网站经营者要量力而行。

7.2.2 个性化客户服务的语言

客户服务人员的形象代表着公司的形象，客户将根据服务人员的一言一行做出反应。所以客户服务人员的语言应该从“生活随意型”转到“专业型”。作为一名专业服务人员，其工作性质决定将在一线为客户提供服务，因此，客户服务工作将直接影响到公司的生死存亡，客户服务人员的精神面貌、行事方式和交流的能力能够直接反映出一个公司对其客户的重视程度。基于以上原因，就要不断地为客户创造出一个积极、专业的服务人员形象。不管是客户上门咨询，还是对客户进行拜访，服务人员在与客户的交流中要充分表现出对客户的友好和尊重，给客户留下良好的印象。

1. 选择积极的用词与方式

在保持一个积极的态度时，沟通用语应当尽量选择体现正面意思的词。例如，要感谢客户在接待中的等候，常用的说法是“很抱歉让你久等”。这“抱歉久等”实际上在潜意识中强化了对方“久等”这个感觉。比较正面的表达可以是“非常感谢您的耐心等待”。

如果一个客户就产品的一个问题几次求救于客服人员，客服人员想表达你为客户真正解决问题的愿望，于是说，“我不想再让您重蹈覆辙”。干吗要提醒这个倒霉的“覆辙”呢？不妨这样表达：“我这次有信心这个问题不会再发生”。是不是更顺耳些？

又例如，客服人员想给客户以信心，于是说“这并不比上次那个问题差”，按照我们上面的思路，客服人员应当换一种说法：“这次比上次的情况好”，即使是客户这次真的有些麻烦，客服人员也不必说“你的问题确实严重”，换一种说法不更好吗：“这种情况有点不同往常”。下面列举一些常见的例子。

(1)错误用语：问题是那个产品都卖完了；

正确表达：由于需求很高，我们暂时没货了。

(2)错误用语：你怎么对我们公司的产品老是有问题；

正确表达：看上去这些问题很相似。

(3)错误用语：我不能给你他的手机号码；

正确表达：您是否向他本人询问他的手机号。

(4)错误用语：我不想给您错误的建议；

正确表达：我想给您正确的建议。

(5)错误用语：你没有必要担心这次修后又坏；

正确表达：你这次修后尽管放心使用。

2. 善用“我”代替“你”

有些专家建议，在下列的例子中尽量用“我”代替“你”，后者常会使人感到有根手指指向对方，很不舒服。

(1)错误用语：你的名字叫什么；

正确表达：请问，我可以知道你的名字吗？

(2)错误用语：你必须……；

正确表达：我们要为你那样做，这是我们需要的。

(3)错误用语:你错了,不是那样的!

正确表达:对不起我没说清楚,但我想它运转的方式有些不同。

(4)错误用语:如果你需要我的帮助,你必须……;

正确表达:我愿意帮助你,但首先我需要……

(5)错误用语:你做的不正确……;

正确表达:我得到了不同的结果,让我们一起来看看到底怎么回事。

(6)错误用语:听着,那没有坏,所有系统都是那样工作的;

正确表达:那表明系统是正常工作的,让我们一起来看看到底哪儿存在问题。

(7)错误用语:注意,你必须今天做好!

正确表达:如果您今天能完成,我会非常感激。

(8)错误用语:当然你会收到,但你必须把名字和地址给我;

正确表达:当然我会立即发送给你一个,我能知道你的名字和地址吗?

(9)错误用语:你没有弄明白,这次听好了;

正确表达:也许我说的不够清楚,请允许我再解释一遍。

3. 有效交流的重要性

与客户交流的方式是和客户实施沟通的一个关键因素。可以向身边的熟人打听他们是如何与客户进行交流的,从他们的意见中能够最直接地反映出客服人员与他人的交流方式以及交流习惯。另外,客服人员还可以向客户或同事提出以下几个问题。

(1)我在说话的时候时常微笑吗?

(2)我在说话的时候会经常使用肢体语言吗?

(3)我在说话的时候的语气生硬吗?

(4)我在说话的时候有什么习惯动作吗?

(5)我在说话的时候给人的整体感觉如何?

(6)我说话时的口头禅是什么?

(7)我说话的时候的语调如何?

(8)你如何能觉察出我的心情变化?

这些问题会令客服人员的服务水平提高。

4. 避免使用负面语言

在与客户交流过程中,尽量使用积极的词汇,避免使用一些负面的、消极的词汇或词组。因为客服人员不慎言行会降低客户对公司的忠诚度,客户可能因为客服人员的措辞不当而对公司感到失望,反之,如果客服人员措辞得当,自然会获得客户的好评。

但如果客服人员使用了一些负面的词汇或词组,也许会引起客户的反感,招来客户的投诉,甚至有可能摧毁辛苦建立起来的客户关系。客户不想听客服人员唠唠叨叨能够为客户做些什么,他们想知道的是客服人员如何满足他们的需求或预期值。客服人员可以把传递信息的重点放在如何有效地与客户合作和让客户满意上,向客户表明客服人员的真诚和敬业精神。不能使用含糊不清的词汇或者不常用的专门术语,尽量避免使用诸如"我不确定"、"我尽力而为"、"我考虑考虑"、"等我向领导汇报……"等这样的回答,客服人员应该自信地告诉客户"我会给您一个满意的答案……",或者"我可以做得很好,请您放心……",或者"我一定能办好的……"。因此在与客户交流过程中,尽量慎用负面效应的语言,负面效应的词汇和词组如表7-1所示。

表7-1 负面效应的词汇和词组一览表

负面效应的词汇和词组	负面效应的词汇和词组
你不明白	你没有理解我的意思
你不得不……	等几秒钟
我们不能……	我们公司有规定的,不能……
这不是我的工作范围,我不能……	你说的话没有道理
你必须……	你应该……
你马上……	你必须回答我……
你们不得不……	你需要做的是……
你为什么不……	我不知道
你错了	你没有在听我说
听我说	我从来没有说过……
我肯定地说,你……	依我看……
你的问题在哪里……	“问题”这个词
你明白了吗?	你有没有这种意识?
但是	全局性词汇(如总是、从不和没有人等)
不	亲昵的词(如,甜心、宝贝、亲爱的)
表示亵渎或粗俗的词	表示不愿意的词

5. 使用积极正面的语言

避免使用负面的词汇和词组会引起客户的反感,使用正确的词汇和词组能获得客户的好感,表7-2所示的是正面积极的词汇和词组的语句,有助于巩固客户的关系。

表7-2 正面积极的词汇和词组一览表

正面积极的词汇和词组	正面积极的词汇和词组
请	我可以……
谢谢	你有没有考虑过……
我能或我会……	对不起(我为……感到抱歉)
我能怎么帮助您呢?	然而,和或者仍(避免提及“但是”)
我错了	这是我(我们)的错
我能了解您的感受	您是否介意……
情况、争论的要点和所关切的事(避免提“问题”)	你如何认为?
经常、许多次和一些(避免全局的词汇的使用)	我欣赏……
您是对的	客户与名字一一对应,用名字来称呼客户
您慢走,欢迎常来我公司	欢迎您的到来
请问,我能帮您做点什么吗?	这边请……
请慢慢来,小心路滑	不要急,慢慢讲
我会很认真地听您……	我会很认真地为您办好的……
请放心,我一定……	请坐下慢慢说……

(1)真诚、热情地问候客户。当客户一走进公司时,服务人员就应热情地上前迎接,脸上带着微笑,用发自内心的、最诚挚地问候,而不是机械性地说一句“欢迎光临……”。你也可以用公司所规定的方式去跟客户热情地打招呼:“早上好/下午好、欢迎来到……,我是……,我能如何帮助您呢?”甚至在电话里,你也应该保持微笑,因为,笑声也能向客户传达热情的问候,对方可以从你的笑声中感觉到你的友好真挚,让客户心情舒畅,接下去的工作就好开展了。

(2)在语言中时刻体现以客为本。许多服务人员都错误地把自己当成是与客户交流中的主导因素。但事实上,客户所传达的信息才是真正起主导作用的。

(3)仔细聆听和及时反馈。聆听是双向语言交流中的关键因素。你的聆听技巧和反馈能力将决定双方谈话的发展方向。在与客户的谈话过程中,一旦客户发现客服人员没有专心聆听他说话,他的态度马上就会180°的大转弯,从友好变亲切立即变成满脸怒气。如果觉得客服人员在聆听自己的说话,客户会很配合你的工作。

7.2.3 处理客户服务中的难题

1. 如何正确对待棘手的客户

一提到棘手的客户,可能就会联想到那些有抵触情绪的、粗鲁的、怒气冲冲的、满腹牢骚的和盛气凌人的客户,这些都是客服人员不得不面对的服务对象。但他们仅仅只是一部分潜在的棘手客户。如果客服人员具备了高超的沟通技巧,积极的服务态度,并能耐心地对待客户,拥有帮助客户解决问题的意愿,那么,就能为客户提供满意的服务。

应对棘手顾客的措施有以下几种。

(1)心态平和,服务工作是与人打交道的工作,所遇到的顾客往往较为复杂,由于顾客的性格、修养、阶层、年龄、性别等都不相同,就会对服务工作要求不同,甚至会有所挑剔,所以客服人员也应心态平和的应对。

(2)客服务人应在日常的服务工作中揣摩顾客心理,掌握顾客的性格和特点,更要热情、有礼、主动、周到地为顾客服务,力求将服务做在顾客开口之前。

(3)通过多方面的详细了解,细心观察,分析顾客刁难的原因,以便做好顾客的服务工作。

(4)注意保持冷静的态度,以礼相待,谦虚待客,表示出歉意的诚意。

(5)如仍不能解决,应向上级反映,做好情况记录,留做资料备查。

2. 投诉处理后如果顾客仍不满意怎么办

应对以上问题,需要做到以下几个方面。

(1)不要过分自责。当遇到的顾客确实不讲理时,客服人员必须要尽一切努力,首先克制自己的愤怒和沮丧情绪,避免把这种感受直接传递给顾客,作为客户服务人员,必须牢记如下事项。

①如果你已经为达到顾客满意做了一切尝试,那你毕竟尽力了。

②别把任何事情当成一个人的错。如果事态不是你个人所能控制的,请尽力而为,但千万不要过于自责。

③不要对同事(或自己)反复再现和回顾过去不愉快的经历。

④把每次对顾客接触的经验看成是改进服务的必经之路。

(2)认真思考问题所在。当顾客的投诉获得解决后,作为顾客服务人员或经营者请思考一下可以在哪些方面改进服务技巧并提出以下问题。

①此次顾客投诉的本质原因是什么?

②顾客怎么样看待投诉问题，主要责任在谁？

③你如何看待这次投诉的问题？顾客是否也有部分责任呢？

④在处理时你说过的哪些话对此事情的处理有帮助？

⑤你说的哪些话对处理此事不利？

⑥你是如何表达对顾客的关怀及处理事情积极的态度？

⑦你还有哪些不同的处理方法？

⑧你认为顾客由此还会继续光顾商店吗？

3. 与难相处的客户共事

当面对难相处的客户时，需要表现得沉着、专业。大部分的客户在和公司接触时头脑中已经存在了某种产品或服务类型。如果采取积极的、愉快的、专业的方式，他们会乐意接受的。还有一些客户，由于他们的生活方式、态度、个人习惯或背景等因素的影响，可能会给客户服务人员造成烦扰。这时，应当尽最大的努力为他们服务。在应对棘手的客户时，应当保持冷静、专业。下面介绍几种客户的类型以及应对策略。

(1)不满意的客户。由于种种原因使客户对客服人员或公司不满意，这时，客服人员必须想尽办法设法让他开心，可以尝试以下几种策略。

①聆听。客服人员要积极地去聆听客户的话，当客户心烦意乱时，他们想要的就是客服人员乐意去聆听他们的诉说和担忧。

②微笑。客服人员必须始终面带微笑，有时一个一般的、令人愉快的问题可能不会起作用，因为客户首先会用攻击性的言语。如果，在客服人员接电话时，或一位客户直接找到客服人员，而此时客服人员正在服务另一位客户，或正在注意其他的事情，在这种情况下，客服人员要聆听客户的想法，使用积极的非语言暗示(例如，点头、开放式的，无威胁性的身体姿势，或者微笑)，插入一些辅助语言。通过这些积极的非语言暗示，客服人员从心理上或许和客户靠得更近了。人们一般不会去攻击一位设法为他提供帮助他的人。

③不要寻找借口，一般情况下客户对未能得到他们需要的产品、服务或观点的原因并不感兴趣，他们仅仅要求事情能以对他们有利的方式得到解决，客服人员要寻找纠正错误的方法而不是掩盖错误。要注意的是:如果客服人员的表现很被动，会造成一部分问题得不到解决。

④要富于同情心，当客服人员揭示问题的原因时，要设法做到热情、有同情心和感同身受。然后，客服人员就能够试着及时、恰当地为客户服务。服务和销售专业人员经常采用一种方法来缓和客户在心烦意乱或有挫折感(不是真正的生气)时的情绪，这种方法称作“感受、理解、建议”策略。

(2)犹豫不决的客户。当遇到这种客户时，客服人员可以使用所有的交际技巧，否则，那些犹豫不决的客户会占用客服人员大量的时间，同时降低客服人员做事的效率或妨碍服务其他的客户。然而，客服人员还要明白一些人在浏览商品时真的仅仅就是为了观赏，或者为了消磨时间，此时你可以采取以下几种策略。

①保持耐心，要记住，尽管那些犹豫不决的人们很让人心烦，但是他们仍然是客户，客服人员要像问候和帮助其他客户一样来对待他们。如果客户拒绝客服人员的帮助或者仅是随便浏览一下，这也没关系，但客服人员要向客户说明会在哪里找到客服人员，同时客服人员也要注意客户需要帮助时发出的信号。

②询问开放式的问题，客服人员可以试着尽可能获取足够的背景信息。客服人员收集的

信息越多,就越能判断形势,确定客户需要及帮助解决问题。

③积极聆听,关注暗示的语言和非语言信息以确定客户的情绪、顾虑和兴趣。

④建议其他的选择,提供有助于客户做出决定以及减少客户忧虑的选择方案,明确地说明有保证或可以退换,可以使客户更加放心地做出决定。

(3)愤怒的客户。与愤怒的客户相处需要谨慎,在服务于一位愤怒的客户时,客服人员必须超越情感的层次去挖掘客户愤怒的根源,只有寻找到愤怒的根源,客服人员才有可能说服他,才有可能有效地为客户服务,通常客服人员可以采取以下几种策略。

①表现积极,告诉客户能做什么而不是不能做什么。如果客服人员说,“我们公司的政策不允许我们给您退款”,客户一定会更生气。反之,你可以说“我们可以给您一张代价券,它可以在这个城市我们的12个分店里任意使用。”

②使客户放心,向对方表明客服人员明白他/她生气的原因,同时客服人员愿意帮忙其解决问题。并使用下面的语言减轻客户的不安:“我会尽力帮助您解决这个问题的”、“我可以向您保证这件事情会在一星期内得到解决”、“您放心,我会优先考虑这个问题的”。

③确定原因,通过询问、倾听、反馈、分析信息等综合方法,试着去确定问题的原因。客户可能仅仅误解了客服人员所说的话。这种情况下,只须澄清即可。客服人员可以试着说,“可能有一些混乱,我可以解释一下吗?”或者说“我说的话您似乎不太清楚,我能解释一下吗?”。

④磋商解决方法。设法从客户那里找到解决问题的方法。如果客户的建议很现实而且可行,就付诸于实践,或者协商其他的方法。通过运用客户的意见,客服人员很可能获得他们的一致认可。而且如果以后有问题发生的话,他们可能不太会抱怨,因为这是他们最初的想法。

4. 正确处理客户抱怨,以留住核心客户

客户有抱怨,能向企业投诉并不是一件坏事。能对改进公司的生产经营管理,促进产品开发创新,增强公司竞争力。如何正确处理客户抱怨,以留住核心客户?下面介绍几种方法。

(1)树立“客户永远正确”的观念。这样,对客户服务人员来说,可以用平和的心态去处理客户的抱怨。在面对客户抱怨时,服务人员必须时刻保持微笑,需要站在客户的角度上去思考问题,认真倾听客户的抱怨,这样才能减少客户的怒气,找出问题所在。

(2)建立统一的投诉管理程序,为客户投诉提供便利条件。客户服务人员必须指定明确的产品和服务标准及补救措施,使客户明确自己投诉的真正理由,利用各种技术支持,引导和方便客户投诉。客户投诉的渠道应该方便、省时、省力,尽可能减少客户花费在投诉上的时间、精力和金钱。

(3)加强对客户服务人员进行培训。客户对一个公司印象好坏往往来自于他所遇到的客户服务人员的切身感受。客户是否再次光顾,在很大程度上取决于客户服务人员能否让他满意而归。因此,公司必须对客户服务人员进行系统性的专业培训和礼仪培训,可以提高解决客户问题的能力。

(4)及时处理客户投诉。公司必须对客户的投诉做出快速的反应,最好将问题迅速解决或至少表示有解决的诚意。拖延时间只会使客户抱怨的情绪越来越强烈,使客户感到自己没有受到足够的重视,满意度急剧下降。因此,公司应迅速调查事实,找出问题的所在,积极主动与客户沟通,在协商一致的前提下,寻求双方都满意的解决方式,最终使客户得到满意的处理结果。

(5)处理客户抱怨有三条禁忌,说明如下。

①推卸责任相互踢皮球，费了好大的工夫好不容易找到公司，问张三说找李四，问李四推王五，都说不知道，把皮球踢了一圈又一圈。

②态度生硬敷衍了事，卖出东西就万事大吉，客户找上门来好像就是客户的不对，从公司老总到普通员工一心想着如何把客户蒙过去。

③拖延时间，久而不决，这样的经营者想着客户哪能耗得起时间，从上到下的答复如出一辙，不是经理不在，就是明天再来。

思考：什么是个性化服务理念？你在实际生活中有没有享受过个性化服务？请举例说明。

7.3 客户服务方法与技巧

7.3.1 客户服务常用的策略

留住客户就是留住利润，每一个企业都为能留住客户而用尽心思。反之，客户们也存在相同的困境，因为成百万的网页上的几十种可选项导致客户的信息严重超载。网络技术能让客户很容易地去搜寻、比较，但是他们最终还是要找到自己真正的需求，这些过多的信息对他们来说已是负担。

对于客户的流失问题，很多公司和经理人都“归罪”于客户的挑剔、竞争对手的“不择手段”或者是其他的外部原因，但很少能反省自己的过失与错误。无论怎么样，只要客户流失了，企业就有责任采取改进措施来补救，而不是抱怨。

1. 制定成功的客户服务战略

对多数企业而言，其客户最为关心的是：自己能够在中国乃至全球范围内随时购买、享受到同样品质的产品和服务。然而，除了一些基本的要求外，不同地区、不同目标市场客户在产品使用、售后服务等方面可能有着迥然不同的需求。

正因为如此，企业在制定客户服务战略时必须考虑到客户的差异性，也只有在这些差异性的基础上，企业才能制定出成功的客户服务战略。制定成功的客户服务战略的思路有以下几种。

(1)以客户为核心。成功的客户服务不仅仅意味着一个部门，也不仅仅意味着一句口号，它应该成为企业战略规划的一个重要组成部分。与主要供应商密切合作，从而为客户提供各种各样的相关服务，甚至使之成为企业文化的一部分，这有助于企业顺利达成销售目标，增加库存周转率并增加投资回报率。

(2)提供超值服务。为了实施成功的客户服务战略，企业需要仔细分析客户、客户群及各主要目标市场，通过对上述群体的分析找到企业在产品/服务组合方面及客户需求方面可以改进的地方，这样做的最终目的是争取在与客户打交道的过程中持续超越客户的期望值。

优秀的领导人都知道，企业不大可能满足所有客户的需求。优秀的领导人知道自己的专长所在，并能以战略性营销计划为指导。因此，他们会专注于自己的优势领域。

(3)保持弹性。企业应该保持足够的弹性，并能快速反应，这是保证业绩持续增长的基本条件，中国辽阔的版图和复杂多变的竞争环境迫使企业领导人保持组织的弹性（灵活性）。除了要考虑常见的客户服务问题，企业在参与全球竞争时还得考虑许多其他相关问题（如天气、原材料供应等）。

为了持续提升客户服务水平，优秀的领导人会设法把自己与其他同样灵活的制造商和供应商捆绑在一起，他们会独立制定或与供应商共同制定发货计划，从而充分调动自己的仓储资源来随时随地满足客户的各种需求。

(4)保持适应性。在充满竞争的市场上，客户的需求可能会不断升级——客户会不断产生新的产品和服务需求。根据成功经验，企业在引入新产品和服务时，必须对当地及当地客户的需求保持适应性，如此，才能培育并促进当地市场的繁荣与发展。

不光要通过调整产品和服务组合来适应目标市场的需求及变化，还应该使企业的客户服务机构也能适应目标市场的需求及变化。通常，企业会在自己的客户服务机构内安排相关人员扮演市场专家或区域专家的角色，通过这些人员，企业可以在当地市场上保持足够的适应性，从而保证能持续为目标客户提供高品质的服务项目。

(5)提供差异化价值。我们都知道，客户价值＝客户利益－价格。根据这个公式，我们可以看到，如果把“价格”作为衡量产品和服务的唯一指标，那么，在打折销售的“同质化”市场上，买家基本上就不会获得差异化价值。而如果没有体现在利益中的“认知价值”，产品和服务就会变成“大路货”，这样，就无法来衡量产品/服务的真实价值，也无法将各供应商区别开来。

为了创造价值，成功的企业会通过合作来向客户和终端用户提供具体、一致、可靠、可衡量的产品和服务项目。常见但容易被忽视的客户服务项目包括：高品质的产品（或服务）；完美、准时的配送；超过客户预期而又不带来成本增加的产品/服务；专业、娴熟的后台支持人员和问题解决人员。

(6)与客户神交。成功的企业还善于从分销伙伴那里持续了解最终用户当前的各种想法及关于未来的看法，而不仅仅是以有竞争力的价格向这些分销伙伴供货；成功的企业善于通过分销伙伴来向最终用户提供可靠的服务，并从分销伙伴那里获得大量的市场情报；成功的企业能够据此赢得客户的信赖和忠诚，从而确保企业持续从成功走向成功。

(7)把握趋势。优秀的企业会持续关注客户的需求及期待，他们会抢在竞争者之前发现客户的具体需求或变化趋势，而我们都知道，对需求及趋势的把握对企业的营销工作至关重要。

优秀的企业都注重客户的意见和反馈，并能有效地改进自己的客户服务工作；优秀的企业还会注意自己的竞争者，即竞争者在做什么、没有做什么或做得不尽人意之处；成功的企业还善于从营销人员（尤其是客户服务人员）那里获得大量的需求及趋势性资料，因为客户服务代表往往会与客户一直保持接触并承担着主要的服务责任甚至起到促进销售的积极作用。

2. 参与性服务策略

所谓参与性服务策略，就是厂家所提供的产品或服务不再只局限于既定统一的产品，而是让客户利用网络参与产品的设计，获得更加贴近自己兴趣、高度满意的个性化产品。在电子商务的环境下，人们对商品的需求更加个性化，所以也称之为“面对面”市场。

厂家首先提供产品的通用模型，客户在此基础上提出自己的要求，厂家在其要求下生产产品，这样一方面可以提高客户对产品的满意度，另一方面可以节省设计费用。同时如果有许多客户对产品的某一方面提出了相同或类似的要求，厂家以后可以把这一部分标准化，以提高生产率。要注意的是：客户的自由选择是有范围的，它依不同商品的特点而有所不同。对于一般的生活消费品，可以根据客户自己的选择生产产品，而药品等有严格技术标准的产品则不能由客户自行选择。企业要根据自己产品的性质，在系统开发时就考虑好可以给予客户的自由度。

3. 追踪性服务策略

追踪性服务策略，就是企业对所有的客户提供追踪服务，而不再仅仅限定某一时间、区间。在电子商务的环境下，企业通过客户建档，利用网络的强大优势，可以对客户提供终身的售后服务。良好的售后服务永远是留住客户的最好方法。在越来越激烈的市场竞争中，再也不能认为产品卖出去就万事大吉了，即使超过了保修期（在电子商务的环境下，有些产品如软件的升级，已经不再有保修期的概念）也是如此。假如企业对其开发的某种软件进行完善后已经进行版本升级，那么根据客户档案记录，企业系统自动向所有曾经购买本软件的客户发送一封E-mail，向其介绍新版本软件与原有版本的优点，并说明版本的升级方法。在电子商务环境下，对客户的服务不再是当客户提出某种要求时企业的被动反应，而是企业积极地为客户着想，这样才能使其真正体会到“上帝”的感觉。当然，企业实施的这些服务也并非都是免费的。例如，某些公司，产品的外形和颜色设计等服务是免费，而涉及产品技术方面的问题时就是有偿服务。企业可以根据本企业所提供的产品或服务性质，在网站的系统设计阶段就划分好免费与有偿的标准。

4. 满意性服务策略

满意性服务策略，就是企业提高客户的满意度，以留住核心的客户，只有客户对企业的产品和服务感到满意，他才有留下来的可能。因此，提高客户的满意度是留住核心客户的前提条件。下面介绍几种方法。

(1)产品满意。客户在接受服务时，最先考虑的是基本产品。它包括产品的功能、质量、价格、包装、设计等因素。要使客户满意，就必须以客户的消费需要、审美情趣、价值观念等为导向，在充分了解客户的需要及变化的基础上进行产品的开发，让客户参与到产品的开发甚至生产流程中去，尤其是在客户的需要日趋多样化和个性化的情况下，更是如此。

(2)服务满意。在生产领域里，企业竞争已表现为服务竞争，研究表明，在服务、产品、价格三个要素中，服务已成为影响客户忠诚的第一位要素。企业失去的客户中有68%是因为对服务质量不满意。决定服务满意度的一般性要素，有销售人员的服务态度，送货的及时性、准确性，提供产品所需知识技能的适合性，购物环境的舒适、便利性等。企业要提高客户对服务的满意度，不仅要满足客户的一般性要求，还要做到为客户提供人性化服务，通过服务人员与客户的语言交流或非语言交流，让客户感觉到某种服务令人愉悦并大有助益。为客户提供附加服务，当企业的服务超越客户的期望时，就会提高客户的满意度。

(3)理念满意。这是最高层次的客户满意，它涉及企业是否得到社会普遍认同的、体现企业自身个性特征的、促使并保持企业正常运作以及长足发展的价值体系，这也是企业在客户心目中的形象问题。要树立良好的企业形象，一方面，企业内部要形成一种优秀的企业文化，能激励企业员工为实现企业目标而共同努力；另一方面，要处理好与社会、公众的关系，增强社会责任感，坚决不做任何不合法、不道德、不健康和违背社会规范的市场行为，在生产和经营中注意兼顾客户、企业和社会三者的利益，做一个遵纪守法、具有高度社会责任感的企业，以赢得客户的认同和信赖。

5. 情感性服务策略

情感性服务策略，就是企业在互联网上实现对客户的情感服务。由于在电子商务的环境下，客户往往是在互联网上与企业进行业务往来，企业人员与客户的直接接触将变得很少，这样企业主动与客户进行情感沟通就显得更加重要。

在电子商务环境下，与客户进行情感沟通还是需要充分利用网络信息技术。如在客户的生日、结婚纪念日等重要日子，由系统自动发送贺卡，表示企业的祝贺，也可以在发送贺卡的同时向客户推荐企业的新产品，这样客户将不会忘记企业的网站，而且会更加频繁地浏览企业的网页，这样无形之中就可以留住客户。当然，企业在采取该策略时还要注意一个问题：并不是要对所有的客户都泛泛地发出各种贺卡或推荐产品。如果对系统数据库中的所有客户都采取同样的策略，客户将感受不到公司对他的特殊重视，对公司也没有什么益处。

7.3.2 客户服务中的礼仪

在银行里经常可以看见这样的客户服务人员，他们有整齐划一的笑容，他们有整齐划一服饰，他们有整齐划一的动作规范，可是，他们的大脑不可以整齐划一，客户不能整齐划一，客户服务中的礼仪主要不在“仪”上，而在“礼”上。让客户与客服人员交流时，心情愉快，觉得没有压力，非常舒适。而“礼”在于心。每个人都不喜欢假的，不喜欢假服务，我们在前面讲了很多同客户交流的技巧，留住客户的技巧，要是所有的技巧都能用“心”去练，那么，客户就会得到满足。心态与技巧是因果关系，所有今天的技巧都根源于昨天的练习技巧的心态，如果是今天的技巧有问题，是因为昨天的心态不够好。

1. 巧妙使用名片

现代商业社会，很多人在互相自我介绍时，都会交换公司名片。这是大家交换彼此基本资料(如姓名、电话号码、职位等)的一个实际和快捷的方法。如果公司有名片供应，可把公司的名片给顾客，并提醒他们如有需要时再联络。如果公司没有名片，则要把有关名片的资料写在售货单或收据上。

(1)在递名片时，可以帮助客户寻找他要购买的东西，如果找到了，就完成了交易，这样递上名片，表示希望日后能再为她效劳，或者也可简单地将名片订在售货收据上，并向新客户说，如果他需要时你再次效劳，也可打电话给你。

(2)如果一位顾客正考虑购买一件商品，需要一两天内作出决定，那么，也可将名片给他。那名片便是顾客的备忘了，这可以提醒他，当他要买那件商品的时候，你已准备好随时向他提供服务。

(3)当要登门拜访客户时，一定要准备好名片，名片一般放在上装的口袋里，很容易拿出来，不要同其他的东西混在一起，一掏名片，掏出一大堆东西。

(4)递名片时为表示礼貌，应该是双手呈对称式同时持名片左右角将名片递出。名片中的名字应该是顺的方向朝着对方，不要让人看到倒名字。接过名片时应该是对方名字朝着自己，并表示看过名片后再将它收起来。

2. 运用手势时需注意问题

手势是人们交往时不可缺少的动作，是最有表现力的一种“肢体语言”，适当运用手势来表达情意，在人际交往中能起到直接的沟通作用。

(1)在为客户指示行进的方向时，习惯上采用将左手或右手提至齐胸高度，朝指示方向伸出前臂。

(2)在为他人作介绍时，手心朝上，手背朝下，四指并拢，拇指张开，略带微笑，显得温文尔雅。

(3)掌心向上的手势有诚意、尊重他人的含意。掌心向下的手势意味着不够坦率、缺乏诚意。

(4)捏紧拳头暗示进攻和自卫,也表示愤怒。伸出一个手指来指点他人,是提示别人注意,含有教训人的意味,不提倡用。用大拇指指自己的鼻尖,显得粗鲁而无礼。

(5)不要在客户面前总是用手模脸,或者揉揉鼻子等小动作,会使人看到你心神不宁。无论私下交流或公众场所的交流,都要注视着对方,鼓励他把话讲完。不要将手放在口袋,玩着钥匙或手机等。如果坐着讲话时,请不要抖动腿部,会使对方产生很高傲、不好接近的感觉。

3. 表达的五要素

语调就像音乐的声调,像音乐家练习曲子一样,客服人员也必须练习对顾客讲话的语调,如果声调不对,听众就不会欣赏这台音乐会,同样,如果语调不对,客户也就不会满意。

"你好!我有什么可以帮你的吗?"(不耐烦)

"你好!我有什么可以帮你的吗?"(真诚)

不妨自己试试读一读,会感到很大的差别的,所以语调在客户服务中非常重要。语调包括:语速、音量、音调、音强、态度等五个要素。

(1)语速、音量、音调。凭客服人员讲话的速度,客户就会在大脑中形成一个对客服人员的印象。太快了,客户的印象就会是客服人员应付他,急于办别的事,不重视他,客服人员并不在意客户是否听懂你在说什么。太慢了,客户又以为对他漫不经心,懒散,不勤快,不愿意帮助他。

讲话的音量应适中,不要太高。太高就会喊叫是愤怒、不满的表现。客服人员可以通过音调的高低传达给顾客这样的一个信息:你乐于帮助他们,而且给他们以信心。客服人员可以用不同的音调润色与客户说的每一句话,因为在音调的高低变化中蕴含着无穷的力量。

同期声,就是完全与对方同步,客户讲得快,客服人员也就很快,客户讲得慢,客服人员也变得非常慢,客户讲话语调很高,客服人员也就很高,客户声音很轻,客服人员也就非常轻,总之与对方越接近越好。

(2)音强与态度。音强与态度在不同的客户服务场合,要求讲话者表现出不同的感情,当客服人员接到一个客户的电话,他刚刚因为所购买产品有了一次灾难性的经历,如果客服人员的回答是低调子的,那么客户就会认为对他漠不关心。正如客服人员的音量随场合而变,讲话的语感中的感情表露也要随场合而变。

如果客服人员在电话里讲话的态度没有表现出对客户很理解,并且愿意为他服务,那么就无法表现出那一场合客服人员应有的正确语速、音量、音调和音强。说的话要让对方听得舒服,是使内容能正确传达的诀窍,说话时要开朗、有精神,更重要的则是要传达的诚意。

尽管谈话时客服人员应该表现出你对客户的关切心情,但是不要表现得歇斯底里。客服人员的关心及乐于帮忙的态度是以平静为基础的,表现出的镇静并不会被误认为漠不关心。冷静对客户服务人员非常重要。

7.3.3 典型客户服务案例介绍

1. 案例1——换不了的电水壶

某日某商场,一对老夫妇提着两个某品牌电水壶来到顾客服务中心,说电水壶买了不到一个星期,觉得不适用,要求换货。总台小姐将顾客带至家电服务中心,家电服务中心促销员接待后将两个电水壶开箱检查，发现电水壶已经使用过，而且还粘着茶叶和水，于是向顾客说："不好意思，这两个电水壶您用过了，我们无法再次销售，所以不能给您换"。老人一听顿时火了："如果不用我怎么知道不好用呢？不能换，就退掉！"

接待员听了，便又给他讲了有关退换货规定，但顾客无心听取，一直吵闹不休。这时，另一接待员将已清理干净的电水壶拿了过来，对顾客说到："不好意思，您这电水壶已使用过，不过我们考虑未超过 7 天，就给您换一次，但您这次一定要选择好，以后不能出现类似的情况，好吗?"，"好的，好的，没问题，我去选两个别的品牌的电水壶"。服务中心人员给老人办理了退货手续，并带他对另外选购电水壶。这时，刚才那位的促销员经过，看到他的两个电水壶已退，便去找顾客理论，坚持不许顾客退换，顾客火冒三丈，本来说要买的新电水壶也不看了，最后扭头气呼呼地离开了商场。

评语：

(1)"我们的服务是为了顾客最大的满意"这是我们服务的宗旨。以上案例中接待员的处理方式既保全了商场的利益，也最终赢得了顾客的满意，这种折中处理方式值得我们借鉴(双赢)。

(2)案例中促销员为了维护自己厂家的利益而无视卖场失去一个顾客，最终不仅没有得到自己想要的结果，也因此造成了顾客的强烈不满而使其流失(双输)。

(3)今后在我们的卖场培训中，一定要适时地向促销人员引导正确的销售观念，避免发生上述案例中"因小失大"的事情。

2. 案例 2——光明牌牛奶与蒙牛牌牛奶

某日某商场食品区牛奶专柜，三位女性顾客购买牛奶。顾客一开始对光明牌牛奶感兴趣，售货员 A 为顾客详细地讲解了光明牌牛奶的主要成分、配料与优点，顾客开始有些犹豫，售货员于是向顾客承诺：买一大盒光明牌牛奶即赠送二小包牛奶。顾客有些动心，售货员 A 拿出黄胶纸，开始将光明牌牛奶大小捆绑在一起。当她捆好两盒后，顾客突然改变了主意，认为蒙牛牌牛奶更好。售货员 A 便有些不耐烦，说顾客不懂，不会算账，其实买光明牌牛奶比买蒙牛牌牛奶实惠多了：价格更便宜，量更多。但顾客认为蒙牛牌牛奶营养丰富，对身体好。售货员却坚持说光明牌牛奶也是一样营养丰富。

最后顾客坚持要蒙牛牌牛奶，于是售货员从货架上提起一大盒蒙牛牌牛奶，重重地摔在顾客面前。顾客一看生产日期是 3 月份，就要求买离生产期近些的。售货员说蒙牛牌牛奶都是 3 月生产的，只有光明牌牛奶有 4 月生产的。后来顾客自己看到了标有 4 月生产的蒙牛牌牛奶，于是对售货员很不满，售货员这才为顾客挑了三盒 4 月生产的蒙牛牌牛奶。顾客走后，售货员一边狠狠地撕开刚才捆绑好的光明牌牛奶，嘴里一边说："买个牛奶都变来变去，这么麻烦，耽误我的生意。"

评语：

(1)该售货员的言行严重违反了公司的服务要求。首先，营业员向顾客进行两种以上不同品种商品推荐时，不得夸大其中任何一种商品的优点，也不能任意贬低同类其他商品。

(2)售货员不得以嘲笑或讥讽的口气，说顾客"不懂"或"不会"之类的话语。

(3)为顾客指点商品，动作应优美协调，而不是赌气地将商品摔在顾客面前。

(4)现在商场竞争日益激烈，商场的硬件设施都可以很快解决，关键是软件——"人"的问题需要大家的共同努力；而决定竞争胜负的关键就是人，更确切地说就是人的服务水准。

3. 案例3——晚到未能入住的客人

2012年的某日，23:50分，某公司的预订客人陈先生到前台办理入住手续，服务员告诉陈先生客房已满，未能安排客人入住。客人对此十分不满。称他的飞机晚上21:00时才从上海飞往北京，故到店时肯定已过23:00时，而他是酒店的常客，从来没有预订不到的不良记录，对于晚到而不为他保留房间，陈先生表示失望，并表示回到公司会作出投诉。当时大堂值班经理向服务员了解情况，据服务员讲，客人的订单确认最晚到达的时间为晚上23:00时，在最后到达时间过后，客人仍未到店，而当晚又有相当多的未预订客人要求入住而未能满足，直到23:40分，在一个顾客的一再要求，且在当晚23:00～23:50分期间经过多次联系陈先生未果的情况下，决定将剩余的一间房间出售给这位顾客。

评语：

在经营管理与服务的过程中，经常会碰到顾客利益与公司利益之间出现冲突的情况。在此案例中，客人是某公司的员工，他事先有非保证性预订，但由于他到店的时间比房间预留的时间晚上了近一个小时，在此期间，多次有顾客要求入住，但考虑到陈先生未有预订未到的纪录，服务员一直为其保留房间，直到近一小时后，才将房间出售给强烈要求入住的顾客。对于这种情况我们一定要慎重处理，稍有不甚，可能会影响与某公司的合作关系。故处理的结果如下。

(1)诚恳向客人道歉，并向客人解释清楚整个事情的经过及情况。

(2)站上客人的角度换位思考，理解客人，并积极为客人寻找解决的办法。尽量在酒店内想办法安排客人入住。如果酒店内实在安排不下了，征得客人同意，就近安排同星级的但服务水平和服务质量销差于原来的酒店。

(3)再次向客人致歉，并提出今后避免此类事件发生的措施。如让客人留下方便联系的通信方式，及时与客人沟通。

(4)做好客人档案记录，以便能为客人提供更优质的服务。

4. 案例4——修表

2012年某日晚上，一位女顾客带着读中学的儿子来到某购物广场一楼钟表柜台，请营业小姐检查购买才14天的“防水手表”就已经出现漏水现象。那位少年说：“你们这表有质量问题，买了才两周就不行了。夜视指示灯按钮不灵，有时可以按亮，有时就不行，下雨天就进水，里面全是雾气。”小姐接过表按了一下按钮说：“没问题呀！”少年又说“你再按一次看看”。小姐又按了一次说“哟，是有些问题”。孩子的母亲说：“那现在怎么办呢?”“在15天之内可以换货”。“那正好，我买了才14天，9月1日买的，应该可以换货”。营业员小姐一听，马上说：“阿姨，对不起，我记错了，电器才是15天，钟表是7天。”“小姐，不会吧！”顾客不相信地看着小姐，小姐马上接过话“这是国家的‘新三包’规定，又不是我定的”。

顾客懒得与营业员进行理论，就说：“那就维修吧。多长时间可以取货?”“至少要15天。”“太长时间了，能不能快一点？小孩读书天天要用表”。“最快也要10天，修好了，我们电话通知你”。“如果修好后再坏了怎么办?”“如果修了三次，就可以换一块。”“那多麻烦，你们应该为顾客多考虑一下，不要让顾客来来回回跑，这样会使顾客流失掉的。还有就是你们修表时间太长，别的商场一般是一个星期，而你们要半个月，这样很不好。”

顾客带着孩子离开钟表柜台去购物，孩子还在说：“以后不要来这里买了。”

评语：

(1)销售不是将商品卖出去就完成，而应当是顾客使用满意后才能算作销售的完成，但目前员工的这种意识还不是很强，往往忽略了商品的质量给顾客带来的麻烦及后面的潜在危机(不愿再来购买)，另一方面，商品质量问题会使公司的信誉度在消费者心目中大幅下降，最终影响到公司的生存能力，所以质量(商品质量与服务质量)是商业企业的生存之本。

(2)商品质量出现了问题，应当用较好的售后服务进行弥补，“亡羊补牢，犹未为晚。”但这位服务员小姐为了不让顾客退货或换货，编造一些谎言欺骗顾客，对于不知国家相关政策的顾客可能蒙哄过关；对于知道国家政策但不愿争吵的顾客，只是在心里好笑，懒得争论，下次不来就是；还有些顾客既懂政策又不甘被骗，可能就不会善罢甘休。因此，作为工作人员还是应当诚实对待所有顾客，一视同仁，让顾客从内心感觉满意。

思考：你有过购买商品不满意的经历吗？怎么处理的？请举例说明。

能力训练题7　客户服务技巧训练

【实训目的】

通过实训要求学生熟悉电子商务客户服务的意义，掌握客户服务的基本方法，学会处理难度较大的客户服务问题。

【实训要求】

1. 掌握客户服务基本概念。
2. 掌握客户服务基本流程。
3. 学会客户服务的方法和技巧。

【实训内容】

1. 体会客户的感受。
2. 更好地倾听客户的心声。
3. 建立良好的客户关系。

【实训步骤】

1. 操作一　体会客户的感受

(1)引导。在与客户建立关系之前，先要接待客户，令他觉得宾至如归，与你交谈感到舒适，一个客户服务人员有大约10秒钟去接待刚到临的客户，以给他留下好印象，时间很短，所以要充分利用每一秒。如果想帮助你的客户，一定要找个话题与他交流，这样会有以下好处。

①表示你知道客户的存在，让他知道他不是孤立无助的。

②展现自己专业而友善的形象。

③展开对话后，了解他的需要。

(2)做法。了解有效接待的重要性，其中一个方法是以客户身份到一家服务性企业，比如：去一家网络公司，当你到达时，留意客户服务人员是如何接待你的。

(3)问题。

回答第一栏的问题，记下你的印象。然后，在第二栏写下你的意见，写出如果换成了你会怎样做。

当时情形/你的感受	换 位 考 虑
你进了公司后,过了多长时间才有客户服务人员接触你?	

2. 操作二　更好地倾听客户的心声

(1)引导。怎样才能更好地倾听顾客的心声呢?请注意如下几点。

①切题——所问问题与整个问题要相关。

②耐心——不要打断顾客的话,避免虚假。

③反应——不要做空洞的答复。

④别急——留给自己几秒钟,仔细考虑一下你听到的信息。

(2)同理心倾听。在下列客户服务情况下,需要用同理心倾听。

当我们不确定我们是否了解客户的真实想法;当我们不确定对方是否知道我们了解他;当交流互动掺杂着强烈的情绪因素(比如:客户投诉)时。

同理心倾听的回应技巧是:重复字句;重整内容;反映感受。同理心倾听的基本技巧如下。

①使说话者觉得你明白他所要表达的意思。

②用自己的话重整其意。

③深入了解并且开始用自己的话来掌握对方的感受。

④用肢体语言及音调来表达感受。

(3)同理心倾听回应有助于确认了解的语句。

①据我了解……据我所知……

②你觉得……我感觉到你……所以……

③你认为……我猜想我听到的是……我不确定我是否听懂了……

④但……你相当看重……就如我听到的……

⑤你……你现在的感觉是……你当时一定觉得很……你的意思是说……

(4)做法。针对下面每一种情景,请用同理心来回应。

①经理要求两位助理——王芳和陈超负责布置一个展台,王芳说"让陈超自己负责,我不想跟他一起布置任何展台,因为,他从不公平分担工作,并且有点自私。"经理对王芳的同理心回答应是____。

②一位客户打电话来说:"你们的服务态度太差,我来办业务排了很长的队,排得心很烦了,可是服务人员说话声音太小。"接待人员的同理心回应是____。

③一位姓王的先生觉得我们的服务场所播放音乐是一种干扰。王先生挥着他的手说："你们可不可以多为他人着想？不是所有的人都喜欢听音乐的，如果这么吵，就不要再放了！"你对王先生的同理心回应是____。

④我们公司要求客户在下雨天不要把雨伞带入商场，或者要套上胶袋，可是李女士不肯这样做，你对她的行为的同理心回应是____。

(5)问题。

①同理心倾听对你的客户服务有何实际意义？

②请举一、二个例子说明你使用同理心倾听的基本技巧。

3. 操作三　建立良好的客户关系

(1)引导。一个专业客户服务人员应当明白，客户服务对于服务业的成功是何等重要，客户服务人员必须要学会在不同情况下，如何提供自己作出最佳服务的能力。要学会怎样去尽量了解顾客和他们的需要。学会使用有效的技巧收集和使用顾客的资料，来帮助自己提高业绩。

当你在实际工作上应用这些技巧时，你会有信心接待每一位新客户，不论情况是如何有挑战性。首先，你要了解客户，才能为他提供适当的服务。正如其他人际关系一样，要了解客户，有一连串的渐进的步骤和行动，包括以下几点。

①留心观察。

②判断顾客的需要。

③保持沟通。

④找出适合顾客的产品。

⑤提供其他选择。

⑥知道何时需把客户介绍往别处。

认识顾客，由最初相见的一刻开始。顾客对你的招呼作出怎样的反应，或可让你知道他们是否在赶时间、是否有特别需要等。你只要观察顾客，就可以知道顾客的很多事情：如果他马上走向一件特定货品而没有浏览其他货品，你大概已清楚他想要什么——他需要的是快速、有效率的服务。但如果顾客看来在很愉快的浏览，你的最佳做法是向他打招呼，表示当他需要时会马上帮忙，然后给予他自由浏览的空间。

当顾客只集中看特定的货品，和他说话会有助你了解他对那件货品的兴趣。作为顾客服务专业人员，你要记录这些重要的第一印象，这可帮助你增进对顾客的了解。

(2)做法。在你问"有什么我可以帮您？"之前，先观察顾客的行动，从中推测顾客的需要。试揣摩这里的线索，练习一下。

将售货员的适当回应(用横线划出)，试着用自己的想法替换。

①顾客拿起一个货架上的几件货品，互相比较。售货员说："这是我们特意从国外新进的货，很美观，很时尚的，对吗？"

②一个男人在浏览一些女性用的货品。售货员说："您是否打算买东西送礼，送朋友吗？还是送……？这是一个特殊的日子对吗？"

③顾客一进店就走向一种货品，大概看了一下就想离开商店。售货员说："我很抱歉，您找

不到您要找的东西……我可以帮得上忙冯?”

④顾客拿起一件货品,看了又放下,又拿起再看,似乎难以决定。售货员说:“您以前有没有用过这种产品?”

⑤顾客拿着你们商店的购物袋进来,直接走向一种货品,然后开始寻找。售货员说:“您是否需要我帮您了解货品或更换货品手续?

⑥顾客取了一辆购物车,拿出一张清单,然后开始慢慢地在通道之间推着购物车。售货员说:“如果您需要找什么,请告诉我,我乐意帮忙。”

(3)问题。

①你是如何去观察客户的行为的?

②当客户拒绝你的帮助的时候,你该如何处理?

【实训提醒】

1. 实训时需要模拟一些人物,平时需要注意观察这些人物的言行举止。

2. 实训时需要与人配合一起来完成。

【实训思考】

1. 什么是客户服务企业?

2. 客户服务需要哪些条件?

3. 客户服务人员需要具备哪些基本条件和要求?

【实训报告】

1. 实验过程

目的要求:

实验内容:

实验步骤:

实训方法:

实训数据:

2. 实验结果

结果分析:

可以使用表格方式,可以使用图形方式,也可以使用文字方式。

3. 总结

通过实训,总结自己掌握程度,分析出错原因,提出改进措施。

习　题　7

一、填空题

1. 客户服务(Customer Service),是指一种以________为导向的________,它________及________在预先设定的最优成本,即服务组合中的________的所有要素。

2. 以客户为中心的服务环境是由________、________、人力资源、________、________、________等6个要素组成。

3. 马斯洛将人的需求分作五个层次,即________、________、社交的需求、________和________等。

4. 网络时代客户消费行为的特点有：________、________、________，这就要求我们的企业在________从事________时，一方面要了解客户的________层次，另一方面也要考虑________所带来的________。

5. 行为风格是________在________中所表现出来的________，作为一名专业服务人员，你需要________每个人的________都是存在差异的。

6. 个性化服务是一种________的服务方式，根据________的设定来实现，依据________对资源进行________、________和分类，向用户提供和________相关信息，以________用户的需求。

7. 常用的客户服务策略有________策略、________策略、________策略、________策略等。

二、判断题

1. 为了能够使企业与客户之间形成一种难忘的互动，企业所能做的一切工作，这就是客户服务。 （ ）

2. 以客户为中心的服务环境是由企业、组织文化、人力资源、产品/可交付、交付系统、服务等六个要素组成的。 （ ）

3. 马斯洛的需求理论上的感情上的需要包括两个方面的内容。一是友爱的需要，二是归属的需要。 （ ）

4. 求实消费动机源于人们对于商品的实际功用的需求。 （ ）

5. 个性化服务只是针对一个独特的人的服务。 （ ）

三、思考题

1. 简述客户服务定义。

2. 简述客户服务的分类。

3. 简述客户服务的意义。

4. 简述客户服务的工作流程。

5. 简述客户服务的环境。

6. 简述马斯洛需求理论层次。

7. 简述网络时代客户消费行为的特点。

8. 简述网络时代客户消费行为的动机。

9. 简述网络时代客户消费行为的风格。

10. 简述个性化服务的含义。

11. 简述客户服务常用策略。

12. 简述客户服务常用方法。

习题答案

习 题 1

一、填空题

1. 商务、活动、电报、电话、广播、电视、计算机、NII(国家信息基础结构—信息高速公路)、Internet。

2. Internet、技术、信息技术、商务规则、电子工具、低成本、商品交换。

3. 数字化、交互性、高效率、全球化、充分竞争性、方便性、买方市场。

4. 30、60、90、1939、1969、1991、1997。

5. 信用卡的普及及应用、网络的普及和成熟、提供完备的网络设施、政府的支持与推动、标准规范和政策法规要先行、人才队伍的建设。

6. 手工、初级管理信息系统、高级管理信息系统、电子商务。

7. 信息流、资金流、物流、商流、信用流、人员流。

8. 信息流、物流、资金流、密不可分,相互作用。

二、判断题

1. 错　2. 错　3. 对　4. 对　5. 对

三、思考题

(略)

习 题 2

一、填空题

1. 三层系统、顾客层、连接外部服务器。

2. 企业商务活动、政府商务活动、个人商务活动。

3. 商务交易、实际操作步骤、交易前的准备、贸易磋商、合同与执行、支付过程。

4. 电子商务网络平台、电子商务安全体系、电子商务支付系统。

5. 企业对企业(B2B)的电子商务模式、面向制造业或面向商业、面向中间交易市场、企业对消费者(B2C)的电子商务模式、消费者对消费者(C2C)的电子商务模式。

6. 电子商务(E-Commerce)、移动通信网络、手机、掌上电脑、笔记本电脑、各种商业、各类商务。

7. 无线应用协议、移动 IP、蓝牙、通用分组无线业务(GPRS)、移动定位系统。

8. 通信模式、广告模式、信息服务模式、销售模式、移动工作支持模式。

二、判断题

1. 对　2. 错　3. 错　4. 对　5. 对

三、思考题

(略)

习 题 3

一、填空题

1. 真实、有效、机密、信息可靠性、不可否认和可控。

2. 病毒的安全、恶意破坏程序的安全、攻击的安全、数据阻截的安全、垃圾信件的安全、数据库的安全。

3. 身份识别的、技术安全的、隐私权的、电子签名的、电子支付的、税收的、知识产权的、信息基础设施的。

4. 编制密码、破译密码、变化的、编制密码、通信秘密的、编码学、破译密码、通信情报、密码学。

5. 安全性、密码算法设计、实现、密钥长度的设计、分组密码长度。

6. 标志通信、一系列、验证身份、司机的驾驶执照、身份证。

7. 计算机网络、操作者身份、用户、主机、主机。

8. 软件、硬件、外部网、专用网、保护屏障。

二、判断题

1. 对 2. 对 3. 错 4. 对 5. 错

三、思考题

(略)

习 题 4

一、填空题

1. 电子化机具、交易卡、通信技术、电子数据、银行、网络、传递、流通。

2. 客户、收款、数字化、互联网、无线接入。

3. 非现金交易、信贷服务、85.60、53.98、1、银行、信用卡、信用度、财力、无须支付、结账日。

4. 购物、支付、小额购物、电子货币。

5. 虚拟交易、直接交易、实时交易、便利交易、透明交易、高效交易、优质交易。

6. 支付系统无安全措施的模型、通过第三方经纪人支付的模型、数字现金支付模型、简单加密支付系统模型、SET(Security Electronic Transaction)模型。

7. 贸易伙伴、单证、票据、国际公认的、通信网络、数据交换、电子化。

8. EDI 数据标准、EDI 软件、EDI 硬件、通信网络。

二、判断题

1. 错 2. 错 3. 对 4. 对 5. 错

三、思考题

(略)

习 题 5

一、填空题

1. 网络营销产生的基础是信息化、网络营销产生的内因是价值观、网络营销产生的外部因素是商业竞争。

2. 互联网、企业外联网(Extranet)、因特网(Internet)。

3. 虚拟、全天候、时域、富媒体、个性化、交互式、技术、整合性经济、超前。

4. 营造良好的网上经营环境、内部、外部、环境、顾客、网络服务商、合作伙伴、供应商、相关行业。

5. 产品(Product)、价格(Price)、渠道(Place)、促销(Promotion)、消费者(Consumer)、成本(Cost)、方便(Convenience)、沟通(Communication)。

6. 经营、地球、节约资源、可持续发展、经济、企业自身、消费者、生态环境。

7. 过剩、收入、商品、感觉价值、核心价值、最关键。

8. 人和人、人和事物、某种性质的、人类社会、发展的、一对一、对话、忠诚度。

二、判断题

1. 错　2. 错　3. 错　4. 对　5. 对

三、思考题

(略)

习　题　6

一、填空题

1. 物质实体、位移、位置、方向、空间上、时间上。

2. 物流在经济中的运行、物流服务对象、物流活动空间范围、物流活动的运作主体。

3. 时间、空间、品种、批量、形质、信息、风险。

4. 社会再生产、实体流动、应用管理、科学、计划、组织、指挥、协调、监督、实现最佳、配合、成本、经济。

5. 适合的质量(Right Quality)、适合的数量(Right Quantity)、适合的时间(Right Time)、适合的地点(Right Place)、优良的印象(Right Impression)、适当的价格(Right Price)、适合的商品(Right Commodity)。

6. 经济合理、客户、挑选、加工、包装、分割、指定地点。

7. 备货、储存、分拣及配货、配装、配送运输、送达服务、配送加工。

8. 供应商、货物、保管、分拣、配货、流通加工、客户需求、物流设施。

二、判断题

1. 错　2. 对　3. 错　4. 对　5. 对

三、思考题

(略)

习　题　7

一、填空题

1. 客户、价值观、整合、管理、客户界面。

2. 客户、组织文化、产品/可交付、交付系统、服务。

3. 生理的需求、安定的需求、尊重的需求、自我实现的需求。

4. 兴趣、聚集、交流、电子商务时代、客户服务、基本需求、网络时代、新需求。

5. 人们、为人处事、行为方式、了解、行为风格。

6. 有针对性、用户、各种渠道、收集、整理、推荐、满足。

7. 参与性服务、追踪性服务、满意性服务、情感性服务。

二、判断题

1. 对　2. 错　3. 对　4. 对　5. 错

三、思考题

(略)

参考文献

[1] 才书训,王雷震.电子商务概论[M].北京:科学出版社,2009.01
[2] 訾波.电子商务概论[M].北京:中国劳动社会保障出版社,2011.03
[3] 张宽海.电子商务概论[M].北京:机械工业出版社,2008.02
[4] 李贞华.电子商务概论[M].北京:机械工业出版社,2009.05
[5] 贾玢.电子商务概论[M].北京:电子工业出版社,2010.09
[6] 周苏.电子商务概论[M].北京:科学出版社,2008.05
[7] 方玲玉,李念.电子商务基础与应用[M].北京:电子工业出版社,2010.02
[8] 温明剑.电子商务网络技术基础[M].北京:清华大学出版社,2010.08
[9] 王冀鲁.网络技术基础[M].北京:清华大学出版社,2009.08
[10] 张与鸿.电子商务网络实施技术[M].北京:水利水电出版社,2007.11
[11] 王宏宇,张学兵.电子商务网络技术[M].武汉:武汉理工大学出版社,2010.05
[12] 岑雄鹰.电子商务技术基础教程[M].北京:水利水电出版社,2008.02
[13] 陈孟建.电子商务网站建设与管理[M].2版.北京:清华大学出版社,2009.08
[14] 张润彤.电子商务概论[M].北京:电子工业出版社,2009.03
[15] 陈孟建.网络营销与策划[M].北京:人民邮电出版社,2009.09
[16] 张宝明,阳光,刘强.电子商务技术基础[M].北京:清华大学出版社,2008.12